京津冀民航协同发展研究中心开放式基金项目

现代保险服务业促进京津冀区域航空物流协同发展研究

薄滂沱　主编

南开大学出版社

天　津

图书在版编目(CIP)数据

现代保险服务业促进京津冀区域航空物流协同发展研究 / 薄滂沱主编. —天津：南开大学出版社，2018.9
ISBN 978-7-310-05671-2

Ⅰ.①现… Ⅱ.①薄… Ⅲ.①保险业－影响－航空运输－货物运输－物流管理－研究－华北地区 Ⅳ.①F259.272

中国版本图书馆 CIP 数据核字(2018)第 214512 号

版权所有　侵权必究

南开大学出版社出版发行
出版人：刘运峰
地址：天津市南开区卫津路 94 号　邮政编码：300071
营销部电话：(022)23508339　23500755
营销部传真：(022)23508542　邮购部电话：(022)23502200

*

北京建宏印刷有限公司印刷
全国各地新华书店经销

*

2018 年 9 月第 1 版　2018 年 9 月第 1 次印刷
230×155 毫米　16 开本　17.25 印张　1 插页　229 千字
定价:49.50 元

如遇图书印装质量问题，请与本社营销部联系调换，电话:(022)23507125

序

进入新时代，京津冀一体化、雄安新区建设、天津自贸区加快发展等国家级区域优惠政策叠加，航空货运向航空物流转型升级进入关键期，保险业发展也进入重要转折期和机遇期。因此，《现代保险服务业促进京津冀区域航空物流协同发展研究》一书的编写恰逢其时！

人类的发展与交通运输业始终有着密切的联系，人类在经济社会发展的过程中塑造了运输业，而其发展得益于运输业的进步。21世纪以来，客、货在全球范围内的流动创造了巨大的航空运输需求，尤其驱动了航空货运业的发展。与此同时，航空货运也因其不同于其他运输方式的优势，成为改善和影响区域商业环境的重要条件，其在区域发展中的作用受到广泛关注。

保险是一种特殊的金融服务消费品，是现代社会经济系统非常重要的安全性服务需求。市场经济越发达，保险的资本密集、技术密集和劳动密集优势越突出，保险的经济驱动和社会稳定功效越明显。2014年8月，《国务院关于加快发展现代保险服务业的若干意见》将保险行业的发展意愿提升至国家意志，成为保险业发挥保险资本密集、技术密集和劳动密集优势、积极服务于国家经济社会战略转型的重要标志。

将保险作为人们的安全服务需要被纳入一般消费范畴，保险消费可分为生产消费保险和生活消费保险，前者作为嵌入物化劳动或活劳动的安全服务消耗进入生产领域，后者以家庭个人和政府机构的安全服务需求形式进入消费领域，两者共同构成社会经济系统再生产循环中物化劳动与劳动消耗的嵌入性投入。因此，保险不仅是优化金融结构和提高金融市场资源配置效率的重要力量，还是政府、企业、居民风险管理和财富管理的基本手段，也是促进经济提质增效升级，促进社会公共服务管理创新和提高政府社会治理能力的有效工具。

通过航空进行运输的货物批量小但单位价值高，货物运输的主体面临着较大的安全风险。保险作为风险管理的手段之一，对于补偿和减少航空运输中因自然灾害或意外事故而造成的货主或承运人的损失有着重要的作用，将保险与航空物流相结合，有利于增强航空运输企业抵御风险的能力，从而保障物流行业稳定发展。

当前学界在保险与航空物流协同发展方面的研究相对较少，本书力求在理论与实践上取得一定的创新与突破，填补现有研究的不足。为此，本书通过理论与实证分析，搞清保险服务业的经济助推性和社会稳定性的多因子协同作用的微观行为金融机制，揭示保险发挥保障功能、资金融通功能和社会管理功能等宏观效应的微观基础，从行为金融的数量分析角度为"保险服务业的社会稳定性和经济助推性"的宏观判断提供理论支持。通过政策分析和预测模拟，立足服务于经济社会转型的系列保险产业发展对策，可为健全国家金融体系、促进经济提质增效升级和创新社会管理提供政策参考。

航空物流领域，由于机场建设、货物仓储、运输等流程，涉及复杂的参与主体和风险，为保障其经营稳定、发展顺利，更需要保险行业为其保驾护航。

本书主要从保险与航空物流的特征、风险需求与资金需求等方面着手，探讨了保险对于京津冀民航运输业发展的推动作用。全书共分为以下五个部分：

第一部分，主要从理论层面上分析了保险对经济社会发展的作用，从新时代的视角下，重点分析了现代保险的基本功能、保险对经济增长风险转移与损失补偿作用、保险对经济增长的金融中介作用。

第二部分，分析了京津冀民航物流的发展现状及航空物流领域各个主体面临的风险，从需求方着手，探讨其纯风险与保险的契合点，同时结合对航空物流主体风险和资金需求的分析，探讨保险风险管理和资金支持作用。

第三部分，从国际视角探讨全球航空物流发展情况，并以美国孟菲斯国际机场、德国法兰克福美茵机场、韩国仁川机场和迪拜国际机场作为典型案例，分析它们作为国际航空物流枢纽的发展特征以及对地方物流和经济发展的带动作用，分析航空物流枢纽对区域物流产业和经济的影响，从提高区域通达性、促进产业发展和提高区域竞争力三个角度展开讨论。

第四部分，重点从实践层面分析了保险与京津冀航空物流之间的关系问题，研究了京津冀地区航空物流面临的风险与保险对航空物流中心建设的作用，探讨京津冀保险发展与航空物流业之间的协调性不足问题。

第五部分，分析了保险服务业促进京津冀航空物流协同发展的路径和对策，主要探讨协调京津冀航空物流发展的保险创新，从保险主体的业务范围拓展、保险地区性差异化服务、保险监管的区域协调等方面提出了实现保险支持京津冀民航运输的相关建议。

综上所述，本书从风险需求和保险供给着手，重点从资金供给、风险保障和经营协同创新等方面探讨了保险对于京津冀航空物流运输发展的支持作用，对保险服务业促进京津冀航空物流协同发展的未来发展路径做出初步设计并提出相关政策建议。

因编写时间仓促，如有未尽之处，欢迎各界专家学者批评指正。新时代，新征程，风云际会！愿以此书为保险服务业与京津冀航空物流的协同发展抛砖引玉，以期各界共同努力，在理论与实践两个层面上取得更大的突破。

江生忠 于南开园
2018 年 8 月 20 日

目 录

第一章　保险促进航空物流产业发展的理论基础 1
　　第一节　现代保险的基本功能 2
　　第二节　保险的风险转移与损失补偿作用 8
　　第三节　保险的金融中介作用 15
　　第四节　保险在航空物流领域中的作用 20
　　第五节　本章小结 24
第二章　京津冀区域航空物流现状分析 26
　　第一节　我国航空物流发展现状 26
　　第二节　京津冀区域航空物流发展现状分析 32
　　第三节　京津冀区域航空物流效率评价 49
　　第四节　京津冀区域航空物流存在的问题及发展举措 61
　　第五节　京津冀区域航空物流业的发展展望 70
　　第六节　本章小结 79
第三章　国际航空物流发展现状分析 81
　　第一节　国际航空物流发展概况 81
　　第二节　国外典型航空物流枢纽港的发展经验 95
　　第三节　航空物流枢纽对区域经济和物流发展的影响 126
　　第四节　本章小结 139
第四章　京津冀航空物流领域保险协同发展现状分析 141
　　第一节　京津冀地区航空物流面临的风险 141
　　第二节　保险对航空物流中心建设的作用 159
　　第三节　临空经济中金融保险的服务情况 191
　　第四节　京津冀区域保险协同发展存在的问题 198
　　第五节　完善京津冀区域保险发展协同性的建议 207

第六节　本章小结 222
第五章　保险服务业促进京津冀航空物流协同发展的路径和
　　　　对策 224
　　第一节　保险服务业促进京津冀航空物流协同发展目标 224
　　第二节　保险服务业促进京津冀航空物流协同发展路径
　　　　　　设计 229
　　第三节　发展保险服务业促进京津冀航空物流协同发展的
　　　　　　具体对策 231
　　第四节　风险点及预防措施 251
　　第五节　本章小结 254
参考文献 256
后　记 265

第一章　保险促进航空物流产业发展的理论基础

20 世纪 30 年代，保险作为新事物被引入我国，胡适描述保险的意义在于"今日做明日的准备，生时做死时的准备，父母做儿女的准备，如此而已。今天预备明天，这是真稳健；生时预备死时，这是真旷达；父母预备儿女，这是真慈爱。不能做到这三步，不能算做现代人"。按照胡适的说法，保险的意义在于为未来的生活以及下一代做准备，为未来提供经济保障是保险的基本功能，这一功能与储蓄没有本质上的差异。

在当今社会，保险已经成为一种专业性、科学性、法律性的经济活动，其意义已经从微观个体层面扩展到整个宏观经济、社会层面，其职能不仅限于损失补偿和经济给付，在资金融通、社会管理等各个方面也都发挥着越来越重要的作用。在 1963 年首届世界贸易与发展年会上，世界贸易与发展组织就正式指出"健全的保险与再保险市场是一个国家经济增长的主要特征"。

在我国，国务院于 2006 年发布了《关于保险业改革发展的若干意见》（以下简称"国十条"），其中指出："保险具有经济补偿、资金融通和社会管理功能，是市场经济条件下风险管理的基本手段，是金融体系和社会保障体系的重要组成部分，在社会主义和谐社会建设中具有重要作用"。由此可见，保险对经济和社会的发展有着重要的意义。

为促进金融服务体系的发展，推动产业结构升级，2014 年 7 月，国务院发布《关于加快发展现代保险服务业的若干意见》（以下简称

"新国十条"），其中指出："保险是现代经济的重要产业和风险管理的基本手段，是社会文明水平、经济发达程度、社会治理能力的重要标志""加快发展现代保险服务业，对完善现代金融体系、带动扩大社会就业、促进经济提质增效升级、创新社会治理方式、保障社会稳定运行、提升社会安全感、提高人民群众生活质量具有重要意义"。

第一节　现代保险的基本功能

随着现代科学技术的进步和社会经济的发展，保险涉及的领域越来越广泛，发挥的作用越来越强大。当前保险的功能已经与其产生时的基本功能有较大改变，其功能不再仅局限于单纯提供风险发生时的经济保障，而是演变出了多方面的意义。一方面，保险作为金融体系的重要组成部分，具有银行等金融机构所具备的一些资金融通功能。另一方面，作为社会治理体系的一部分，保险能够辅助政府实现社会管理，一定程度上具备了社会管理功能。在现代社会，这些功能已经可以脱离其传统的风险集中与分散活动而独立存在。2003年，时任中国保险监督管理委员会主席的吴定富提出：现代保险业应具有"经济补偿""资金融通"和"社会管理"三大功能。

一、保险的经济保障功能

2006年，国务院发布的"国十条"指出，保险具有经济保障作用，这是保险的固有功能，是由保险的性质与目的所决定的、最基础的经济保障功能。这一功能的实现有助于维护社会稳定，促进经济发展。国十条中规定："加快保险业改革发展有利于应对灾害事故风险，保障人民生命财产安全和经济稳定运行。我国每年因自然灾害和交通、生产等各类事故造成的人民生命财产损失巨大。由于受体制—机制等因素制约，企业和家庭参加保险的比例过低，仅有少部分灾害事故损失能够通过保险获得补偿，这既不利于及时恢复生产生活秩序，又增加了政府财政和事务负担。加快保险业改革发展，建立市场化的灾害、事故补偿机制，对完善灾害防范和救助体系，增强全社会抵御风险的能力，促进经济又快又好发展，具有不可替代的重要作用。"

具体来讲，根据险种的不同，保险的经济保障功能在财产保险和人身保险中分别表现为损失补偿功能和经济给付功能。

（一）损失补偿功能

损失补偿是财产保险的基本功能，是其存在的基础。损失补偿原则是指，保险人在保险合同所约定的危险事故发生之后，根据被保险人所遭受的实际损失或损害，对其进行充分的经济补偿。对微观个体来说，保险的这一功能可以使其损失从外部得到补偿，通过经济补偿来恢复生产力，解决风险对生产力的破坏，维护生产力的发展，保持其生产、生活的稳定，避免经济的不安定。举例来说，如果生产企业在向销售企业运送产品的过程中，对其运输中的产品进行了投保，一旦物流过程中发生了保险合同中规定的风险事件，保险公司会对其产品的损坏或丢失所造成的经济损失进行赔偿，从而避免了过大损失造成的资金回流困难、资金周转不灵，进一步避免了生产中断、公司破产等更严重的结果。对宏观社会来说，保险机制的运行可以使局部损失得到及时的市场化补偿，实现社会财富的再分配，有利于行业发展平稳，避免经济、社会剧烈波动。

（二）经济给付功能

在人身保险中，保险的经济保障职能体现为经济给付功能。由于人身保险的保险标的是人的生命或身体，而人的生命或身体的价值是不能用货币来衡量的，因此，人身保险的保额是保险双方根据投保人的需要和缴费能力协商确定的，并不反映被保险人的实际损失。因此，在人身保险中，一旦保险事故发生，保险公司会根据保险合同，向被保险人或收益人给付保险金。这种给付可以看作是对保险金额的补偿，而非对人的价值的补偿。保险的经济给付功能有助于减少潜在风险给家庭和个人带来的焦虑感，在风险事故发生时保持个人、家庭财务状况稳定，整体提高社会和居民的风险承受能力。因此，在当今社会，很多家庭都会根据自身经济条件，为家庭成员购买不同种类的人寿保险和健康保险。在我国，随着居民的保险意识逐渐增强，为家庭主要经济来源购买重大疾病保险和人寿保险变得尤其普遍。

二、保险的资金融通功能

现代保险具有资金融通、优化资金配置的作用。国十条中指出："加快保险业改革发展有利于优化金融资源配置，完善社会主义市场经济体制。我国金融体系发展不平衡，间接融资比例过高，影响了金融资源配置效率，不利于金融风险的分散和化解。21世纪头20年是我国加快发展的重要战略机遇期，金融在现代经济中的核心作用更为突出。加快保险业改革发展，发挥保险在金融资源配置中的重要作用，促进货币市场、资本市场和保险市场协调发展，对健全金融体系，完善社会主义市场经济体制，具有重要意义。"所谓资金融通，是指资金的积聚、流通和分配过程；保险的资金融通功能则是指保险资金的积聚、运用和分配功能。

对微观个体来说，保险的资金融通功能是指，通过购买保险，投保人将当前的闲置资金转移给保险人，在未来损失时可以获得补偿资金，或者投保人通过购买保险或退保行为来获得预期收益，是一种进行理财、投资的金融活动。通过保险这一媒介在不同时间阶段进行资金融通，可以保障资金的充足性、流动性，保险为人们的投资和信用消费提供了可能性和渠道。对宏观社会来说，在"银行主导型"的传统金融市场中，金融资源配置主要通过银行的间接融资来完成，保险对金融资源配置的功能受到极大的抑制。随着经济的发展，特别是金融创新日新月异，由于保险资金具有规模大、期限长、保险人负债等特点，且安全性、流动性、收益性要求较高，保险发挥资金融通功能的空间越来越大，保险业与银行业、证券业一并成为金融业的三大支柱。

在许多市场经济发达国家，保险公司已经成为重要的非银行金融机构，是资本市场上重要的机构投资者，是国家基础设施建设、重大战略投资的重要资金来源。例如，1998年，全球40%的投资资产（保险基金、养老基金、投资基金等）由保险企业管理，美国的保险企业持有的上市公司股票市值占整个股票市值的比重为25%，欧洲为40%，日本为50%。保险资金融通不仅使此高风险的经济活动和社会化大生产得以稳定有序进行，还能够优化资源配置，提高经济体系效率，也支持了国家战略、经济社会政策的实施，因此各国政府都非常重视对保险资金运用的管理和引导，以发挥保险资金对经济社会的支持作用。作为金融业的一个重要组成部分，保险的资金融通功能随着现代保险业，尤其是现代寿险业的迅速发展和金融环境的不断完善而越来越突出。截至2014年底，我国保险业资金运用余额超过10万亿元，其中，银行存款占比27.12%，债券占比38.15%，股票和证券投资基金占比11.06%，其他投资占比23.67%。

通过发挥资金融通功能，保险业不仅可以为经济建设积累巨额长期资金，还可以提高金融市场资源配置的效率，从而有利于优化投资环境，吸引社会资金和外商投资。

三、保险的社会管理功能

现代保险有着促进社会管理和完善社保体系的作用。如果把保险的经济保障作用进一步宏观化，延伸至社会，就可以发现它可以分散社会风险、稳定社会、发挥社会协调和服务功能。"国十条"指出："加快保险业改革发展有利于完善社会保障体系，满足人民群众多层次的保障需求。我国正处在完善社会主义市场经济体制的关键时期，人口老龄化进程加快，人民生活水平不断提高，保障需求不断增强。加快保险业改革发展，鼓励和引导人民群众参加商业养老、健康等保险，对完善社会保障体系，提高全社会保障水平，扩大居民消费需求，实现社会稳定与和谐，具有重要的现实意义……加快保险业改革发展有利于社会管理和公共服务创新，提高政府行政效能。随着行政管理体制改革的深入，政府必须整合各种社会资源，充分运用市场机制和手段，不断改进社会管理和公共服务。加快保险业改革发展，积极引入保险机制参与社会管理，协调各种利益关系，有效化解社会矛盾和纠纷，推进公共服务创新，对完善社会化经济补偿机制，进一步转变政府职能，提高政府行政效能，具有重要的促进作用。"

保险的社会管理功能是反映一国保险业融入该国社会经济生活程度的重要标志。保险可以提升社会管理效率，其经营活动能够促进民事赔偿制度的快速落实，并增强社会的防灾防损能力，提升社会信用水平，是社会管理的有效工具之一。不同于国家对经济社会的直接干预，保险通过其内在特性的发挥，与市场、行政等多种资源的整合创新，推动社会经济体系的协调运转，保障社会的平稳和交易的顺利完成。保险的社会管理功能是在保险业逐步发展成熟和在社会发展中的地位不断提高之后衍生出来的一项新功能，具体体现在以下四个方面。

（一）保障民生

商业保险是社会保障体系的重要组成部分，在完善社会保障体系方面发挥着重要作用。一方面，商业保险可以替代养老、医疗、工伤、生育等社会保险，扩大社会保障的覆盖面，弥补社会保险覆盖不足的风险，使更多的人获得更稳定、及时的保障；另一方面，商业保险可以对社会保险起到补充作用，提高社会保障水平，缓解政府在提供社会保障方面的压力，为维护社会稳定和保障人民安居乐业做出贡献。

(二) 管理社会关系

由保险代替致害人赔偿受害人，或代替受害人家人承担赡养、抚恤等责任，可以降低受害人索赔成本，减少社会矛盾纠纷，加快赔偿或给付速度，有利于民事赔偿制度得到落实，改进人与人之间的关系，营造和谐、积极的社会关系，间接协助政府开展公共事务管理，提高管理效率，是社会治理的有效工具。

(三) 防灾防损

保险公司参与风险管理后，为控制承保风险、降低赔付金额，通常在承保前会进行风险评估，以确定是否承保及风险对价。在承保过程中，保险公司会加强对保险标的及被保险人风险的跟踪、检测、指导，要求被保险人采用必要的风险管理技术、设施，改进流程，有时保险公司自身也可能雇用专家、购买相关设备帮助客户防范风险，并推动政府、行业完善相关法律、标准体系，从而规避、降低标的损失风险。这些措施的开展，对微观个体来说，可以降低事故发生率，减少风险与损失，"防患于未然"；对宏观社会来说，保险公司通过为客户提供安全生产、生活建议，向公众、政府分享承保、理赔数据，引进新的防灾、防损技术，推动行业、政府管理等活动，有助于降低社会风险水平，为社会创造新的财富。保险公司在长期的经营管理活动中积累了丰富的风险管理经验，对提高社会的防灾防损水平具有重大意义，如保险公司开办建设工程质量保险（IDI）时，会在承保前聘请专业的建设工程质量检查控制机构（TIS），通过巡视、检查，能够直接改善建筑工程的质量，有利于保障最终业主和使用者的利益，是保险公司防灾防损职能的直接体现。

(四) 增进社会信用

商业社会实际上是信用社会，人们的一切经济活动都离不开信用，保险交易及日常经营能够促进社会信用体系的完善，提高相关主体的信用水平，这成为现代社会保险日益突出的一项新功能，其影响越来越广泛，如保险交易过程中当事人的骗保、骗赔等行为，会被纳入征信系统，影响到当事人日后的信用记录，进一步完善了社会的信用系统；在日常生产、经营活动中，市场主体也通过购买保险来增加信誉和信用，如食品安全责任保险、产品责任险、医师执业责任险、旅行社责任险、贸易信用险、保证险等。在一些国家或地区，政府或行业协会强制执业人员购买公众责任险、职业责任险或产品责任险，以此作为从业基本条件，以确保执业者的赔付能力和职业信用，如医师执业责任保险、会计师责任保险、律师职业责任保险、建设工程质量保险等。信用媒介和信用的提供者是现代社会保险发展的新功能。这一功能在信用时代显得越来越突出，对于微观个体，其有助于减轻侵权或违约的代价，实现个人消费和生产目的；对于宏观社会，其有助于完善社会信用体系，降低交易成本。

第二节　保险的风险转移与损失补偿作用

针对保险对经济增长的作用，多年来很多学者都有相关研究。经济学家斯凯博（Skipper）在其 1997 年的研究中，将保险为经济发展中发挥的重要作用总结为以下 7 项：促进金融稳定、减轻焦虑、替代政府的社会安全保障、推动贸易和商务、鼓励减损、激活储蓄、促进有效管理风险以推动资本有效配置。而利德克（Liedtke，2007）试图将保险对经济增长的效应归纳为非金融中介作用和金融中介作用。一方面，保险业可以通过发挥其基本功能，即风险转移和经济补偿功能来为经济增长保驾护航，这一作用又称为非金融中介作用。另一方面，保险业可以作为金融业的重要组成部分，通过金融深化来影响经济增长，即金融中介作用。从保险业的性质看，作为风险转移服务的提供者，保险业无论对微观个体还是宏观经济都可以起到平滑经济周期和降低经济危机影响的作用；而作为金融市场的参与者，保险业的存在促进了金融体系内部的竞争，使得消费者可以通过组合的方式来降低平均风险。保险不仅通过风险转移机制与赔偿机制创造了大量的经济交易活动，而且还促进了一国金融中介的发展。本章第二节和第三节就将从这两个角度分别讨论保险对经济增长的作用。

一、保险有助于实现风险的有效管理

银行、证券公司等金融中介机构的风险转移与管理功能主要体现在这些金融机构充当融资中介的过程中，即为投资者分散风险并提供风险管理服务。而保险公司转移和管理风险的功能则集中体现在对被保险人所面临的可保风险的集中与分散上。保险公司的经营以大数法则为基础，当有足够多的投保标的时，投保标的发生的实际损失结果将与预期损失结果十分接近，两者之间的误差很小。保险经营利用大数法则，把不确定的数量关系向确定的数量关系转化，而确定性的大小，决定了上述误差的大小，即确定性越大，误差越小；确定性越小，误差越大。通过承保业务，保险公司一方面把被保险人的风险集中在自己身上；另一方面又通过承保面的扩大、保险标的的大量化，把集中在某一单位或个人身上的因偶发的灾害事故或人身事件所致的经济损失，以收取保费的办法平均分摊给所有的被保险人，这就是保险人对于可保风险的集中与分散。这一过程不仅可以使各被保险人所面临的风险有所降低，也使整个社会面临的风险有所降低。

从上述的风险转移和分散作用机制来看，保险在经济增长中发挥的作用可以分为评估风险、对风险进行转移、汇集和降低风险等。在社会经济发展中，保险宏观上的风险管理功能越强大，对储蓄和投资的刺激作用越大，就越有利于经济的持续稳定发展。

（一）风险定价

具体而言，保险公司从两个层次对风险进行定价。第一个层次，对承保的评估定价。保险通过差别定价、完善承保标准以及保后监督来降低风险。保险人在承保活动中评估其可能承保的企业、个人和财产的潜在损失，并在此基础上进行定价。保险公司对企业、个人和财产发生潜在损失的可能性进行预测，损失可能性越大，则定价越高，对风险可能性太高或无法确定的企业拒绝承保。通过对企业和个人的潜在损失进行标价，保险人可以引导被保险人量化其引起风险和降低风险行为的后果，激励投保人降低自身风险，更加理性地对待风险。如果项目被认定为风险太大，而保险人基于任何价格都不愿意承保，则投资者应该引起警觉，更加理性地预期风险将与收益成正比。同时，保险公司制订严格的承保标准，只对满足合同内条款的风险承保，从而避免被保险人的道德风险。第二个层次，保险公司在长期的实践中积累了大量风险管理知识，通过评估贷款人的信誉（风险）以及他们投资去向的风险程度，可以为企业主、潜在投资者、客户、债权人、员工和其他利益相关者提供更多投资信息，使其更清楚地认识到企业的风险特征，做出更加明智的决策，以降低风险。

（二）风险转移

保险使企业和个人得以转换风险，以更适合自身的需求。许多财产、责任、收入损失和其他风险可以按照一定价格转移给保险人，从而改变被保险人的风险状况。人寿保险公司可以制订出适合不同客户需要的合同，帮助个人或企业将其储蓄转化为适合其需要的变现性、安全性的其他资金来源。但是，在风险转移的过程中，保险人也面临着道德风险和逆向选择的问题。

（三）风险的汇集与降低

汇集与降低风险是保险机制的核心问题，保险公司利用大数法则汇集投保人的风险，在汇集大量保费后，合理估计总体损失并在保证足够的保险金给付前提下，进行分散投资。与风险定价类似，它也包括两个层次。第一个层次，保险人在集中众多个体的风险事件的过程中，能够运用大数法则对集合的总体损失做出准确的预测。保险人并不需要预测哪个被保险人会发生损失，总体来看，只要被保险人的数量足够多，保险人的出险记录足够稳定，那么保险人的损失就越稳定，预测准确性就越高，风险波动就越小。这就使得预测损失的变动（风险）降低，保险人可以为其风险转移服务收取较低的风险附加费，从而稳定保费收入。第二个层次，保险人在投资活动中，可以通过分散风险获益。通过广泛地向多个企业、个人和其他实体提供资金，保险人能够实现多样化的投资组合，同时少数贷款者的违约或破产可以被众多优质的投资所抵消，并得到剩余的投资收益。

二、保险是社会和经济的"稳定器"

在没有保险的情况下，个人或家庭在遇到损失时可能被迫向亲朋好友或政府求助，而这两种做法在很多文化中都被人轻视；同样，企业在遭受重大损失时，可能出现巨大的财务危机甚至破产，不仅企业的所有者利益受损，其他利益方也面临损失，如失业率增加、顾客无力消费企业的产品或服务、供货商业务减少、政府税收减少但责任加重等。而一旦个人、家庭或企业选择投保，则保险可以通过补偿财产受到损失或人身受到伤害的被保险人，实现协助稳定个人、家庭和企业财务状况的目的。保险不仅是社会的"稳定器"，还是经济的"助推器"，其具有损失补偿和经济给付功能，能够保障民生、安定社会生产，实际上起到安定人民生活、稳定社会秩序的作用,为经济社会发展创造了稳定环境。

具体来讲,对于居民和企业来说,保险可以降低因为未来风险事故发生而导致破产或消费能力下降的风险,从而保障生产、生活的安定;同时帮助和激励企业和个人进行有效风险管理,以降低保险成本,减少损失事件发生的可能性。

(一)保险有助于居民安居乐业

保险能够缓和居民的焦虑情绪,促进居民的消费活动。斯凯博(1997)认为保险可以通过风险转移和赔偿稳定个人、家庭财务状况,减少焦虑。在没有保险保障的情况下,个人和家庭遭受损失会带来负的外部性(negative spillovers),包括失业率增加、消费水平下降以及政府税收下降而支出增加,显然不利于经济长期稳定增长。

这种对于生命、健康和财产的焦虑可以通过购买针对焦虑诱发事件的保险来部分改善,以获取一定程度上的财务安全感(financial security)。保险赔款或人身保险给付金可以提高居民的风险承受能力,从而在较长的时期内规划消费开支,即居民可以在更长的时期内平稳个人和家庭的消费活动。同时,保险在维护居民生活稳定上的正外部性还表现为激励个人减少风险行为。由于保险会根据风险大小而定价,对于一个风险爱好者,如吸烟者、粗心大意的汽车驾驶者而言,购买保险时需缴纳较高保费。因此,随着保险成本的增加,个人就有动力去调整或改变他们的行为,从而提高个人健康水平和生活满意度。

保险对居民生活的影响不仅体现在转移和降低风险上,还体现在影响储蓄率和刺激消费上。例如,对于一个风险规避者而言,当他正为购买大宗消费品如汽车和房地产而犹豫不决时,保险提供的风险转移与理赔服务能促使消费者增加对这些大宗消费品的购买可能性。而居民消费水平和支付能力的提高,也会进一步刺激生产的发展,带动经济增长。

此外,保险还可以促进居民理财增值。有些保单可以提前转让、退保变现，或者具有储蓄功能，购买此类保险不仅能够使投保人在需要资金时及时获得资金来源，而且还可以将其作为理财方式，获得较为稳定的收益。

（二）保险有助于企业持续生产

保险能保障受灾企业及时恢复生产，从而保障社会再生产的连续性和稳定性。企业在经济体中扮演着生产者、销售者等角色，在遇到自然灾害与其他意外事故时可能遭受巨大的经济损失，而其自主经营、自负盈亏的特点使其在没有保险保障的情况下，轻则停工、停产，重则直接破产。一方面，企业的财产保险可以为企业分散一部分风险，在意外发生时提供经济补偿，使得企业能更快地恢复生产与销售。正因如此，在企业中，商业保险和再保险通常被高管们称为"睡眠保险"，在被保险企业遇到困难时"醒来"给予支持。而另一方面，保险公司会积极协助被保险人进行防损和减损。保险公司通常掌握着关于造成损失的事件行为和工艺的详细统计资料和其他知识，在风险评估和控制方面拥有其他企业所不具备的优势。保险具备许多损失控制方案，最典型的如防火、职业健康与安全、工业损失预防及其他众多的损失控制活动和方案。这些方案和活动可以减轻企业的直接损失和间接损失，为其提供良好的风险管理经验，而且保险产品的定价或承保与损失记录联系在一起，企业也将会具有控制损失的经济动机。

三、保险推动贸易发展和科技进步

（一）保险为商业贸易活动转移风险

保险能够为商业贸易活动转移风险，提高信誉度，推动商品的消费和流通。因此，保险也被称为"商务活动的润滑剂"。

从理论上看，企业的投资者（股东）可以通过投资组合的分散化来消除风险,所有权高度分散的大企业似乎并不需要购买保险。然而,在实践中,并非所有的企业都是大企业,即使某些企业属于大企业,其所有权也并不全是高度分散的,尤其发展中国家的企业的所有权往往相对集中。实际上,由于保险能够降低企业承担破产成本的概率,有效控制企业利益相关者之间的利益冲突,实现避税效应,解决企业在一定人力资本限制下的风险承担能力问题,并使投保企业享受保险公司提供的高效服务,即使是那些股权分散的大企业也存在保险需求。

例如,许多产品和服务的生产和销售必须投保适当的责任保险,以备任何对疏忽责任的索赔;从事某种活动,特别是高危性活动(如驾驶飞机)也必须投保;跨国企业为了获得保险公司所具备的而自身所缺乏的在国际范围内提供风险融资和相应服务的比较优势而选择投保;由于商业贸易活动的失败风险很高,为应对新企业可能出现的较高破产风险,风险投资者在注资前往往要求企业对有形资产和企业家的生命进行充分保障。现代经济建立在专业化及其内在的生产效率提高的基础上,如果可供选择的保险产品范围有限,缺乏持续的服务和定价创新,贸易和商务必然会受到冲击。丰富的保险产品使得贸易活动的灵活性和专业化程度得到提高,贸易活动的服务和定价更加多元化。

商业贸易活动中,企业和个人可通过保险提高自身的信誉度,这一点在银行各种贷款业务中表现得尤为明显。当银行和其他金融机构提供贷款时,通常要求借款人为贷款抵押物投保,否则不予贷款(或者在贷款利率上附加风险加成)。在个人贷款时,他们还可能被要求为家庭成员中主要经济来源投保。在企业贷款时,则会被要求为关键雇员的生命投保。作为社会信用体系的一部分,保险在提高社会信用、保障信用交易顺利运行方面发挥着不可替代的作用。

(二)保险可以激励科学技术的创新与发展

保险能够促进现代科技进步与创新。一方面,随着生产力的发展，技术在经济增长中的贡献日益突出，新技术、新业态、新制度的出现既需要资金支持，也会带来新的风险因素，因此需要保险支持。技术创新是探索式的投入，在其开发与应用中，失败的风险较高，通过保险转移部分风险可以减少技术创新活动的失败成本。保险可以通过承保新风险并为科技人员提供人身保障的形式，为企业开发新技术、新产品和使用专利解除后顾之忧，进而激励科研者或者企业家研发新产品，促进新技术的推广与应用。例如，对于诸如医疗设备和制药公司这种存在重大安全隐患的公司而言，如果保险公司没有开设生产责任保险业务，那么这些公司也就不太可能或不情愿研发并向市场投放对大众有益的医学设备和医药产品。这也是在航天、核电、海洋石油等风险集中且有较强社会效益的领域中，各种保险产品相继出现的主要原因。保险在风险管理及资金等方面为这些领域的新发明提供支持，大大加快了新发明问世的速度。另一方面，保险出于自身经营管理的需要，也会催生相关风险管理技术的发展，如保险公司设立的新车碰撞实验室能为生产商改进车辆生产技术提供参考，大数据、电子保单、在线理赔等技术的发展也会促进物联网技术的进步。科技进步能极大地推动生产力发展，而保险业的发展可以满足生产力发展的需求，促进国民经济的增长。

第三节 保险的金融中介作用

随着经济发展和城市化水平的提高，金融服务业比重的提高是必然发生的规律，一些发达国家产业结构演化的事实已经证明了这一点。金融服务业取代重工业成为增长动力，汇率波动、金融危机等外部冲击加强了这些国家"减重"的进程，银行、保险等金融行业的增长率远高于整体国民经济增长。

作为金融中介，一国保险业的发展对该国经济中生产性资本的积累有着更大的影响。首先，如帕加洛（Pagano，1993）指出，金融中介功能的完善与资本积累的效率之间呈正相关关系。其实这一点是很好理解的，因为金融中介机构竞争程度的增加改善了金融服务的质量，降低了金融服务的成本，从而有利于资本积累效率的提高。其次，金融中介功能的完善将有利于投资者投资组合的多样化，进而提高投资者投资高风险、高效益项目的意愿。再次，金融中介的发展提高了金融市场的流动性。阿雷斯特和德米雷德斯（Arestis & Demetriades，1997）与莱文和泽尔沃斯（Levine & Zervos，1998）的实证检验均表明金融市场流动性的提高有利于经济增长。最后，作为机构投资者，保险公司不仅能够有效地积累资本，而且随着垄断程度的提升能够更多地追加投资。科尼昂和里奇（Conyon & Leech，1994）指出，机构投资者有利于提高投资项目的生产效率。

因此，从保险公司的金融中介作用可以看出，保险业对经济增长的影响不仅局限在其社会稳定作用，还体现在对经济增长的助推作用。下面将从降低金融交易成本、作为储蓄的替代增加资金的流动性和利用率，以及作为信息生产者和资金融通者帮助企业实现规模经济三个角度，讨论保险业的发展对于经济增长的推动作用。

一、保险降低金融交易成本

正如本斯顿·乔治（Benston George，1976）所指出的，"这一行业（指金融中介业）存在的原因在于交易成本"，交易成本是许多学者用来解释金融中介存在的一个主要因素。降低交易成本是金融中介在金融市场上从事金融交易和为客户提供金融服务过程中所具有的一项非常重要的功能。

金融中介降低交易成本的主要方法是利用技术上的规模经济和范围经济。对保险公司来说，降低交易成本的功能具体表现在以下几个方面：第一，与固定交易成本分摊有关的规模经济。通过规模化经营，可以使更多的人参与到保险经济活动中来，从而使少数人面临的风险得以在更大的范围内分散，并使保险交易过程中的固定交易成本得以分摊。第二,与流动性有关的规模经济。按照大数法则,大的投资者联合有利于投资于流动性较弱但收益性较高的证券,并且保持足够流动性以满足单个投资者的需要。这一结论并非仅仅适用于银行业,对保险活动同样适用,保险公司以较低的成本生产出一系列金融服务产品;同时,通过内部形成的损益互补机制,在不增加额外成本的情况下降低经营风险,从而实现范围经济。

保险作为金融中介可以降低信息不对称带来的交易成本增加。个人储户、投资者和筹资者之间存在信息不对称等问题,每个储户或者投资者需要分别收集企业信息,对企业和管理人员进行评估,从而决定是否进行投资,重复工作与不对称信息下的投资将浪费大量时间与金钱。海斯和许迈吉(Haiss & Sümegi,2008)在其研究中指出,作为风险主要承担者的保险公司更有动力监督管理层和企业家,使其决策尽可能实现客户、股东、雇员和债权人等相关主体的利益最大化。由于保险公司的专业化,在解决上述代理人问题时,能够减少信息不对称带来的交易费用,以更低的成本筹集到保费,并将资本有效分配到管理完善的公司中去。

保险可以降低储蓄者(资本提供者)和借款者(资本需求者)的结合成本,从而优化资源配置效率。在投保过程中,成千上万的投保人单独支付的保费资金很小,而保险人能够将汇集起来的资金以贷款的形式投资到企业或其他活动中,行使其金融中介职能,避免了单个保单持有人极其浪费时间、精力和财力的直接贷款和投资。

二、保险通过替代储蓄达到资金融通功能

保险尤其是商业保险的金融中介作用可以体现在通过替代储蓄而达到资金融通的功能。保险业特别是寿险业,由于其经营的长期性等特点,可以通过储蓄替代来影响经济增长。保险业作为一种活跃在金融市场中的金融中介以及风险分散和损失补偿服务的提供者,可以通过高效率的风险管理和转化储蓄的手段,实现对产出投

资的资本积累，进而促进经济增长。从保险的资金来源角度来看，保费收入来源于资金营运过程中的闲置部分和个人储蓄；从资金去向角度来看，除了为投保人提供的保障成本，大部分保费被投向市场，实现了储蓄向投资的转化。同时，保险业的活动增加了社会的竞争，使得消费者可以进行多样化的投资组合，从而降低社会的总风险，这就使得储蓄的需求减少。保险公司将汇集起来的保费投到房地产、股票、债券和基金等市场中，获取比储蓄更高的利益，实现资本的优化配置。

保险可以通过转移储蓄增加资本市场资金来源。在保险的经营过程中，保险人向投保人收取保费并在此基础上形成保险基金，由于各个险种的保费收取和赔付支出往往存在一定的时间差，大部分投保人在投保后不会立即发生保险事故，保险公司收到的保费不会被立即用于赔付，因而这笔保费可以投入较长期的金融资产中。这一点在寿险业中表现得更为突出。通过销售寿险、年金和投资连结产品等带有储蓄性质的保险险种，寿险公司可以有效地转移长期储蓄。美国著名学者休伯纳教授（1920）曾经指出，寿险的主要目的之一是对节俭与储蓄的促进和保障。没有任何一种商业制度能够像寿险那样与储蓄有那么多的重要关联，有那么多独特而不可替代的作用。寿险公司在经营过程中积累的大量保险资金，可以通过购买企业债券、投资股票、直接向企业贷款或者投资不动产等方式，在活跃资本市场和完善金融体系的同时，为社会经济发展提供重要且大量的资金来源。

保险基金"短借长贷"的特征提高了资金的流动性和闲置资金的利用率。保险人收取保费并在此基础上进行投资的过程，可以视为借入短期资金，放出长期贷款，即用保单持有人委托的资金进行长期贷款或者其他投资。而一旦发生保险事故或保险事件，保险人需要对被保险人或受益人立即进行赔付。正是基于这种流动性，被保险人或受益人可以立即得到保险人的赔付，而使用保险基金的借款人不必马上偿还贷款。相反，如果所有的个体保单持有人都从事直接借贷,他们会发现难以承担一部分个人财产形成长期的沉淀资产。保险人和其他金融中介减少了直接借贷必然存在的资产沉淀,提高了闲置资金的利用效率。

保险促使资源得到最佳配置,提高了经济效率,聚集了经济建设资金。保险公司具有信息优势,可以将从客户那里获得的保费资金投入到收益率高且稳定的行业,相比个人投资,更能提升社会的资金使用效率水平。同时,国家基础建设、公用事业的发展等都需要较大规模的资金,雄厚的保险资金为其建设发展提供了有力支持。

三、保险公司具有信息生产功能,并能帮助企业实现规模经济

金融中介具有较强的信息生产功能,作为信息生产者可以在一定程度上解决信息不对称所导致的逆向选择和道德风险问题。保险公司作为一类主要与风险打交道的金融中介,信息生产功能更加突出。具体而言,保险公司的信息生产功能主要表现在两个方面:第一,保险公司可以利用自身的优势,及时搜集、获取有关风险、被保险人、借款人和投资对象的比较完整的信息,为相关利益者提供有价值的信息,降低逆向选择风险。第二,保险公司在经营过程中,一方面会对投保的个人和企业进行风险监督,促使其加强风险管理,尽可能降低保险事件发生的概率并减小所致损失的程度;另一方面也会对借款人和投资对象的投资行为进行有效监督,以避免道德风险的发生。

保险公司可以利用自身融资特点和信息优势,帮助企业形成规模经济。随着经济的发展和技术的进步,一些新兴市场中往往有一些规模较大的投资项目需要大规模的融资。由于银行等金融机构的风险特征和风险承受能力有限,通常不能单独为这类项目提供资金支持。然而,这类大项目常常具有规模经济效应,能够促进专业化,激发技术创新,对经济发展尤为重要。保险公司一方面由于保险基金收入和支出的时间差,可以汇集来自成千上万个投保人的小规模

资金，满足这些大项目的融资要求；另一方面，保险公司具有大量信息资源，可以有效地判断和选择具有成长潜力的企业和项目，使得投资有的放矢，同时可以利用自身专业优势，帮助企业或项目在运行过程中规避风险、减小损失，提高资本利用效率。最终达到扩大可行的投资项目规模，提高经济效率，促进国民经济的发展的效果。

第四节 保险在航空物流领域中的作用

一、航空物流保险的产生

利用飞机运输国际贸易货物，始于20世纪初，限于当时的机型和地面设备以及国际贸易货物的内容和规模等原因，初期的空运货物主要是一些军用品和部分邮件等，而且运量很小。1929年，国际航空协会在荷兰海牙成立，开始推动航空工业和航空货运的发展，特别是在第二次世界大战以后，随着科学技术水平的提高和国际贸易量的增长，利用航空运送进出口货物的需求日益迫切，经营货运为主的航空公司遂应运而生，能装载托盘、集装箱等大件货物的大型宽体货运飞机被广泛使用，机场和设施不断改进和现代化，适宜空运的商品越来越多，航空运输在国际贸易货运中的重要性日益突显，占整个国际贸易货运量的比重也迅速增加。相比其他先进国家，我国利用航空运输方式运送进出口货物虽然起步较晚，但自进入20世纪70年代以来，特别是1978年党的十一届三中全会以后，发展极为迅速。从初期仅限贵重商品和鲜活商品，现已发展到纺织品匹头、成品，甚至土产等普通出口商品也通过航空运输。目的地已从初期的以港澳地区为主发展到欧美各国。每日运量已达数百吨。

由于航空运输发展较晚，与此相适应的航空运输货物保险业务历史也不长，迄今尚未成为一个独立的体系。在过去，由于缺乏针对航空运输规定的保险条款，凡航空运输货物需要保险，保险人在接受承保时只能临时借用海运货物保险条款的平安险、水渍险等条款。为顺应航空货物运输及其保险业务顺利开展的需要，伦敦保险协会于 1965 年针对实际业务中最常用的航空运输货物一切险制订了一份比较完整的《协会航空运输货物一切险条款》（Institute Air Cargo Clauses - All Risks），它与新的适用于海运的协会货物 ICC 条款的规定方法颇为相似。该条款于 1982 年做了重新修订，并更名为《协会航空运输货物保险条款（邮包除外）》。同年，伦敦保险协会还另行制订《协会航空运输货物战争险条款》（Institute War Clauses-Air Cargo）及《协会航空运输货物罢工险条款》（Institute Strikes Clauses-Air Cargo）。目前，《协会航空运输货物保险条款（邮包除外）》《协会航空运输货物战争险条款》《协会航空运输货物罢工险条款》已成为国际保险市场采用较多的航空货物运输保险条款。这三种险别条款按条文的性质分为 8 个部分：承保风险、除外责任、保险期限、索赔、保险利益、减少损失、防止延迟和法律惯例。这些条款结构统一、体系完整，具备了独立性及自身的完整性，所以均可单独投保。

协会航空运输货物保险条款（邮包除外）承保责任范围较广，对承保风险的规定与海险的 ICC（A）条款一样，是采用一切风险除外责任的方法。因此除了保险条款中被特别规定的一般除外责任、战争除外责任和罢工除外责任外，其他意外事故所造成的被保险货物损失和被保险人为了止损而发生的费用，在一定限额内由保险人负责赔偿。投保协会航空货物战争险，保险公司负责赔偿在航空货物运输途中因战争、内乱、革命、叛乱、动乱及由此而发生的国内斗争或由交战国采取的或对交战国采取的一切敌对行为引起的捕获、扣留、禁制、拘留而造成的保险标的的损失，其中也包括废弃水雷、鱼雷、炸弹以及其他废弃武器造成的损失。该条款不包括因使用原子武器所造成的损失。此外，在一般除外责任中还包括专门针对航空运输的飞机与集装箱等不合格的除外责任。投保协会航空货物罢工险，保险公司负责赔偿在航空货物运输途中因罢工、关厂、劳资纠纷、暴动、骚乱或出于恐怖主义与政治动机而采取的行动所导致的保险标的损失。

如今，西方各国保险公司在承保航空运输险时，多采用上述条款的规定。至于当被保险人指定投保其他空运险别时，则大多采取自订特别条款来规定承保责任范围，并利用海运货物保险单加贴上述条款的办法处理。因此，对于其他空运险别及其承保责任范围，各国保险业也不尽相同。例如，有的货主要求投保航空运输平安险（Air Carriage-F.P.A），有的要求投保航空运输水渍险（Air Carriage-W.A.）。在我国，中国人民保险公司也制订了《航空货物运输保险条款》《公路货物运输保险条款》《水路货物运输保险条款》《铁路货物运输保险条款》，可以在航空货物运输保险中有选择地使用。

二、保险在航空物流产业中的基本功能

在贸易过程中，商品要实际交到卖方手中，交易才算真正结束。交易的货物通过各种方法在买卖双方之间移动，包括道路运输、铁路运输、复合运输、海上运输、航空运输、管道运输等。运输的当事人有买卖双方、海上或者航空运输人、运输货运代理商、海关、装卸业者、保税仓库业者、内陆运输人、报关行等，尤其在国际贸易中，各国都有其固有的商业习惯，所以更加复杂多样。由于上述原因，贸易运输中所交易的货物便会接连不断发生大大小小不同的事故。

而在上述运输方式中，航空运输具有速度快、不受地面因素影响和周期短等优势，但也具有运输成本高和受仓储空间约束等局限性。因此，其经常作为急需物资、易损货物和体轻而贵重商品的运输工具。由于航空运输货物易损和贵重的特性，再加上航空运输的安全和效率极易受到天气因素影响，在对航空货物运输事故的预防

和事故后的赔偿措施中,保险起着极为重要的保障作用。

对货主来说,航空货物运输保险便是一种能够转移货物发生事故所造成的损失的重要保险种类。例如,一件 34 公斤的货物从上海运往法兰克福,货物品名为银币,客户在目的站没有提到货物,因投保了航空货物运输保险,即向保险公司提出索赔。经对客户提供资料进行审核并对案件进行调查,发现客户在交运货物时已为货物办理声明价值 63 756 元人民币,并交付了必要的附加费。因此,客户在遭遇提货不着的损失后,可以很快获得保险公司的赔偿,从而减少了货物丢失造成的损失。保险公司之后行使代位求偿,避免了客户向承运人索赔的复杂流程,保证了资金的快速周转,避免了客户因流动性风险可能带来的生产停滞或破产风险。

三、保险在航空物流领域发挥作用日渐增强

随着经济发展和社会进步,全球航空物流产业也在持续发展,物流产业参与主体和相关领域的各种风险矛盾也逐渐显现,催生了一系列与之相适应的保险产品。在伦敦保险协会制订的三个协会航空货物条款之后,其他支持航空物流领域的保险产品也陆续出现。其中包括针对承运人导致的意外事故所造成的货物损失等责任的"航空承运人法定责任保险";针对集装箱箱体损失以及集装箱机器损失进行承保的"集装箱保险";为航空公司、物流公司融资提供信用保障的"融资租赁信用保险"等险种。这些险种的出现逐渐改变了航空物流的运作方式,例如,在 1999 年《蒙特利尔公约》第五十条的支持下,当今国际贸易交易中如果需要航空运输,进口方通常会要求承运人提供航空承运人法定责任保险的证明。

在经济全球化的大背景下,保险在航空物流领域的作用和影响日渐增强,同时保险的发展增强了航空物流相关参与主体抵御风险的能力,进一步保障了物流行业的稳定发展。在本书的第四章第一、二节将详细分析参与航空物流领域各种主体在建设、运营、交易等

活动中所面临的风险。具体包括机场风险、承运人（航空公司）风险、货运代理人风险、物流公司风险、托运人风险等。并从风险管理和金融中介两个角度分别详细介绍保险在航空物流领域发挥的作用。其中保险的风险管理功能主要通过保险公司向物流主体提供航空物流运输保险、集装箱保险、航空责任保险等保险产品来实现，而金融中介功能则主要通过将保险资金投资于航空物流中心建设相关领域来实现。

第五节　本章小结

随着时代的进步和社会经济的增长，企业和个人之间的各种社会活动、交往和实践日渐频繁和复杂，随之而来的是风险种类的多样化和频率的增加。因此，保险业的发展在社会经济中所发挥的作用越来越受到重视。研究表明，保险可以通过多种手段维护社会稳定和促进经济增长。

本章第一节介绍了现代保险的三大功能，即经济保障功能、资金融通功能和社会管理功能。其中，经济保障功能是保险的基本功能，它来源于保险的起源。根据险种的不同又可分为损失补偿功能和经济给付功能。这一基本功能保证了企业和个人在遭受损失时能够得到一定的资金支持，以帮助其渡过难关。由此，又引申出资金融通和社会管理两大功能。保险的资金融通功能是指保险资金的积聚、运用和分配功能，这一点由保险公司作为金融中介的角色来实现。而保险的社会管理功能，又可以从保障民生、管理社会关系、防灾防损和增进社会信用4个角度来展开。三大功能是相互渗透，相辅相成的。

第二节和第三节分别从保险的基本功能风险转移和损失补偿，以及保险公司的金融中介角色两个方面，分别讨论了保险对经济增长的作用。第二节介绍了保险的风险转移和损失补偿功能，它可以从3个方面来实现，一是通过保险实现风险的有效管理；二是保险促进社会和经济的稳定，发挥着"稳定器"的作用；三是保险推动贸易的发展，激励科技创新与进步，以实现经济增长。

第三节介绍了保险作为金融中介机构，如何促进经济增长，同样展开为3个方面。首先，保险可以减少由于信息不对称造成的金融交易成本的增加，同时可以降低资金供给者和需求者的结合成本。其次，通过替代储蓄达到资金融通功能，这一点在寿险业中表现得尤其明显。最后，保险公司作为金融中介具有信息生产功能，能够利用个人资金和信息优势帮助企业实现规模生产，以带动经济发展。

研究表明，保险对于经济发展的促进作用可以通过不同的手段来实现。例如，提高保险市场上中小保险公司的市场份额，可以有效地促进经济增长；提高相应的保险深度、加强保险业对经济系统的渗透也可以促进经济增长；保险业发展和结构影响经济增长的方式存在较为明显的区域特点；提高竞争程度、降低集中程度，保险业从垄断向竞争的结构调整有利于经济增长；保险业的发展可以在一定程度上减小城乡差距。总之，保险体系能否有效地发挥经济补偿、资金融通和管理社会的功能，不仅在于其参与经济活动规模（保险深度）的大小，更在于保险业结构是否和经济结构相匹配，保险发展是否符合实体经济发展的内在要求。

第四节阐述了保险在航空物流领域中的具体价值，包括航空物流保险的产生，保险在航空物流产业中的基本作用，以及随着时代的发展，保险在该领域日趋完善的产品和日渐重要的功能。

在接下来的章节里，本书将围绕保险对航空物流产业发展的贡献展开分析，详细论述保险如何从产品和服务两个方面促进航空物流产业发展，并针对京津冀航空物流协同发展对保险业服务提出政策建议。

第二章 京津冀区域航空物流现状分析

第一节 我国航空物流发展现状

　　1979年，我国从日本引入物流的概念。经过近30年的发展，物流产业已成为我国经济发展中不可或缺的一部分。2009年，国家将其列为十大振兴产业之一，标志着我国物流行业进入了新的发展阶段。

　　航空物流是以民用航空器（飞机）作为主要的运输工具进行航空运输以及地面综合物流处理的现代物流服务。航空物流作为现代物流的重要分支，具有现代物流的所有功能。航空物流借助现代信息技术，涉及运输、仓储、物品包装与加工、配送以及信息处理等多个环节。航空物流并不仅是航空运输的简单延伸。航空物流依托现代化信息技术，不仅涵盖传统物流行业的基本功能，更加强调为客户提供"一站式""门到门"等多功能、一体化的服务体验。

　　航空物流的主体主要包括航空物流企业、航空公司、机场、航空货主。其中航空物流企业接受航空公司或托运人的委托，提供揽货、接货、订舱、制单、报关、交运或装运等航空运输服务。

　　航空物流作为现代物流系统的重要组成部分，具有速度快、效率高、成本低等特点。随着我国经济的发展和市场环境的不断变化，航空物流的重要性日益凸显。本节将对我国物流业发展以及航空物流业的发展进行简单的梳理。

一、我国物流行业总体发展概述

(一)我国物流业发展阶段分析

随着我国经济的不断发展,物流行业作为新兴行业在我国迅速发展,人们对于物流的理解和认识也在不断发生变化。总体来说,我国物流行业的发展经历了 4 个阶段。

表 2-1 我国物流行业发展的阶段

阶段	时期	主要特征
初期发展阶段	1949—1977 年	物流的基础设施比较落后,初步建立了物资流通网络系统,物流管理得到改进
较快发展阶段	1978—1990 年	改革开放期间,增加了物流设施,提高了物流技术装备水平,成立了相关的物流学术团体
物流产业形成初期	1991—2000 年	改革开放深化时期,我国开始重视物流产业的发展,鼓励物流企业发展,开发物流技术
物流产业形成后期	2001 年至今	加入 WTO 以后,国家对物流产业的扶持力度不断加大,物流产业也开始信息化和标准化

资料来源:作者根据有关资料整理而成。

(二)物流业与其他产业的相关性分析

随着经济的发展,产业结构不断优化升级,物流行业作为我国经济"加速器"的作用不断显现出来。值得注意的是,物流行业整体的发展对于促进经济结构性转型起到至关重要的作用。综合来看,物流行业作为一种复合型生产性服务业，可以对其他产业起到联动效应，从而促进行业间的共同发展，具有支柱性产业的特点。随着物流行业的不断发展，内部子系统也得到了完善，物流行业的整体性变强，效率提高，潜移默化地推动了生产总值的增加。物流行业作为联通企业与企业、行业与行业的媒介，其基础设施不断完善，水陆空管全方位运输体系的建设拉动了钢铁、煤炭和制造业的需求。此外，现代物流业对其他行业也产生了连带作用，如金融业、保险业等。

二、我国航空物流发展现状

随着经济持续增长，贸易以及物流行业不断繁荣，我国航空物流实现了长足的发展。截至 2017 年，我国共有颁证运输机场 229 个，年货邮吞吐量在 10 000 吨以上的机场 52 个，定期航班航线 4 418 条，航线里程达 1 082.9 万公里。目前我国航空物流具有以下发展特征：

第一，发展势头强劲。从航空运输货邮运输量与货邮周转量来看，我国航空物流业的发展取得了丰硕成果并且发展势头继续向好。1980 年，我国航空货邮运输量仅为 88 866 吨，1995 年才突破了百万吨。2000—2010 年，航空货邮运输量发展迅猛，一直维持在两位数的增长水平。2011 年以后，在国家经济步入新常态的宏观经济大背景下，民航业也进行了顺应时代的结构性改革。经过调整，供给侧结构性改革取得了突破性成就，民航业向着高质量的方向发展，航空物流的增速稳固回升。未来，我国航空物流的增长势头依旧强劲。

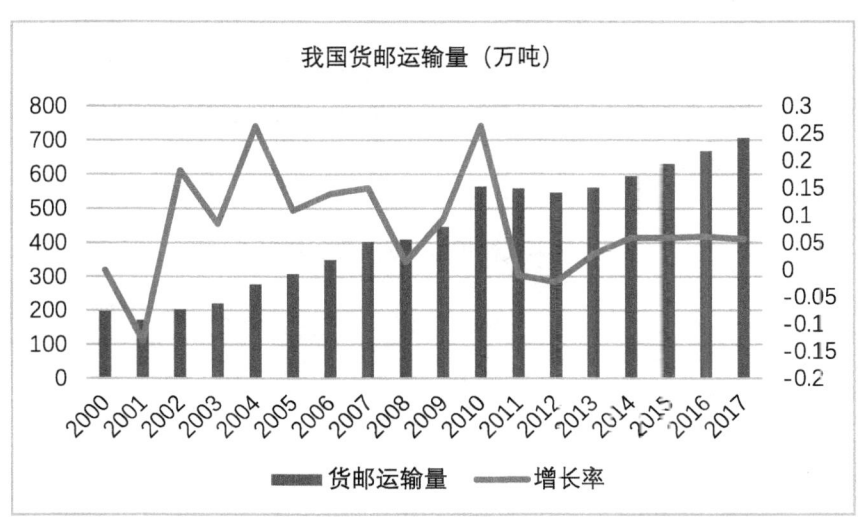

图 2-1 我国货邮运输量

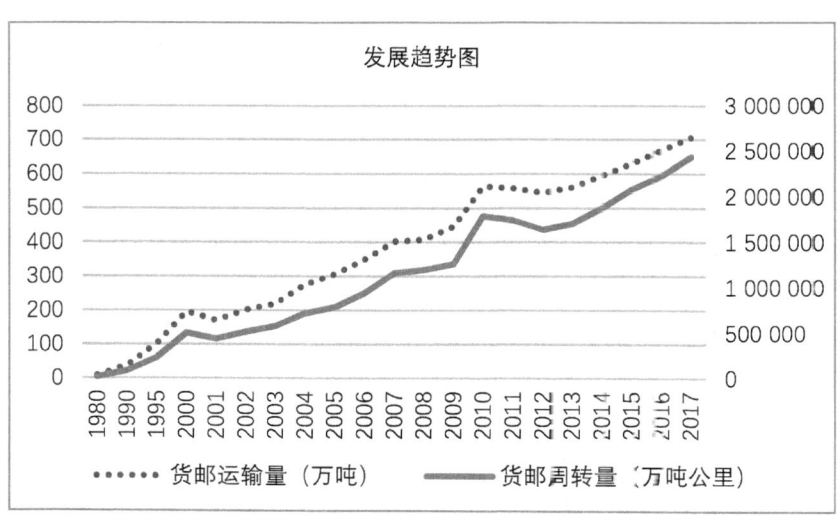

图 2-2 我国航空货邮运输量、货邮周转量趋势

第二，季节性影响明显。从统计数据可以看出，我国航空物流受季节影响较明显。以货邮周转量为例，各年份的货邮周转量趋势

大致相同。一、二月份为航空物流的淡季,八月份至十二月份是航空物流的旺季。其原因主要在于航空运输有别于铁路或公路,受天气的影响较为明显。此外,季节性的消费增加也是影响航空物流季节性变化的原因之一。

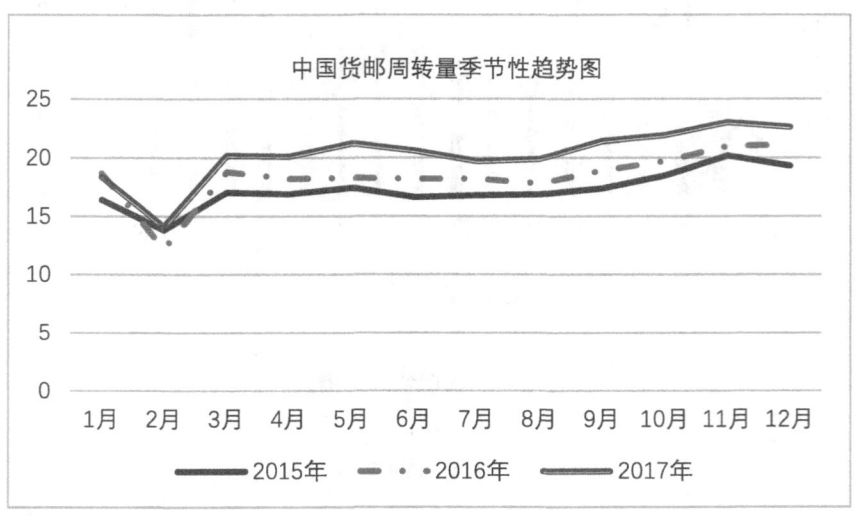

图 2-3 中国货邮周转量季节性趋势

第三,地区发展不均衡。我国航空物流地区发展极不平衡。2017年,我国货邮吞吐量总量为 1 617.73 万吨。东部地区的货邮吞吐量为 1 215.89 万吨,占总量的 75%,西部地区的货邮吞吐量为 244.49 万吨,占总量的 15%,东北地区和中部地区货邮吞吐量分别为 54.74 万吨和 102.61 万吨。造成航空物流发展不均衡的原因主要有三点:首先,地区经济发展的不均衡是航空物流发展不均衡的首要原因。目前我国东部地区经济发展较快,基础设施的建设也相对完善,这为航空物流业的发展提供了前提条件。其次,资源分配的不均衡是航空物流发展不均衡的根本原因。东部地区包含了我国的政治中心、金融中心,汇集了我国大量的人力、物力、财力,其创新服务能力也是世界领先的。最后,国家发展战略。东部地区经济腾飞战略是东、中、西部地区协调发展战略的重要组成部分之一，是协调发展战略的龙头,实施东部地区经济腾飞战略具有极其重要的战略意义。因此，航空物流业作为我国经济发展的重要推动剂，其发展必将处于领先的地位。

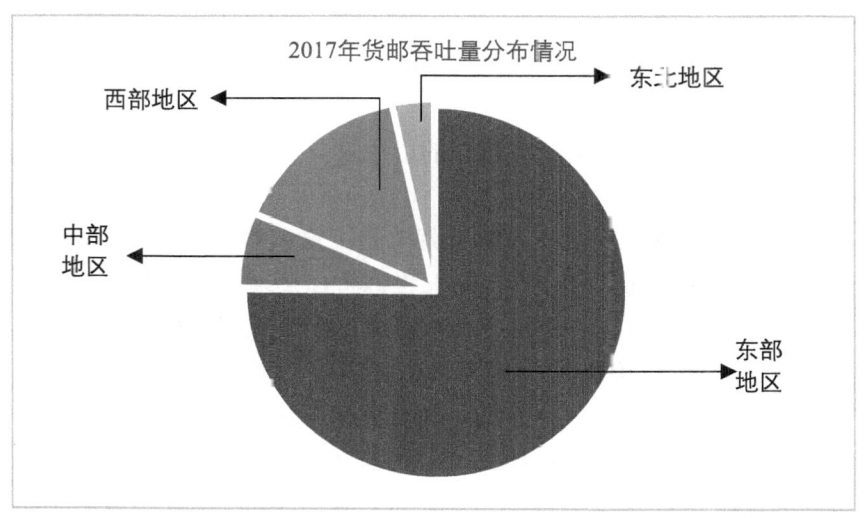

图 2-4　2017 年货邮吞吐量分布情况

第四，竞争激烈。随着经济的发展和我国开放程度的提高，中国航空物流业的发展面临巨大的挑战。首先是来自其他运输方式的挑战。航空运输一直以安全、便捷、快速等优势著称。但是，随着我国对铁路、公路等基础设施建设力度的增加，高铁、高速网络辐射范围的加大，再加上航空物流成本较高，未来航空物流的市场优势或许会进一步缩小。此外，国外航空公司的竞争压力也日益明显。2005 年，随着我国航空市场的全面开放，国外航空公司进入中国并且快速成长。国外航空事业发展较早，服务管理质量较好，很快在中国市场得到认可。由于我国航空物流市场存在着巨大的发展空间和潜力，未来物流运输的格局将会发生更大的变革。

第二节 京津冀区域航空物流发展现状分析

一、北京市航空物流发展现状

物流业一直是北京经济重要的组成部分，对于推动经济的发展起到至关重要的作用。

"十一五"期间，北京物流业就取得了重大的进步。行业格局基本形成，物流行业基础设施不断完善，费用逐渐降低，服务质量不断提高。高端物流和总部经济初具规模，聚集效应逐渐体现。2008年北京奥运会和2009年国庆阅兵的圆满举行进一步推动了物流行业总体规模的上升，为"十二五"的快速发展打下了坚实的基础。

"十二五"期间，是全面贯彻科学发展观、构建社会主义和谐社会的关键时期。"人文北京、科技北京、绿色北京"的发展战略不断深化，物流行业在发展方式上也得到转变。物流系统建设、提高物流效率、构建绿色的物流发展途径成为这一时期物流行业发展的主要方向。这一时期，物流行业得到了平稳较快发展。

"十三五"期间，北京市物流行业贯彻"创新，协调，绿色，共享"的发展理念，继续深化物流行业结构性改革，着力完善城乡物流保障功能、支持高精尖经济结构、推动区域物流一体化，从而进一步提高了物流质量和效率，更好地推动了北京率先全面建成小康社会。

(一) 北京市物流行业总体发展概述

1. 总体规模相对较高

北京市物流产业增加值逐年上升，2016年，物流业产业增加值为778.9亿元，物流业务收入为2 409亿元。较上一年同期减少2.9%。

虽然近几年物流发展较缓，但是总体规模仍处于全国较高的水平。

图 2-5　北京市社会物流总额

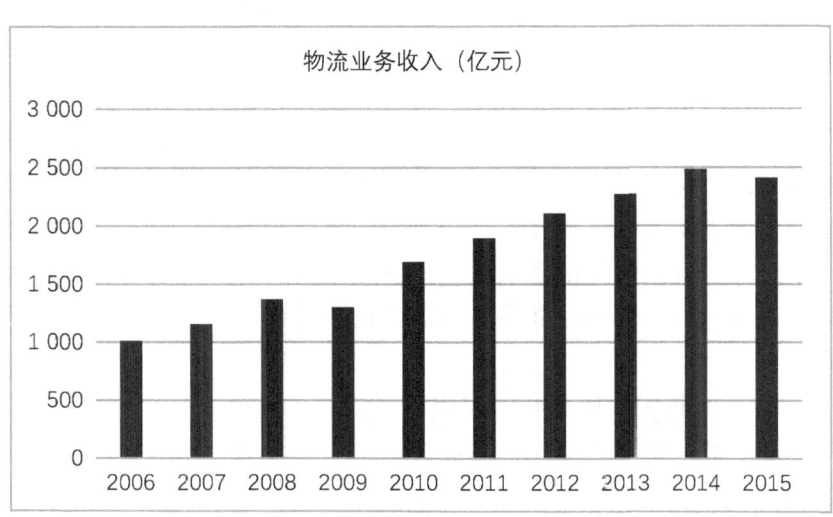

图 2-6　北京市物流业务收入

2. 专业水平显著提升

2017 年，北京市实现社会消费品零售总额 11 575.4 亿元，同比增长 5.2%。其中，限额以上批发零售企业实现网上零售额 2 371.4 亿元，同比增长 10.9%。消费需求的大大增长，促进了物流配送体系的进一步发展。同时，电子商务类快递业务不断发展，全市快递配送网点迅速增加，使得北京市建立起了一套遍布全市同时辐射周边区域的庞大的物流快递配送网络。

信息平台系统的应用提升了物流行业的运行效率。"北京物流金融平台""跨境电子商务平台"等建设不断加强，日均发送信息量达 100 万条，完成订单总额达到 30 多万单，线下日均货运量达到 200 万吨，体量规模巨大。

3. 开放型物流体系逐渐建成

近年来，以加强口岸管理为工作重心的开放型物流体系建设不断深化。形成了以北京首都国际机场口岸为核心，以北京西站口岸、朝阳口岸、丰台口岸、平谷口岸为补充的物流体系。

（二）北京市航空物流发展现状

航空物流作为北京物流业的重要组成部分，近年来的发展势头十分强劲。2017 年，北京市货运量总数为 20 252.4 万吨，其中航空运输量为 7.3 万吨。虽然占比较小，但是增长十分迅速。从货运周转量总数来看，航运的涨幅最大，同比增长 10.8%。随着结构性改革的逐渐深化，物流行业不断发展，物流行业的发展空间将继续扩大。

1. 航空物流稳固增长，发展水平全国领先

受欧债危机以及全球范围经济不景气的影响，民航货邮运输吞吐量增速放缓。近年来，北京首都国际机场的货邮吞吐量的增速一直维持在 2.4% 左右，发展十分稳固，排名稳居全国第二，发展水平较高。2017 年，货邮吞吐量的增速达到 4.4%，是近 4 年来的最高值。总之，北京首都国际机场作为我国航运的枢纽，航空物流一直

保持着强劲的发展势头。

表 2-2 北京货物运输量

类别	单位	2017年1~12月	同比增长（%）
货运量总数	万吨	20 252.4	-2.9
公路	万吨	19 373.7	-3.0
铁路	万吨	704.0	-2.9
航空	万吨	174.7	7.3
货物周转量总数	万吨	4 800 722.7	4.9
公路	万吨	1 592 418.5	-1.3
铁路	万吨	2 464 289.2	7.6
航空	万吨	744 015.0	10.8

资料来源：根据北京统计局网站资料整理所得。

表 2-3 北京首都机场货运吞吐量及排名

年份	货邮吞吐量（万吨）	增速（%）	排名
2012 年	1 799 863.7	9.7	2
2013 年	1 843 681 075	2.4	2
2014 年	1 848 251 479	2.5	2
2015 年	1 889 439 457	2.2	2
2016 年	1 943 159 743	2.8	2
2017 年	2 029 583 557	4.4	2

资料来源：《民航机场统计公报》。

2. 航线网络庞大，航空公司众多

截至 2016 年底，北京首都国际机场拥有基地航空 6 家，分别为中国国际航空、中国东方航空、中国南方航空、海南航空、首都航空和顺丰航空，厦门航空在北京朝阳区设立了分公司；具有国内通航点 147 个、国际通航点 132 个；共开通国内航线 132 条、国际航线 120 条。设立航空公司 100 余家，其中货运航点有 8 家航空公司，涉及10余个国内外城市和地区。

表 2-4 北京主要货运航线（国内）

序号	航段	序号	航段
1	北京—三亚	22	海口—北京
2	北京—上海	23	呼和浩特—北京
3	北京—深圳	24	南宁—北京
4	北京—西安	25	银川—北京
5	成都—北京	26	南昌—北京
6	广州—北京	27	北京—烟台
7	哈尔滨—北京	28	南京—北京
8	杭州—北京	29	北京—温州
9	昆明—北京	30	北京—珠海
10	长沙—北京	31	宁波—北京
11	重庆—北京	32	北京—西宁
12	大连—北京	33	包头—北京
13	北京—乌鲁木齐	34	海拉尔—北京
14	北京—厦门	35	桂林—北京
15	北京—武汉	36	鄂尔多斯—北京
16	长春—北京	37	合肥—北京
17	北京—青岛	38	北京—太原
18	北京—兰州	39	北京—延吉
19	北京—沈阳	40	大庆—北京
20	福州—北京	41	赤峰—北京
21	贵阳—北京		

资料来源：根据《从统计看民航》整理所得。

表 2-5 首都国际机场货运航点

航空公司	航点
联邦快递	首尔、仁川
顺丰航空	广州、深圳、上海浦东、哈尔滨、杭州、无锡
中国邮政航空	南京、广州、上海浦东、杭州
香港华民航空	香港
俄罗斯空桥货运航空	郑州、莫斯科
扬子江航空快运	广州、杭州、深圳、上海浦东
杭州圆通货运航空	杭州
中国国际航空	南京、上海浦东

资料来源：根据网络整理所得。

总体来说，北京市的航空物流现在正处于快速发展阶段。同时，随着互联网大数据、人工智能以及区块链技术的不断发展，物流行业也在随时随地发生着变化。到目前为止，各大物流公司越来越注重客户的网上服务，OTO模式已经成功落地，诸如北京航空货运物流有限公司等一批互联网航空物流公司逐渐兴起。正是由于北京的航空物流的迫切发展需求，催生出了一批航空物流互联网公司。同时，也是由于这种互联网航空物流公司的发展以及各大物流公司开展的互联网+航空物流模式的发展，进一步地推动了北京航空物流的发展，其影响甚至辐射全国。同时，北京市航空物流的快速发展也为务工人员提供了更多的就业岗位。

但是，目前在北京的航空物流的发展过程中还存在着一些问题，例如，航空物流行业的就业的结构性矛盾仍比较突出，对于既懂技术又懂物流管理的复合型人才需求缺口很大，以及尚无针对北京市航空物流发展的专门性的地方性法律法规。

二、天津市航空物流发展现状

(一)天津市物流行业总体发展概述

1. 产值增长缓慢,GDP 占比略有下降

近年来,天津市物流行业发展速度放缓。2016 年,天津市交通运输、仓储和邮政业的产值为 725.31 亿元,较 2012 年同比增长仅为 6.1%,占天津市 GDP 总值的 4.1%,比上年有所下降(如图 2-7)。究其原因,一方面是因为天津市其他行业的发展较快,对经济的贡献更大;另一方面是因为天津市物流行业整体进入了成熟时期,使得内部竞争加剧。

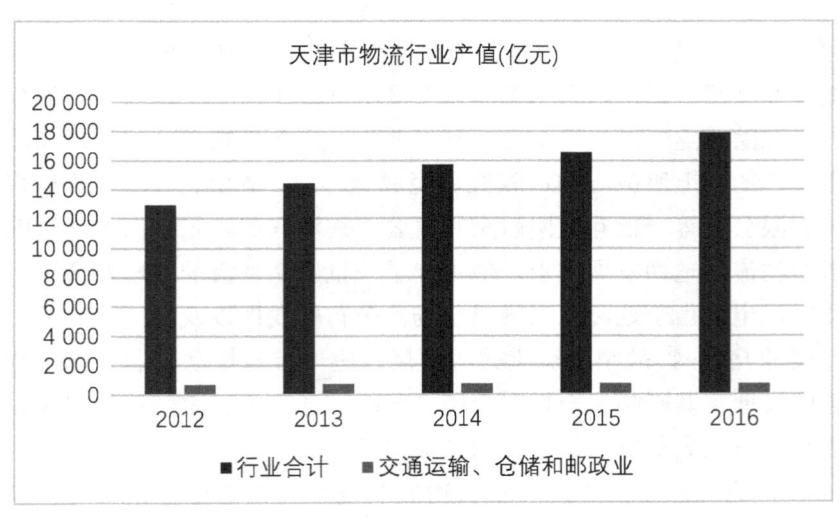

图 2-7 天津市物流行业产值

2. 规模较大,发展水平高

天津市得益于地理优势,"双港驱动"使得物流行业的规模处于较高的水平。近年来,客运量有所下降。2012—2015 年间,客运量下降了近10%。货运方面,近年来货运量持续增长,虽然增速放缓,但是体量较大(如图2-8)。总体来说,天津货物运输的规模较大,在全国处于领先地位。

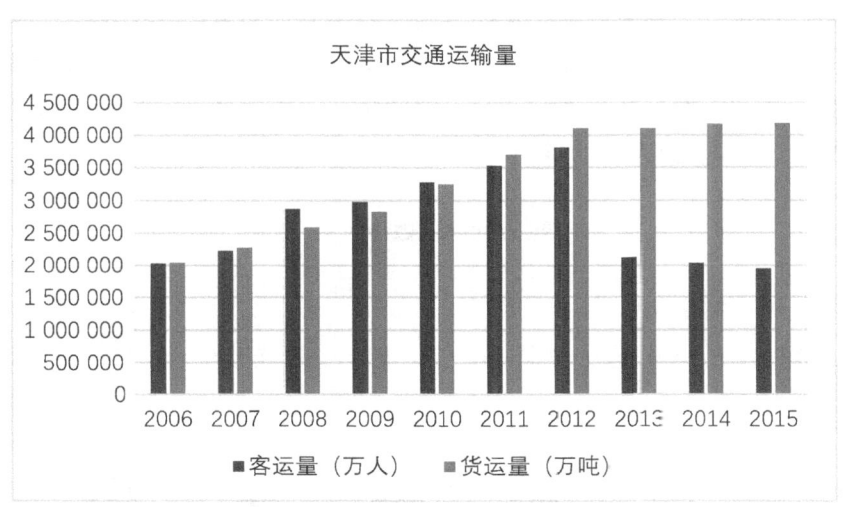

图2-8 天津市交通运输量

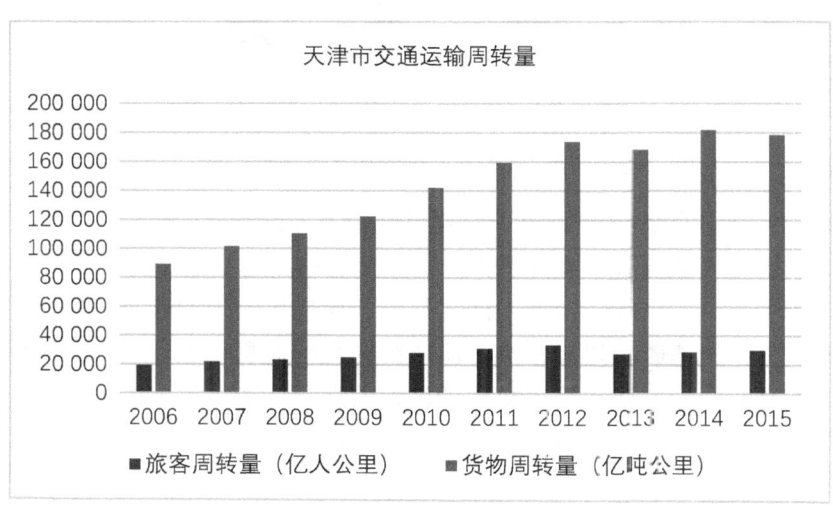

图2-9 天津市交通运输周转量

3. 发展空间较大

虽然物流行业已逐步进入成熟阶段，内部竞争激烈，但是物流行业的发展潜力还是巨大的。主要是由于物流行业进入转型升级阶段，高质量、高效率的物流服务新形态是新的发展时期所需要的。尤其是近年来，创新成为物流行业的关注重点，从事交通运输科技的人员不断增多（如图 2-10）。创新是推动物流行业可持续发展的核心动力，创新人才的增加将会给物流行业带来更广阔的发展空间。

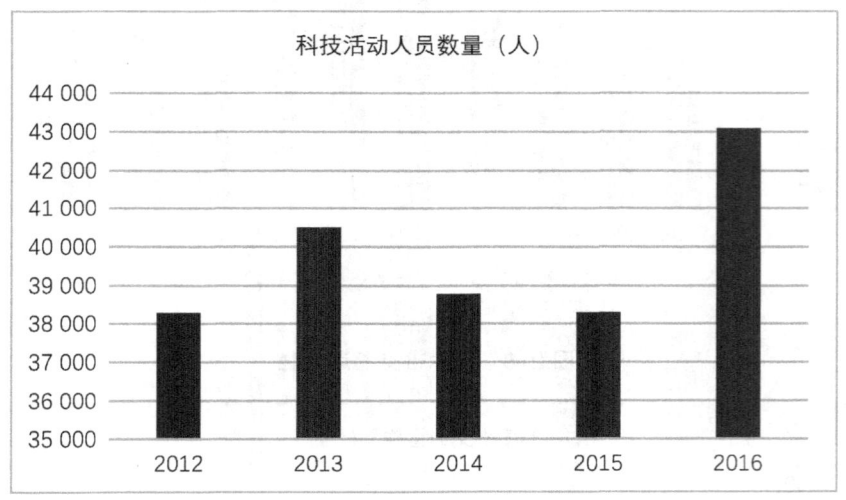

图 2-10　从事交通运输科技活动的人数

4. 现代物流园建设进一步提升物流产业的发展

现代物流园建设基本完成，滨海新区物流园、开发区物流中心、集装箱中心、空港物流加工区等扩大了现代化物流的覆盖范围，且在自贸区的基础上建设了电子口岸和物流的信息化操作平台。天津物流产业的港口运输能力得到了极大的提升，形成了成熟的产业链条，且辐射能力也逐渐增强（参见表 2-6）。

表 2-6 天津市物流行业发展情况

年份	法人单位个数（个）	就业人数（万人）	全社会固定资产投资（亿元）
2007	4 930	12.013 8	315.346 8
2008	7 416	12.472 3	324.015 5
2009	6 435	12.286 3	483.743 6
2010	7 347	12.498 8	539.317 9
2011	8 376	11.426 1	506.452 6
2012	9 726	14.1	729.9
2013	10 440	14.3	603.1
2014	13 246	14.3	750.6
2015	15 560	15	757.2
2016	17 852	14.671 2	735.139 5

资料来源：作者自行整理。

（二）天津市航空物流发展现状

天津滨海国际机场是国内首家实现客运区与货运区双区运营的机场。近 5 年来机场货运量的平均增长速度达到 20% 以上，现有 15 家航空公司运营飞往东北亚、中东及欧洲的 28 条纯货运航线。本节将从空空中转模式角度入手，分析天津国际航空物流中心的发展和总部型经济现状。

空空中转模式是指国际航空物流中心的国际空对空转运模式，通过空运连接国内外市场。这种模式要求以机场为主体，根据当地贸易的发展来开拓国内外市场。同时，线路网络应该有先进的信息网络作为支持。孟菲斯国际航空物流中心和仁川国际航空物流中心是典型的空空中转主导型的国际航空物流中心。空空中转模式主导的航空中心主要有 4 个基本要素：航线网络、服务业水平、物流集成商以及航空公司。

1. 航线网络丰富，航空公司众多

国际、国内航空公司客户有 20 多家，包括：全日空、韩亚、中货航、奥凯、邮航、顺丰、东海、长龙、日航、复兴、酷航、远东、奥伦堡、澳门、南航、东航、厦航、上航、川航、河北、吉祥、春秋航、昆明航、西藏航。其中奥凯、厦航、邮航为基地航空公司，有 6 家执行全货机正班业务，主营 B747、B777 和 B737 全货机型，可代理波音、空客、麦道、俄制系列等全系机型，可运送各类货物达世界各地。与航空公司合作的航空货物销售代理客户有 100 多家，包括 DHL、Fedex、TNT、UPS、中外运、中远、嘉里大通、华贸、泛艺、金鹰、泽坤、太平洋帝国等。

定期货运航线有 17 条，直接通航城市达 60 余个，其中直通城市达 40 余个，包括上海、重庆、广州、深圳、海口、三亚、昆明、南京、洛阳、连云港、温州、西安、西宁、成都、杭州、大连、沈阳、长春、哈尔滨、中国香港、中国澳门、中国台北等；直通国家及地区达 20 余个，包括洛杉矶、大阪、名古屋、首尔、济州、吉隆坡、新加坡、莫斯科、曼谷、雅加达等。

天津滨海国际机场发展潜力巨大。《推进京津冀民航协同发展实施意见》的发布使得民航先行成为京津冀协同发展国家战略的关键一环。天津滨海国际机场积极配合北京首都国际机场航班航线的疏解，实现航线网络的快速布局。

2. 服务业发展水平相对较高

由于统计数据的局限，我们应用第三产业的相关数据进行分析。根据《国民经济行业分类》，我国的第三产业指服务业，是除第一产业、第二产业以外的其他产业。

从发展基础的角度，我们选取第三产业增加值和第三产业就业人员合计来进行衡量（见图 2-11、图 2-12）。近 10 年来，天津市服务业发展迅猛。2005 年，天津市第三产业增加值只有 1 534.07 亿元，到 2015 年，天津市第三产业增加值达到 8 625.15 亿元。天津第三产业就业人数近 6 年的平均值为 211.064 万人，处于全国较高水平。

图 2-11 天津市第三产业增加值

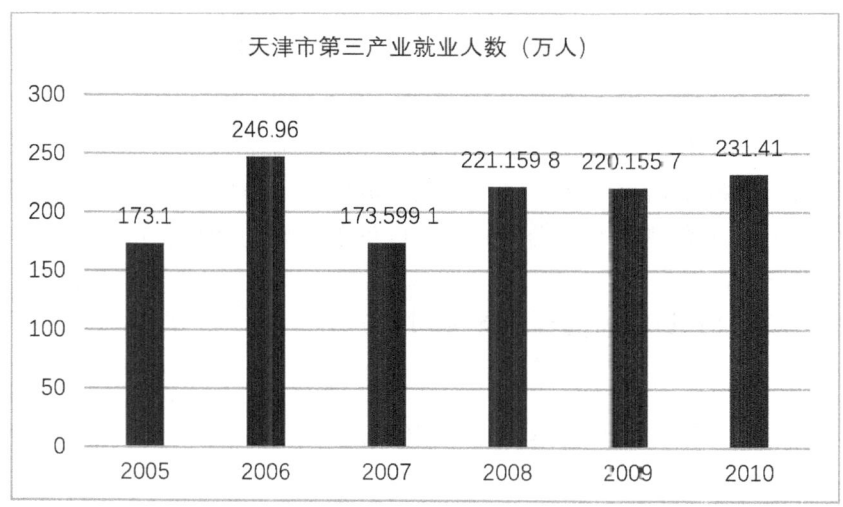

图 2-12 天津市第三产业就业人数

从成长能力来看,天津市服务业发展能力较强。近年来,随着供给侧结构性改革的深化,服务业在产业结构上进行了调整。虽然第三产业的增长指数有所下降(见图 2-13),但是增长空间依旧可观。随着改革升级的不断深入，高质量、高效率的服务新形态必将引领新一轮的增长提速。

图 2-13 天津市第三产业增长指数

3. 大型物流集成商入驻机会巨大

目前，顺丰速运已经在天津国际航空物流中心布局。天津市已经在天津机场西货运区设立了航空物流园区和航空商务区，在空间环境上，为大型物流集成商的入驻提供了良好的环境支持。

三、河北省航空物流发展现状

（一）河北省物流行业总体发展概述

河北省物流业经过近几年的发展取得重大的进步，目前物流业已成为河北省的支柱型产业。2014 年，河北省物流总额为 8.5 万亿元，是 2010 年的 1.17 倍。随着物流行业的蓬勃发展，河北省物流行业主要表现出以下 4 个特点：

第一，物流政策环境持续改善，物流产业地位进一步提升。2014

年9月12日，国务院正式发布了《物流业发展口长期规划》，指出物流业将作为支撑我国经济发展的基础性、战略性行业，要将物流行业提升到国家战略高度。同时，作为连通京津冀的基础型工具，河北省物流业得到了国家的大力支持。

第二，运输业务快速增长。如图2-14，2016年货运量为210 585万吨，较前一年同比增长6.3%。与2006年相比，河北省货运量同比增长131.8%，增速惊人。

第三，交通建设投资加快，基础设施条件得到改善。近年来，河北省对于交通运输的投入逐渐增加，这得益于"一小时经济圈"的建设（参见图2-15）。京港澳高速公路改扩建工程胜利竣工，京津冀地区道路运输效率提高并逐渐辐射到其他地区。此外，2017年，河北省旅游工作小组印发《河北省旅游公共服务体系规划》（以下简称《规划》）："十三五"期间，河北省将重点构建"快进慢游"旅游交通网。根据《规划》，到2020年，全省民用机场数量将达到8个，运营航线达150条以上，通航城市达到90个以上。

图2-14　河北省货运量发展趋势

第四,网络电商物流需求保持了高速增长。随着电子商务的快速发展,河北省电商物流进入了快速增长时期。电子商务的发展带动了河北省物流行业的总体发展。

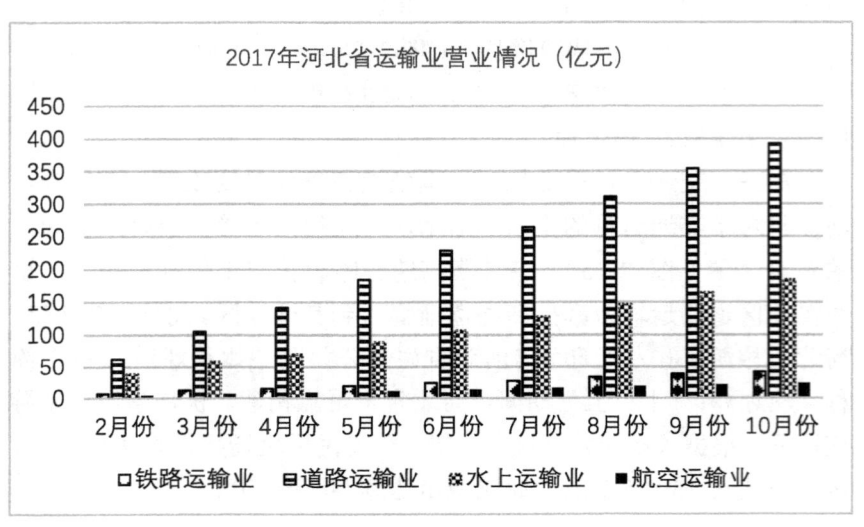

图 2-15 2017 年河北省运输业营业情况

(二)河北省航空物流发展现状

1. 有效需求充足

随着河北省物流行业的不断发展,物流行业在运输种类、运输质量、运输时间等方面的要求越来越严格,运输行业划分也越来越精细化(见表 2-7)。航空物流运输以其安全高效的优势得到快速发展。目前,河北省主要以道路运输为支柱。一方面,河北省作为京津地区主要的贸易物流中心,道路运输相对经济。另一方面,河北省的机场建设尚处于发展阶段。但是总体来看,河北省运输量持续增加,有效需求充足。未来航空物流的发展潜力巨大。

表 2-7 河北省运输业的总体情况（单位：万吨）

年份	铁路货运量	公路货运量	水运货运量	民航货运量	港口吞吐量	合计
2007	20 902	79 822	2 162	0.77	39 952	142 848.77
2008	23 808	84 486	1 762	0.98	44 055	154 121.98
2009	23 808	106 530	1 008	1.16	50 874	182 221.16
2010	37 964	135 938	2 149	1.68	60 344	236 396.68
2011	41 671	166 680	2 672	2.11	71 300	282 325.11
2012	43 429	195 530	2 590	2.4	76 234	317 785.4
2013	49 688	224 319	2 517	2.63	83 984	365 510.63
2014	48 063	185 296	4 041	2.52	95 029	332 431.52
2015	17 843	176 537	4 542	2.6	91 251	290 175.6
2016	16 313	189 822	4 458	2.33	95 208	305 803.33

资料来源：由历年《河北省经济年鉴》整理所得。

2. 航空物流基础设施不断完善

河北省物流航空发展规模不断壮大，得益于近年来机场等基础设施的建设。由表 2-8 可以看出，航线数量和机场数量都有所增加，这为航空物流的发展打下了坚实的基础。

表 2-8 河北省民用航空发展情况

年份	定期航班航线	国际航线	国内（内地）航线	国内港澳台航线	国外通航国家和地区	通航城市	民用机场数量
2005	25	1	24	1	1	1	2
2010	56	1	55	2	1	1	4
2013	70	3	67	2	2	3	5
2014	61	2	59	3	2	2	5
2015	74	4	70	2	3	4	5
2016	90	7	81	2	5	7	5

资料来源：由历年《河北省经济年鉴》整理所得。

3. 航空物流园区不断增加

近年来，河北省计划建设多个航空物流园区，以满足航空物流发展的需要。石家庄正定国际机场作为河北省航空发展的主力军，在对外合作方面起着举足轻重的作用。林德国际物流集团、石家庄机场和石家庄机场工业园区签订协议，决定投资30亿元建设大型进口货物储藏和出口商品装配中心等项目。同时，还将开通石家庄和德国帕勒姆机场之间的定期客货包机，以实现中国和德国甚至中国和欧洲之间的空中连接。此外，法国万豪时代投资公司将投资5亿欧元，在石家庄机场工业园建设价值1 500万元的万豪国际机场经济园区。同时，还将开通荷兰、法国和石家庄之间的货运线路，以促进石家庄和欧洲国家之间的贸易和交流。随着石家庄机场工业园区的建设，10个重大项目的建设任务业已完成，13个项目正在洽谈中，总投资额超过180亿元。此外，石家庄正定国际机场已经成为中国货运和邮政航空公司的分销节点，负责特快专递业务，并可能成为北方重要的特快专递邮件分销中心。

张家口宁远机场也在建设机场经济技术开发区。开发区的建设将基于机场周边的产业和市场特点，创建一个机场绿谷区、一个城市功能区、一个机场门户区和一个工业集中区。其中，机场绿谷还将重点发展绿色生态旅游项目，城市功能区将重点发展商务办公区，机场门户区将重点发展机场物流业、机场保税区，工业集中区将重点发展汽车制造业、电子信息业等行业，开发区主要重点发展高新技术产品等小商品产业。因此货物的快速运输是关键。完成后，快递服务将在48小时内送达全国。

唐山将依托三女河机场建设唐山机场中心。结合唐山市的总体产业规划，园区将主要发展高新技术产业、精密加工产业和现代物流业，还将重点发展高科技产业，如科学研究、精密加工、生物医学；现代服务业，如现代物流、商品交易、金融证券、总部经济；战略性新兴产业，如新能源、新材料、节能环保和新信息技术。河北省航空物流园区的建设将带动机场的发展，在很大程度上提高河北省航空物流的竞争力。此外，河北省许多地区联合建设航空物流园区将不可避免地形成一个大规模的产业，并相互促进。

第三节　京津冀区域航空物流效率评价

一、京津冀区域航空物流发展的外部环境

京津冀区域是我国的"首都经济圈"，涵盖北京、天津以及河北省等 11 个地级市。2014 年，京津冀协同发展作为我国发展的国家战略，承担着疏解北京非首都功能、建立京津冀交通一体化、生态环境保护、产业升级转移等重要发展使命。因此，京津冀航空物流将会得到更多的发展机遇。本节将对京津冀航空物流发展的外部环境进行简单的梳理。

（一）身处环渤海经济圈核心地带，带动京津冀航空物流的发展

京津冀地区身处环渤海经济圈的核心地带，具有地理优势和环境优势。北京是我国的政治中心、文化中心、科技创新中心以及国际交流中心。作为我国最有影响力的城市，北京航空物流的发展一直处于领先地位。多年来，北京首都国际机场货邮吞吐量稳居我国第二位，2017 年，我国货邮吞吐量总额为 1617.7 万吨，北京首都国际机场货邮吞吐量为 202.958 万吨，占全国总量的 12.5%，占东部地区的 17%，仅次于上海浦东国际机场。

天津是环渤海经济带和京津冀城市群的交会点，处在中国沿海最具发展活力的三个区域之一——环渤海地区的中心位置。背靠中国华北、东北、西北地区，经济腹地辽阔；面向东北亚和迅速崛起的亚太经济圈，天津成为中国参与区域经济一体化和经济全球化的重要窗口。近年来，天津空港建设取得了许多突破。"双港联动"模

式初具规模，天津航空物流将面临更多的机遇。

河北省是京津地区商贸物流基地。近两年，河北省物流行业发展迅速，已经成为支柱型产业。总体来说，京津冀具有优良的地理优势，为京津冀航空物流的发展提供了前提条件。

（二）国家政策助推京津冀航空物流发展

国家物流行业发展中长期规划提出，航空货运将作为未来的工作重点，并进一步加强航空货运与快递业务、电子商务等新兴行业的相互渗透，促进我国物流业服务国家发展和转型升级的能力。

2015年，中央政治局审议通过了《京津冀协同发展规划纲要》，明确指出打造京津冀地区交通一体化是促进京津冀协同发展的重要任务，以打通地域断裂环节，提升京津冀综合交通能力，增强京津冀对外辐射能力。

2017年12月6日，国家发展改革委员会印发了《推进京津冀民航协同发展实施意见》的通知，进一步明确了未来几年京津冀民航的发展目标和发展方向：一是到2020年，京津冀机场群协同发展水平显著提升，整体服务水平、智能化水平、运营管理力争达到国际先进水平；二是到2030年，打造形成世界级机场群。至2020年，北京"双枢纽"机场、天津机场、石家庄机场与铁路、公路的有效衔接初具规模，初步形成统一的管理、差异化发展模式。京津冀机场群协调发展水平将明显提高，总体服务水平、智能化水平以及管理能力力争达到国际先进水平。到2030年底，天津将成为中国的国际航空物流中心，基本实现北京、天津、河北地区主要机场与轨道交通的有效衔接，打造具有分工协作、互补性的世界级机场群，促进空中铁路多式联运，达到优势互补协调发展的目的。

这预示着未来几年，京津冀将加快航空枢纽建设，更有效地增加机场吞吐量，并且在保持空铁空巴联运的连续增长方面进行进一步的实践。除航空物流基础设施的建设外，提供运转高效、衔接顺畅的航空货运服务也是建设发展的一大方向。

（三）供给侧改革持续深化的大环境下，航空物流也正处于转型升级阶段

随着我国经济步入新常态，各行各业均进入了转型升级的攻坚阶段，淘汰落后产能，打造高质量、高品质的产业新形态。航空物流作为现代物流产业的重要组成部分，产业结构的转型升级势在必行。随着社会的发展和科技的进步，航空物流企业的市场竞争力日益突显，其快速、安全、便捷、高效的优势得到客户的青睐。京津冀地区作为我国三大城市群之一，航空物流行业的转型升级将对我国物流行业的可持续发展具有重要的示范意义。

二、数据包络分析法简介

数据包络分析（DEA）方法是在经济学家法瑞尔（Farell）关于私人企业评价工作的基础上，以工程上单投入、单产出有效率概念为基础发展起来的评价多投入、多产出系统相对有效性的效率评价方法。该方法主要是通过保持决策单元的投入或产出不变，借助于数学规划将决策单元（DMU）投影到 DEA 前沿面上，并通过比较决策单元偏离 DEA 前沿面的程度来评价它们的相对有效性。与传统的方法相比，DEA 方法的最大优点是不仅可以处理多投入、多产出的生产系统，而且还可以处理诸如医院、学校等非生产性系统；而且，DEA 方法在评价生产前沿面有效性时，将整个样本中生产有效点和非有效点分离，可以对所评价的系统给予一个综合的评价。DEA 的基本模型主要有 CCR 模型和 BCC 模型两种，下面对这两种模型进行简要说明。

三、CCR 模型

查恩斯、库珀和罗德兹（Charnes、Cooper and Rhodes，1978）根据法瑞尔（1957）所提出的"单一投入与单一产出"模式，提出

了不变规模报酬下决策单元（Decision Making Units，DMU）相对效率度量的一种非参数方法，即 CCR 模型，并将这种方法正式定义为 DEA。该方法利用所有受评估的 DMU 的投入与产出变量的观测值，构建一个生产的效率前沿边界，凡落在效率前沿边界上的 DMU 都是有效率的，其效率值为 1，而落在效率前沿边界以外的 DMU 则是相对无效率的，其效率值介于 0 和 1 之间。

基于投入导向的 CCR 模型如下所示：假设有 n 家银行，每家银行均使用 m 种投入生产 s 种产出。Y_{jk} 表示第 k 家银行的第 j 个产出变量，X_{jk} 表示第 k 家银行的第 i 个投入变量。利用线性规划的对偶原理，第 k 家银行的效率值 θ 应满足：

$$\begin{cases} \min \theta \\ \text{st.} \sum_{j=1}^{n} X_j \lambda_j \leqslant \theta X_k \\ \text{st.} \sum_{j=1}^{n} Y_j \lambda_j \geqslant Y_k \\ \lambda_j \geqslant 0, j=1,2,\cdots,n \end{cases}$$

式中，X_j 为第 j 个决策单元的 m 维投入向量，Y_j 为第 j 个决策单元的 s 维产出向量。这里满足 $0 \leqslant \theta \leqslant 1$。当 $\theta=1$ 时，表示该银行落在效率前沿边界上，因而处于有效率状态。将上式表示的线性规划求解 n 遍，即可得到每家银行的效率值，此效率值为技术效率，经济含义是当第 k 家银行的产出水平保持不变时，如果以样本中最佳表现的银行为标准，实际所要投入的比例。$1-\theta$ 就是第 k 家银行多投入的比例，也就是可以减少投入的最大比例。例如，$\theta=0.85$ 表示所评估的银行如果能充分利用现有的技术条件，可以在保持产出不变的条件下，使投入等比例下降 15%。

四、指标的选择

跑道数和货运航线数是衡量机场硬件设施的重要指标，机场的硬件设施的好坏可以直接体现出对航空物流的投入水平，所以将其作为衡量投入的指标；货邮吞吐量和起降架次作为目前反映民航发展的重要指标，可以反映出目前我国航空物流业务规模的大小，所以将这两个指标作为产出指标进行计算。由于我国各地主要的航空物流业务仅集中在一到两家机场（上海为两家，分别是浦东机场和虹桥机场，其他各地均为一家），所以以主要机场的数据作为当地航空物流情况的指标。

五、数据的来源

指标来源于 2015—2017 年《全国机场生产统计公报》以及 2015—2017 年《民航行业发展统计公报》，后经作者整理所得。

表 2-9 各地区机场投入产出指标

年份	城市	跑道数量	货运航线数量	货邮吞吐量（吨）	起降架次（次）
2015	北京（首都）	3	28	1 889 439.457	590 199
	天津（滨海）	2	18	217 279.187	125 693
	石家庄（正定）	1	4	44 693.906	56 728
	上海（虹桥/浦东）	6	73	3 708 831.18	705 774
	南京（禄口）	2	25	326 026.533	166 858
	杭州（萧山）	2	21	424 932.65	232 079
	深圳（宝安）	2	21	1 013 690.50	305 461
	广州（白云）	3	61	1 537 758.88	409 679
2016	北京（首都）	3	28	1 943 159.74	606 081
	天津（滨海）	2	18	237 085.233	143 822
	石家庄（正定）	1	4	43 765.153	68 687
	上海（虹桥/浦东）	6	73	3 869 187.20	741 883
	南京（禄口）	2	25	341 267.114	187 968
	杭州（萧山）	2	21	487 984.19	251 048
	深圳（宝安）	2	21	1 125 984.64	318 582
	广州（白云）	3	61	1 652 214.91	435 231

续表

年份	城市	跑道数量	货运航线数量	货邮吞吐量（吨）	起降架次（次）
2017	北京（首都）	3	28	2 029 583.56	597 259
	天津（滨海）	2	18	268 283.474	169 585
	石家庄（正定）	1	4	41 013.216	80 492
	上海（虹桥/浦东）	6	73	4 231 741.08	760 360
	南京（禄口）	2	25	374 214.902	209 394
	杭州（萧山）	2	21	589 461.603	271 066
	深圳（宝安）	2	21	1 159 018.58	340 385
	广州（白云）	3	61	1 780 423.13	465 295

资料来源：作者根据《全国机场生产统计公报》《民航行业发展统计公报》整理而得。

六、数据的处理

虽然实际的投入、产出指标均有不同的量纲，但决策单元的最佳效率与投入、中间和产出指标值的量纲选取无关，因此本节将指标的原始数据按某一函数关系归到某一正值区间，具体方法如下：

设 $\max\limits_{1 \leqslant j \leqslant 8} z_{ij} = a_i$，$a_i$ 为第 i 项指标的最大值，j 表示第 j 项的决策单元；$\min\limits_{1 \leqslant j \leqslant 8} z_{ij} = b_i$，$b_i$ 为第 i 项指标的最小值。可将 z_{ij} 转化为：

$$z'_{ij} = 0.1 + \frac{z_{ij} - b_i}{a_i - b_i} \times 0.9,\ z'_{ij} \in [0.1, 1];\ z'_{ij} = 0.1 + \frac{z_{ij} - b_i}{a_i - b_i} \times 0.9,\ z'_{ij} \in [0.1, 1].$$

无量纲化后的数据如表 2-10 所示。

表 2-10 处理结果

年份	城市	跑道数量	货运航线数量	货邮吞吐量（吨）	客户投诉数量（次）
2015	北京（首都）	0.46	0.413 043	0.496 968	0.782 351
	天津（滨海）	0.28	0.282 609	0.137 855	0.188 212
	石家庄（正定）	0.1	0.1	0.100 79	0.1

续表

年份	城市	跑道数量	货运航线数量	货邮吞吐量（吨）	客户投诉数量（次）
2015	上海（虹桥/浦东）	1	1	0.887 7	0.930 18
	南京（禄口）	0.28	0.373 913	0.161 209	0.240 865
	杭州（萧山）	0.28	0.321 739	0.182 45	0.324 288
	深圳（宝安）	0.28	0.321 739	0.308 892	0.418 149
	广州（白云）	0.46	0.843 478	0.421 441	0.551 452
2016	北京（首都）	0.46	0.413 043	0.508 505	0.802 665
	天津（滨海）	0.28	0.282 609	0.142 108	0.211 4
	石家庄（正定）	0.1	0.1	0.100 591	0.115 296
	上海（虹桥/浦东）	1	1	0.922 138	0.976 366
	南京（禄口）	0.28	0.373 913	0.164 482	0.267 866
	杭州（萧山）	0.28	0.321 739	0.195 991	0.348 55
	深圳（宝安）	0.28	0.321 739	0.333 008	0.434 932
	广州（白云）	0.46	0.843 478	0.446 021	0.584 135
2017	北京（首都）	0.46	0.413 043	0.527 065	0.791 381
	天津（滨海）	0.28	0.282 609	0.148 309	0.244 353
	石家庄（正定）	0.1	0.1	0.1	0.130 396
	上海（虹桥/浦东）	1	1	1	1
	南京（禄口）	0.28	0.373 913	0.171 558	0.295 272
	杭州（萧山）	0.28	0.321 739	0.217 785	0.374 155
	深圳（宝安）	0.28	0.321 739	0.340 103	0.462 819
	广州（白云）	0.46	0.843 478	0.473 555	0.622 589

七、实证分析

关于实证分析的结果详见表2-11。

表 2-11 实证结果

城市 \ 年份	2015	2016	2017	平均值
北京（首都）	0.975 42	1	1	0.991 807
天津（滨海）	0.418 536	0.440 471	0.500 13	0.453 046
石家庄（正定）	0.858 682	0.856 983	0.851 947	0.855 871
上海（虹桥/浦东）	0.756 274	0.785 613	0.851 947	0.797 945
南京（禄口）	0.500 995	0.548 256	0.604 348	0.551 2
杭州（萧山）	0.663 736	0.713 396	0.765 803	0.714 312
深圳（宝安）	0.908 232	0.979 141	1	0.962 457
广州（白云）	0.754 27	0.798 263	0.847 541	0.800 025

八、层次分析法确定权重

（一）层次分析法

层次分析法是由美国运筹学家托马斯·塞蒂（T.L.Saaty）于 20 世纪 70 年代提出的一种解决多目标的复杂问题的定性与定量相结合的决策分析方法。它的基本原理是根据具有递阶结构的目标、子目标（准则）、约束条件、部门等来评价方案，采用两两比较的方法确定判断矩阵，然后把判断矩阵的最大特征向量的分量作为相应的系数，最后综合给出各方案的权重（优先程度）。其特点是在对复杂的决策问题的本质、影响因素及其内在关系等进行深入分析的基础上，利用较少的定量信息使决策的思维过程数学化，从而为多目标、多准则或无结构特性的复杂决策问题提供简便的决策方法。尤其适用以难以直接准确计量决策结果的场合。

(二)层次分析法的步骤

1. 确定目标和评价因素

P 个评价指标,$u = \{u_1, u_2, \cdots, u_p\}$。

2. 构造判断矩阵

判断矩阵元素的值反映了人们对各元素相对重要性的认识,一般采用 1~9 及其倒数的标度方法。但当相互比较因素的重要性能够应用具有实际意义的比值说明时,判断矩阵相应元素的值则取这个比值,即可得到判断矩阵 $S = (u_{ij})_{p \times p}$。

表 2-12 元素相对重要性的比例标度

标度	含义
1	两个元素相比同等重要
3	两个元素相比,前者比后者略为重要
5	两个元素相比,前者比后者相当重要
7	两个元素相比,前者比后者明显重要
9	两个元素相比,前者比后者绝对重要
2,4,6,8	上述相邻判断的中间值
倒数	若元素 i 与元素 j 相比得 a_{ij},则元素 j 与元素 i 相比得 $1/a_{ij}$

3. 计算判断矩阵

用 Matlab 软件计算判断矩阵 S 的最大特征根 λ_{max} 及其对应的特征向量 A,此特征向量就是各评价因素的重要性排序,即权系数的分配。

4. 一致性检验

为进行判断矩阵的一致性检验,需计算一致性指标:

$$CI = \frac{\lambda_{max} - n}{n - 1}$$

平均随机一致性指标 RI，是指用随机的方法构造 500 个样本矩阵，构造方法是随机地用标度以及它们的倒数填满样本矩阵的上三角各项，主对角线各项数值始终为 1，对应转置位置项则采用上述对应位置随机数的倒数。然后计算各个随机样本矩阵的一致性指标值，取 CI 值的平均值即得到平均随机一致性指标 RI 值。当随机一致性比率 $CR = \dfrac{CI}{RI} < 0.10$ 时，认为层次分析排序的结果有满意的一致性，即权系数的分配是合理的；否则，要调整判断矩阵的元素取值，重新分配权系数的值。

查找一致性指标 RI 可参考表 2-13。

表 2-13 平均随机一致性指标

n	1	2	3	4	5	6	7	8
RI	0	0	0.58	0.90	1.12	1.24	1.32	1.41
n	9	10	11	12	13	14	15	
RI	1.45	1.49	1.51	1.54	1.56	1.58	1.59	

九、判别矩阵构建及权重的求解

根据指标体系，利用上述标度法，通过专家咨询法问卷调查，选取本领域专家，分别对指标的重要程度进行打分，然后对打分结果再进行内部的讨论和归纳，得到两两判别矩阵如表 2-14 所示。

表 2-14 两两判别矩阵

	北京（首都）	天津（滨海）	石家庄（正定）	上海（虹桥/浦东）	南京（禄口）	杭州（萧山）	深圳（宝安）	广州（白云）
北京（首都）	1	2.189 199	1.158 828	1.242 952	1.799 361	1.388 478	1.030 494	1.239 72
天津（滨海）	0.456 788	1	0.529 339	0.567 766	0.821 927	0.634 241	0.470 718	0.566 29

续表

	北京 (首都)	天津 (滨海)	石家庄 (正定)	上海 (虹桥/ 浦东)	南京 (禄口)	杭州 (萧山)	深圳 (宝安)	广州 (白云)
石家庄 (正定)	0.862 941	1.889 147	1	1.072 594	1.552 742	1.158 176	0.889 256	1.069 806
上海 (虹桥/ 浦东)	0.804 536	1.761 289	0.932 319	1	1.447 651	1.117 083	0.829 071	0.997 401
南京 (禄口)	0.555 753	1.216 653	0.644 022	0.690 774	1	0.771 652	0.572 701	0.688 979
杭州 (萧山)	0.720 213	1.576 687	0.834 602	0.895 189	1.295 921	1	0.742 175	0.892 863
深圳 (宝安)	0.970 408	2.124 414	1.124 536	1.206 17	1.746 113	1.347 391	1	1.203 035
广州 (白云)	0.806 634	1.765 88	0.934 749	1.002 606	1.451 424	1.119 993	0.831 231	1

用 MATLAB 软件计算判断矩阵 S 的最大特征根，得 $\lambda_{max}=8.0000$。为进行判断矩阵的一致性检验，需计算一致性指标：

$$CI = \frac{\lambda_{max} - n}{n-1} = \frac{8.0000 - 8}{8 - 1} = 3.9574e - 08$$

平均随机一致性指标 $RI=1.41$。随机一致性比率：

$$CR = \frac{CI}{RI} = \frac{3.9574e - 08}{1.41} = 2.8067e - 08 < 0.10$$

因此认为层次分析排序的结果有满意的一致性，即权系数的分配是非常合理的（如表 2-15、表 2-16）。

表 2-15 权系数分配

指标层	权重
北京（首都）	0.161 9
天津（滨海）	0.073 9
石家庄（正定）	0.139 7
上海（虹桥/浦东）	0.130 2
南京（禄口）	0.090 0
杭州（萧山）	0.116 6
深圳（宝安）	0.157 1
广州（白云）	0.130 6

表 2-16 DEA 及 AHP/DEA 评价结果

决策单元	DEA 初步评价结果	AHP/DEA 评价结果	AHP/DEA 评价结果排序
北京（首都）	0.991 807	0.161 9	1
天津（滨海）	0.453 046	0.073 9	8
石家庄（正定）	0.855 871	0.139 7	3
上海（虹桥/浦东）	0.797 945	0.130 2	5
南京（禄口）	0.551 2	0.090 0	7
杭州（萧山）	0.714 312	0.116 6	6
深圳（宝安）	0.962 457	0.157 1	2
广州（白云）	0.800 025	0.130 6	4

十、结论

从实证结果可以看出，北京的物流效率水平目前处于全国领先水平。值得注意的是，石家庄航空物流效率也处于一个很高的水平，说明随着京津冀区域建设的持续推进，北京的航空物流发展成果已经向河北地区辐射。一方面由于京津冀地区高铁、高速等交通网络覆盖日趋广泛,缩短了北京连通石家庄的时间,提高了运输效率。另一方面,国家加大了对石家庄航空运输业的扶持力度。2016年5月,河北机场集团公司正式纳入首都机场集团公司管理。与此同时,石家庄机场被列为我国首家航空大众化试点机场。空铁联运和大众化、低成本的策略不仅极大地促进了流量提升,也增强了对首都机场非国际枢纽功能的疏解。因此,京津冀三地协同发展将为河北省航空物流行业的发展带来更多机遇。此外,天津机场航空物流效率较低,主要原因是海港运输作为天津物流的主要运输方式,在成本上要远低于航空运输。海港的货运分流对于天津航空物流的发展存在一定的竞争性。

但从航空物流业务规模以及基础设施建设来看,京津冀三地航空物流的发展相对不均衡,整体的效率相对较低,资源分配等方面还存在着较多的改进空间。

第四节 京津冀区域航空物流存在的问题及发展举措

一、京津冀区域航空物流发展中存在的问题

目前京津冀地区航空物流发展的总体趋势非常好,民航货运量占总货运量的35%以上,物流企业的市场竞争力不断加强,航空物流业处于稳步发展的状态。但是区域航空物流仍然存在行政区划分割、区域协调不到位、各城市之间物流资源以及物流基础设施存在较大差异等问题。

（一）行政区划分割仍然存在

在现行的行政区划体制下，地方行政主体容易出于自身利益考虑，为保护地方利益和提升个人政绩，所出台的政策容易与区域一体化产生冲突，地方企业更易获得本地政府的扶持，外来竞争者则难以在市场中立足。这阻碍了经济生产要素在区域间的自由配置，反映了计划经济时代遗留下来的行政区域分割造成的市场管理的僵化思维，这种现象长久存在会滋生权力寻租和贪污腐败，导致市场竞争环境更加恶劣。

物流业的发展紧跟地区经济贸易发展的步伐，因此经济的发展质量决定了物流业的发展水平。一方面，物流业涉及多个部门、多个行业，常常与商务、土地、税务部门联系在一起，硬性的行政分割导致各地区之间缺乏多部门的协调机制沟通不畅，同时各地区间经济贸易受到行政分割管理体制的限制，物流效率无法提升。另一方面，航空物流本身需要与其他运输方式合作来实现物资的运输，但是公路、铁路和航空运输的管理分属不同的政府部门，没有统一协调的常备机制，同时由于各种运输方式的税收规定和通关程序往往不尽相同，在制单、报关的流程上也存在成本上的折耗。此外，由于行政区划的限制导致不同城市在行政管理制度上存在差异，如航空物流企业的市场准入牌照审批都由当地政府具体执行，存在各自为政的局面；航空物流企业在其他城市设立分支机构，与其他类型的物流企业合作；公司税务等业务成本高，这些体制性的分割导致物流运作的分割，不利于物流的跨区域协作发展。

其造成的后果就是，北京的航空物流发展水平远高于河北省境内水平，同时北京首都机场的运输能力已经达到饱和，然而拥有石家庄正定国际机场的河北省民航货运量却受限于经济发展水平、机场航线数量、物流企业业务范围等因素而远低于北京和天津。有研究表明，考虑到上海的经济中心的地位以及上海双机场的规模优势，京津冀地区除了北京机场之外，天津机场和石家庄机场的规模效率都不同程度地落后于其他机场,致使京津冀整体的航空物流效率已经落后于长三角、珠三角地区。

(二)京津冀内部航空物流业发展不均衡

作为继长三角、珠三角之后的第三个区域经济一体化的地区,京津冀地区拥有其经济基础和地理优势,近年来航空物流成为该地区物流运输的主干力量。然而目前京津冀地区内部航空物流业的发展并不均衡,北京作为京津冀的交通枢纽,航空物流的基础设施、货运量以及物流效率均优于天津和河北省,天津虽然拥有良好的经济基础并拥有港口,但并没有充分发挥其物流优势,导致实际的物流效率低于北京,而河北省则存在物流配套的基础设施建设不完善、物流网络尚未建成、企业服务质量有待提高的情况,因此航空物流效率低下。总的来说,河北省并未利用邻近北京和天津发达的航空物流业的优势协同发展,数据显示,2013 年,石家庄机场的货运仅为 25 万吨,起飞架次为 5.2 万次,而北京首都国际机场同年的货运量高达 202 万吨,起飞架次为 56.78 万次,充分表明京津冀地区内部航空物流业发展不均衡。

(三)航空物流资源配置不均衡

京津冀地区存在显著的航空运输资源配置不均衡的现象。目前北京首都国际机场的运输能力已经达到饱和,而天津滨海国际机场和石家庄正定国际机场的货运量较低。究其原因,北京拥有非常广阔的物流市场,同时其作为全国的经济中心拥有完善的物流基础设施,货物抵达北京后转运其他城市都十分方便。而由于北京首都国际机场和京津冀其他两个大型机场缺乏有效的协调和沟通机制,导致北京长时间处于满负载状态,而其他两个机场却时常"闲置",以国内航线为例,截至 2016 年底,北京首都国际机场的国内航线已达 132 条,而石家庄正定国际机场的国内外货运航线总共只有 35 条;在货物处理设施方面,正定国际机场拥有河北省主要的航空物流处理设施，但仅有两个仓库和配套的运输车辆，物流设施与北京首都机场相比较为落后；货运量方面，2013年，石家庄正定国际机场的货运量仅为北京的 1/8，可以看出三地之间航空运输资源存在显著差距。

（四）交通基础设施仍待完善

物流业的发展基础在于交通基础设施的建设，而目前京津冀地区交通基础设施水平虽然已经处于全国前列，但是仍然存在交通网络不完善、地区内部发展不均衡的问题。不同于长三角地区发达的物流交通网络，京津冀地区呈现出城市内部道路交通设施完善而城市之间发展不均衡、联系不紧密的特点。京津冀地区交通网络呈现出以北京为中心的放射状，这样的运输结构导致几乎所有的航空物流的物资都需要从北京这个核心交通枢纽通过，这加大了北京的运输压力，也导致了物流资源向北京集中；另一方面，天津滨海国际机场和石家庄正定国际机场作为大型机场，受到本地经济发展、机场运营以及交通便捷程度的限制，其运输能力没有充分发挥出来。而北京首都国际机场则已经达到了运力饱和，目前正在进行"双机场"建设。河北省内各城市与北京的距离较远，所有航空物流的物资都通过北京运输枢纽发出会导致整体的运输成本增加。

从整体的交通基础设施水平上看，京津冀地区的交通基础设施建设也与发达国家有很大的差距，以单位土地面积的公路长度为例，京津冀地区的公路运输网络密度只有 8 243 公里/万平方公里，而德国则达到了 18 207 公里/万平方公里。航空物流业除了依靠机场等航空基础设施建设之外，更需要其他交通基础设施的配合，目前京津冀地区这种不完善的交通网络限制了运输效率和物资集散效率的提高。

（五）航空物流管理水平偏低

相比国外的航空物流企业，国内的航空物流企业缺乏先进的物流管理理念,整体的管理水平偏低。京津冀的航空物流企业对于现代物流的理解和认识还不是很深刻,观念仍然停留在传统的物流模式上,这也阻碍了京津冀区域物流专业化的发展。此外,京津冀航空物流业目前仍然缺乏专业人才。从高校专业角度来看,目前我国高等教育在航空物流专业上仍然没有形成完整系统的理论和实践应用,目前所开设的物流管理专业仍然处于初级摸索的阶段,这导致航空物流企业缺乏高素质的专业人才,也间接导致了企业管理水平的低下。航空物流企业无法从专业角度科学地认识物流理念,无法最大化企业自身利益、缩减成本,导致航空物流效率提升缓慢,企业利润空间较小,整体的企业竞争力也相对较弱。

(六)物流信息化平台建设缓慢

航空物流运行过程中需要多个单位和部门,如海关、检验检疫、税务、保险和银行等的协调,一个有效的物流信息平台能够帮助物流企业与这些部门单位协调沟通,简化程序,同时降低物流成本。因此物流信息化是当今实现航空物流系统高效运转的必要条件,而目前京津冀物流信息化发展较为缓慢,主要体现在物流信息化平台建设缓慢。许多公司和单位都在建设自身的信息数据平台,但是由于各单位之间缺乏协调合作,导致各个信息数据平台标准混杂,难以统一,公司与公司之间缺乏有效的公共网络信息共享平台。这种相互分割、独立运行的信息平台无法促进物流系统高效率地运作,在实际操作过程中物流信息无法共享,并没有最大化物流信息的价值,反而阻碍了物流效率的提升。

二、促进京津冀区域航空物流发展的举措

目前,京津冀地区航空物流的发展仍存在一定的差距。北京首都国际机场作为我国最大的航空物流枢纽之一,其发展规模和水平要明显高于河北省。天津航空物流经过近几年的快速发展虽取得不

小的进步，但是与北京、上海、广东等城市相比，依旧存在着不小的差距。发展京津冀区域整体的航空物流，仅靠北京的发展有些孤木难支。

基于此，三地政府关于促进京津冀航空物流发展做出了许多努力。本节将从天津国际航空物流中心建设、河北航空物流建设两方面阐述当前各地政府以及企业所做出的努力。

（一）天津国际航空物流中心建设方面

1. 拓展航线网络，加强网络连通性

首先，积极吸引航空公司入驻。天津机场通过各种形式大力解决资金问题，为航空公司提供更加完善的保障服务；与知名货运航空公司、运输公司以及相关企业进行商务接洽工作，积极创造航空公司的入驻机会。

其次，丰富航线网络。从2014年开始，民航局相继通过了《民航局关于推进京津冀民航协同发展的意见》《关于印发京津冀机场航线航班网络优化实施办法的通知》等一系列政策文件。2016年，民航局发布了《推进京津冀民航协同发展实施意见》，积极疏解北京航线航班压力，这将为天津机场扩大航线网络提供巨大的机会。2016年，天津成立首家货运航空公司。目前，天津政府正在与货运航空公司就业务的拓展展开深入合作：一方面，积极开发国内的精品航线；另一方面，为开拓新的国际航线提供相应的政策支持。同时积极引进宽体客机，以进一步丰富航线网络。

2. 完善机场基础设施建设

天津机场2016年的旅客吞吐量达到了21 005.001万人次，增速达24.5%。自2011年开始，连续5年增速在17%以上，其增长率在全国千万级机场中排名第一。同时，天津滨海机场货邮吞吐量近5年来也呈现增长趋势，这与机场基础设施的不断完善密切相关（见图2-16）。

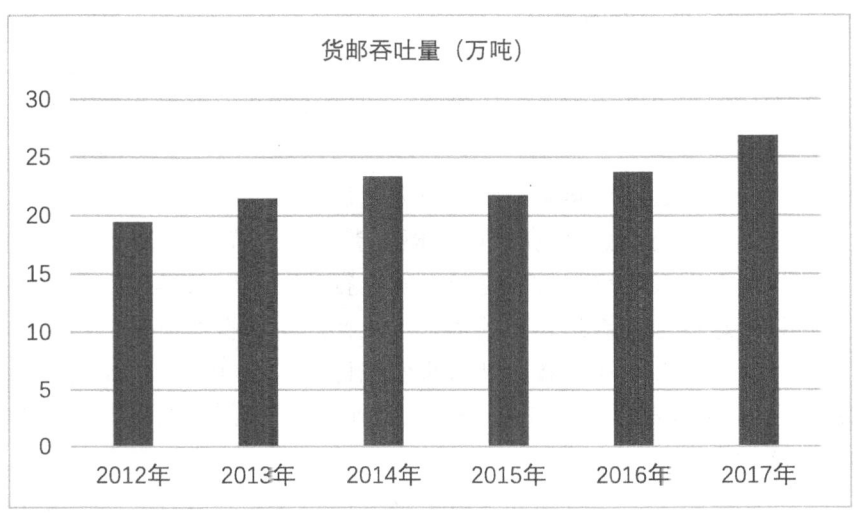

图 2-16 天津滨海机场货邮吞吐量

随着《京津冀民航协同发展实施意见》的发布,天津机场将进行扩建。预计再建设两座大型单体航站楼、三条跑道、航空物流园区、高铁综合换乘站等。此外,各种交通方式将在天津实现无缝对接。高铁、地铁、城际快线均将引入到机场当中。未来,天津机场将成为服务京津冀地区重要的综合交通枢纽。

3. 积极打造有利的通关环境

实现 7×24 小时通关。目前天津市正努力推动实施落地 7×24 小时通关服务落地实施政策,拓展肉类、水生物类以及粮食申报等口岸功能,打造优秀的国际口岸平台。

(二)河北航空物流建设方面

为了推进河北省航空运输业的发展,河北机场管理集团采取大项目负责制的方式,成立了 3 个委员会:集团公司运输生产委员会、石家庄机场运行管理委员会和集团公司企业文化建设委员会,从不同的方面抓好客货运输管理。

1. 加强基础设施建设

完善的机场设施是发展航空物流最基础的条件。衡量机场规模最直观的便是机队规模、航线数量、通航城市、起降架次等基本指标。只有这些基础设施达到一定规模以后，才会吸引更多的业务。河北机场管理集团近年来在这一方面做出了巨大的努力。

首先，将工作重点放在机队规模的扩大以及航线网络的建设上。机队规模和航线网络的扩大是航空物流行业发展的最基础的物质条件。只有这样才能满足客户的需求，从而产生更多的业务，形成良性循环。2016年，河北省定期航班航线已经从2005年的25条增加到了90条，国内通航城市由1个增加到了7个，国外通航国家或地区也增加到了5个。

与此同时，河北省在完善航空物流货物处理设施方面同样做出了巨大的努力。货物处理是航空物流的重要组成部分，河北省从自身条件出发，增加了货物处理场地的面积以增强货物处理的能力。此外，还增加了仓库的数量，特别是用于存储特殊品的仓库，并对特殊品的存放等加强了安全保障；除此之外，还增加了专业运输的车辆，以进一步提高货物运输的效率。

现代物流行业强调信息技术的处理和应用，因此，河北省加强信息化技术的应用。采用现在较为先进的通用条形码技术、RFID（射频识别）、GIS（地理信息系统）、GPS（全球定位系统）、EDI（电子数据交换技术）、数据库技术、计算机网络技术等现代信息技术，以保证货物处理的快速、安全高效，提升客户的体验。

2. 航空物流园区的规划建设

航空物流园区是机场物流设施的重要补充。一方面为机场提供所需的物流设施，另一方面它还是连通企业与机场的桥梁。此外，航空物流园区还具有保税区、产品加工、转口贸易、维修检测、产品展示等多方面的功能。近年来，在河北省政府的大力支持下，多个航空物流园区投入建设，以发挥物流作业、仓储保税、国际商业、配套服务和办公等多种功能，同时兼备进出口检测检验和救灾物资储备职责。

3. 大力培育和引进物流企业

物流企业作为物流行业发展的重要主体,对于物流行业的发展起到了重要的推动作用。虽然河北省物流行业已经成为全省第二大行业,但是在质量和效率上仍有一定的发展空间。相关物流企业的数量不足以支撑整个行业的前进,更无法满足当前航空物流发展的需求。为此,河北省政府以及地方政府采取相关的优惠政策引导物流企业与航空货运有效对接,扩大其服务方式和范围。这样一方面可以使初具规模的物流企业迅速发展起来,另一方面还可以通过完善包装、仓储、运输、加工等一系列服务流程建立良好的品牌形象,为航空物流的整体发展起到促进作用。

此外,河北省目前正积极寻求引进国际航空运输公司的机会。从以往经验来看,引进国际航空运输企业对于当地航空物流的发展具有战略意义。国际大型航空运输企业的引进,一方面可以带来用于航空物流基地建设的资金,另一方面也可以带来数量可观的客户,对于当地航空物流的未来发展是至关重要的。

4. 加强人才队伍的建设

人才是企业保持竞争力的核心所在。河北省航空物流起步较晚,发展水平不高,人才极为缺乏。因此,作为发展河北省航空物流的核心,对人才队伍的建设已经引起政府的重视。首先,河北省航空公司和河北省各机场正与河北省各高等院校进行沟通,进行相关人员的定向培养。其次,加大了对航空物流从业人员进行定期的业务培训力度,将新技术、新理念及时反馈给一线工作人员。对不同的业务人员进行有侧重的培训,以满足不同工种对不同技术的需求。最后,实施大量的补贴优惠等政策,积极引进创新型人才,着重培养数据分析、计算机操作等相关专业的人才。

第五节　京津冀区域航空物流业的发展展望

物流业已经成为我国第三产业的重要组成部分，尤其是在电子商务发展迅猛的今天，物流被看作第三类利润来源，是除降低成本和提高收益之外的提高利润的途径。而航空物流作为物流方式的一种，由于其相比铁路、汽车和货轮等运输方式具有运输速度快且安全准确的特点，更能够适应市场需求和供给的变化。同时，京津冀航空物流业也正迎来良好的外部发展机遇，区域经济一体化正加快推进，交通基础设施建设正在完善，各省市合作发展意向明确。因此，笔者认为未来京津冀航空物流业将蓬勃发展，但也不能忽视发展过程中的风险和外部挑战。

接下来，笔者采用 SWOT 战略分析方法对未来京津冀航空物流的优势及风险挑战进行总结。

一、优势

（一）航空物流高效且安全

航空物流采用飞机作为货物运输工具，因此其运输速度有着无可比拟的优势，通常航空物流的速度要比正常的铁路货物运输快 10 倍以上。此外，已有数据统计显示，飞机的事故率在所有交通工具中是最低的，全球的航空事故发生率仅为 0.71%，这源于航空业严格的管理制度和安全检查，使得货物能够安全高效地运送到接受地，保证了货物的运输安全。

另一方面，航空物流的高效源于民航的运输机动性。飞机在空中飞行时不会受到地面道路或者水路的影响，其航线可以变更，因此相对来说机动性更强。这一点在救灾抢险时也表现得极为明显，当地面条件不支持货物运输时，采用航空工具运输重要的救援物资就显得十分必要，使得物资能够快速地抵达灾区，因此航空物流在救灾过程中发挥了非常重要的作用。

正是由于航空物流具有运输速度快的特点，能够大幅缩短企业物资的周转时间，因此间接地加快了企业的资金周转速度，促进了企业生产，提高了企业的资金利用率。同时由于航空物流安全的特点，保障了运输货物的安全，物资很少破损，从而降低了风险，提高了企业的生产效益。

（二）航空物流企业快速崛起

航空物流企业是指承接托运人的委托，从事接货、订舱、装运等航空物流的工作并向托运人收取一定报酬的独立法人。因为一般的航空公司并不负责办理与航空运输相关的手续，因此这些工作都移交给专业的航空物流企业来执行，这也为其他企业节省了许多时间和成本，提高了航空物流的整体效率，在现代航空物流业中，航空物流企业发挥着重要的作用。

在加入 WTO 后不久，中国民航市场便全面向外资开放，航空物流市场供给打破了从前国有交通运输企业独占市场的局面，许多外资航空物流企业看中中国未来良好的未来前景，纷纷进入中国市场，形成不同所有制混合、不同经营模式共存的物流发展模式。以北京为例，有多达几十家外资或者中外合资的航空物流企业入驻，如北京环球通达快递、北京百顺成物流和北京联众基业物流等，在天津和河北也有一些外资公司入驻。

不同类型的企业具有各自的竞争优势和缺陷。外资公司往往具备先进的管理理念、资金充足、技术实力更高，但是不熟悉国内市场、缺乏本土化人才、网点数量不足。国内的物流企业虽然发展理念并不先进，但是市场布局早、物流网点相对较多，然而服务质量较低、管理机制较为僵化。不可否认的是，部分民营企业具有很强的创新精神，这也激励着国内的物流企业不断改进，进一步稳固占据的市场份额。

总的来说，外资的进入表明物流行业具有很高的投资价值，良好的前景会吸引更多资本和先进的企业进入，使得整个航空物流行业成为高效专业的现代物流体系的重要组成部分。

（三）航空物流业的转型升级

物流信息的互联互通是实现京津冀航空效率提升的必要条件，而且航空运输速度快，本身对运输对象的时间要求较高，信息的即时传递对航空物流来说尤为重要。未来航空物流的转型升级必然是航空物流的专业化和信息化。

我国航空物流发展较晚，早期通常采用客运飞机运输货物的方式，航空货运并没有大幅发展起来，近年来随着我国经济尤其是贸易的迅速增长，航空物流市场需求快速增加，早期模式已经无法满足市场的需求，专业的货运航空公司逐步设立，以满足不断增长的航空物流市场的需求。2006年，在外资航空公司逐渐进入我国航空物流市场的大背景下，本土航空公司面临着越来越大的竞争压力，只能通过不断细化和提升核心业务能力来赢得市场信任，以北京的DGM物流公司为例，其核心业务就是承接危险品的航空运输。这背后体现的是航空物流专业化的大趋势。

目前我国经济发展步入新常态，经济增长速度不断放缓，在这个大背景下各个行业都在谋求转型升级以去除落后产能，航空物流作为第三产业的重要组成部分，将来产业的转型升级也势在必行。随着大数据分析、云服务等技术应用不断成熟，航空物流将进一步提升自身的信息化水平，云服务将使得信息的互联共享变得十分便利，科技创新使得航空物流企业在市场中的竞争能力进一步提升。京津冀航空物流业的转型升级将对物流效率的提升产生巨大的影响，且京津冀地区存在庞大的物流市场，航空物流业转型升级将创造更多的价值。

二、劣势

（一）航空运输成本高，运输对象受限

航空物流的成本相比其他物流方式较高，因此不适合运输价值较低的产品，同时飞机飞行会受到天气因素的影响，因此运输条件不是很稳定。最后，受限于民航飞行器容纳仓的空间尺寸，航空物流不适合运输重量大或者体积大的物品，适合航空运输的货物应为体积小或者高价值产品。因此，目前航空物流的发展受到航空技术水平的限制。

（二）京津冀内部物流经济发展不均衡

正如前文所分析的，目前京津冀内部的物流业发展并不均衡，北京是京津冀地区的交通枢纽，其航空货运量占区域整体货运量的50%以上，而且北京的物流基础设施和交通基础设施完善程度远高于天津和河北，因此天津和河北并没有发挥自身的资源优势，没有实现真正的区域物流一体化，长此以往必然导致物流成本无法降低，且天津和河北省等城市存在物流资源的闲置浪费。

因此，为了实现京津冀地区航空物流的协同发展，需要对主要机场功能重新定位。各机场应当合理分工，根据自身的优势进行适当的功能整合，提高服务的效率。总体来说，北京作为我国的文化中心、政治中心和国际交往中心，应当以提升国际竞争力为主，强化国际交通枢纽的建设；天津作为我国制造创新基地、金融创新实验基地、改革开放的先行区，应当充分发挥"双港"驱动的模式，将天津建设成我国北方国际物流中心；河北省作为我国现代商贸物流的集中地，可将石家庄建造成我国区域货运枢纽。

此外，要打造综合信息平台。打造综合航空物流信息平台，要以提升综合服务、聚集整合资源、建设产业生态为核心，依托临空

产业，构建京津冀"机场、铁路、公路"的多元化运输体系。这要求在以电子货运机场建设为背景的环境下，实现机场、航空公司以及物流企业的信息共享、无缝连接，努力提高京津冀地区航空口岸的知名度以及各企业的融合度。

三、机遇

(一)电子商务经济快速崛起

近年来，随着网购逐渐成为人们消费的常见方式，我国的电子商务经济正在快速发展，相应的快递业务量也在飞速增长，其中京津冀地区位于我国快递业务量的前三位。京津冀地区总人口超过 1 亿人，具有较强的网购消费能力，区域内航空快递业务量巨大，而且仍在快速增长中，数据显示每年北京首都国际机场的航空快递件就超过了 1 亿件。

另一方面，随着我国经济发展水平不断提升，地区差异和城乡分离的现象逐渐显现，限制了我国经济进一步发展。要实现国内宏观经济继续平稳发展，就必须依靠各地区的整体联合来实现生产力的优化升级，通过区域协调实现城市群的发展，通过区域之间相互支持、功能互补，实现发展的良性循环。与此相适应，该地区的航空物流业也由原来传统的分散运营的方式转变为以该区域市场为中心的集成化的整体运营模式。京津冀地区拥有北方最重要的环渤海中心城市群，同时也是区域性的交通枢纽，京津冀航空物流在未来应进一步适应地区经济发展和市场需求的变化，通过物流一体化来提升物流效率，促进当地经济发展，提高国际竞争力。

(二)物流市场需求持续增长

随着京津冀地区经济的迅速发展，物流业作为现代服务业重要组成部分，其货运量也在稳步增长。在航空货运量方面，2013 年，北京民航的货运量达到了 1 880 000 万吨，天津民航为 210 000 万吨，河北民航也达到了 50 000 万吨，而据不完全数据统计，整个京津冀地区的公路运输和铁路运输货物总量仅为 310 000 万吨，可见航空运输在京津冀物流运输中的主体地位。京津冀如此庞大的货运量奠定了未来该区域广阔的航空物流市场需求。可以预期的是，随着京津冀区域一体化的步伐加快，地区物流资源将更好地得到开发利用，庞大的市场需求将会进一步引领航空物流业的发展。

（三）京津冀地域优势明显，交通基础设施日渐完善

北京是全国的政治文化中心；天津位于环渤海地区，拥有重要的工业体系，也是北方重要的经济中心和港口城市；河北省环绕北京和天津，拥有丰富的自然资源和良好的工业基础。同时北京和天津正处于河北省邻近区域，在自然地域上不存在分割，因此京津冀地区具备区域经济一体化的良好基础。由于这种地域相邻的便利性，京津冀经济长久以来都存在着相互渗透和相互依赖的关系，这种内在的经济联系对于如今提升区域经济一体化水平和促进航空物流业发展有着重要的作用。

此外，京津冀的交通干线呈现出以北京为中心的放射状，交通基础设施相比其他地区来说较为完善，同时随着滨海新区和雄安新区的建设逐渐提上日程，天津与河北之间的交通干线也正在完善，京津与河北各个主要城市的交通线路的联系更加紧密，未来京津冀地区便利的交通基础设施建设将极大地促进地区整体经济的加速发展，交通基础设施的便利为航空物流的发展打下了坚实的基础。

（四）京津冀区域合作进程加快

京津冀区域合作进程体现在两个方面：一方面体现在国家层面和各省市和区域协同发展上做出的重要政策和规划；另一方面则体现在京津冀区域日趋紧密的产业联系。

1. 协同发展政策优势

2015年，国家发布的《京津冀协同发展规划纲要》中指出，推动京津冀协同发展是一个重大国家战略，要在京津冀交通一体化、生态环境保护、产业升级转移等重点领域率先取得突破。这表明京津冀一体化的顶层设计已经确立，未来区域一体化的具体工作将会加快实施。规划中明确指出要加快破除体制机制障碍，推动要素市场一体化，构建京津冀协同发展的体制机制。此外，在各省市的"十三五规划"中，也对区域经济协同发展做了详细部署，例如，天津提出了"继续扩大天津滨海国际机场空域容量，优化航线航班，建设区域枢纽机场和我国国际航空物流中心，促进京津冀机场群协同发展，与首都机场、北京新机场、石家庄正定机场形成合理定位、分工合作、优势互补、协调发展的世界级机场群"；北京"十三五"规划中提出"着眼于京津冀城市群整体空间布局，适应疏解北京非首都功能和产业升级转移需要，按照网络化布局、智能化管理和一体化服务的要求，构建以轨道交通为骨干的多节点、网格状、全覆盖的交通网络"；河北则提出"要紧紧围绕京津冀协同发展、'一带一路'建设国家战略的实施和走加快转型、绿色发展、跨越提升的新路，以京津冀空间格局优化调整为基础，补齐基础设施短板，完善服务功能，提升运营管理效率，增加有效运输供给，加快构建南北贯通、东出西联的综合交通运输格局"。各省市的区域合作的决心将会在未来形成发展的合力，加快区域经济发展，航空物流作为现代服务业的重要分支也有着非常广阔的发展前景。

除了在交通基础设施对接上的规划，物流行业所涉及的税务、海关等单位部门的行政体制也在进行改革，以促进航空货运与电子商务等新兴产业的融合发展。2014年，京津冀地区实施了通关一体化改革，区域海关间实现了互联互通，企业可以自主选择申报、纳税、验放地点，从而节约了成本。此外，天津自贸试验区的设立，使投资贸易更加自由便利化，与京津冀协同发展战略相互叠加，将进一步推进京津冀区域航空物流产业发展。

在航空物流资源配置方面，政府政策进行统筹协调，最大程度发挥各省市的物流优势。根据北京首都机场的规划，从 2017 年开始，每年将疏解 2%的国内支线航班到天津和石家庄机场。此外，"十三五"期间，京津冀三地机场将重点打造世界级机场群；河北省将投资 400 亿元完善省内支线机场网络，至 2020 年，全省通用机场数量将达到 30 个。国务院颁发的《推进京津冀民航协同发展实施意见》明确指出要实现北京"双枢纽"机场、天津机场、石家庄机场与轨道交通的有效衔接，形成统一管理、差异化发展的格局，充分发挥各自比较优势，错位发展、协同发展。

2. 京津冀产业联系日趋紧密

京津冀区域经济一体化正有条不紊地展开，整个地区的产业结构将在政府的统筹规划下调整升级，产业结构将变得更为合理，产业的区域分工将会更加明确，形成更为合理的产业区域分布。从发展历史看，京津冀地区产业结构存在一定的互补性，具有产业合作的基础。北京作为经济和科技研发中心，服务业发达，领头行业包括金融业、互联网行业、信息行业以及其他现代服务业，其具有高新技术产业以及资金充足的优势；天津作为北方的经济中心，拥有良好的工业基础，同时作为港口城市，贸易服务业十分发达，其支柱行业包括汽车制造行业、化工行业、医药行业和生物技术行业，且具有港口城市和传统制造业发达的优势；河北省的基础原材料产业占据重要地位，未来产业结构将会进一步进行转换升级，钢铁行业、石油化工业以及农业将会形成比较优势。未来北京可以将高端服务业与天津的传统制造业和物流业对接，为制造业发展提供强有力的支撑，同时河北的工业与天津也能够对接，例如河北石油开采业与天津的石油化工业正处于上下游的关系，供给和需求高度衔接，存在合作发展的基础。未来京津冀地区将按照协同发展的政策，充分发挥各地区的比较优势，明晰各城市间的定位与分工，这些经济条件和产业联系将会为京津冀航空物流发展奠定坚实的基础。

(五)增强京津冀地区竞争力的必然要求

京津冀地区是我国重要的中心城市群,但此前由于京津冀地区缺乏统一的规划,城市之间经济联系缺乏,产业分工不明确,导致整个地区经济的竞争力提升缓慢。京津冀地区早期城市发展规划较为相似,重复性的产业在各地区兴起,缺乏合理的优化配置,导致产业资源存在一定的浪费。区域一体化能够降低产业资源的浪费,优化产业结构,提升生产效益。与此相对应,京津冀物流经济也需要一体化来降低物流成本和提高物流效率,形成统一、综合、全方位的高效物流系统。物流业作为现代经济不可或缺的重要组成部分,对于增强京津冀区域经济的活力发挥着重大的作用。

四、威胁

(一)其他物流运输方式的竞争

在我国铁路网、公路网建设逐渐完善的大背景下,铁路运输和公路运输的运输速度正逐渐加快,且物流成本低于航空物流的成本。考虑到航空运输的高成本,一些货主会选择成本相对较低的铁路运输或者公路运输。因此,航空物流市场也在面临其他物流运输方式的竞争。但另一方面,仅凭任何一种运输方式都无法单独实现货物运输,航空物流需要与其他运输方式合作才能形成完整的运输方案,陆、空、海多种运输方式协调发展,能够发挥各自的优势,合作能够使得物资流转效率大大提高,减少中转费用,节约成本,也能够更好地满足客户个性化的运输需求。此外,航空公司之间也可以进行联合发展,形成商业同盟之间的合作关系,以提升航空物流运作效率,实现资源的互通共享,最大化航空物流的商业利益。因此未来航空物流业的发展与其他物流运输方式的发展存在同向联系,若某一方面存在明显短板则会影响整体物流业的效率,而各种物流运输方式之间则存在彼此竞争的关系。

（二）本土企业与外资企业的竞争

正如前文所提到的，许多国外的航空公司都看中了中国航空市场未来巨大的发展潜力，因此在货运航空市场中国内的航空公司也面临着国外公司的竞争压力。2006年初，中国的航权开始向国外航空公司全面开放，大批外资公司进入中国航空物流市场，相比本土公司，外资航空公司发展理念更加成熟，管理经验更加丰富，也能够提供更加多元化、个性化的物流服务，这给本土航空公司带来了巨大的竞争压力，但这种市场的良性竞争客观上促进了我国航空物流市场的繁荣，有利于京津冀区域物流向专业化、信息化的方向发展。

第六节　本章小结

物流行业属于生产性服务业，能够有效联通企业与企业、行业与行业之间的物资和信息，发挥联动效应，同时物流行业也与其他行业的发展息息相关，从而促进行业间的共同发展。随着我国经济的不断发展，作为新兴行业的物流行业在我国迅速发展。航空物流作为现代物流系统的重要组成部分，具有速度快、效率高、成本低等特点。随着市场环境的不断变化和物流行业内部的更新升级，航空物流的规模不断扩大，重要性日益凸显。1980年，我国航空货邮运输量仅为88 866吨，至1995年才突破了百万吨，而到了2017年，我国货邮运输量已突破700万吨，且在此期间年增长率一直保持在两位数，这表明航空物流正成为物流业不可或缺的重要支柱之一。而在京津冀地区，航空物流也正处于快速发展的阶段，2017年，北京首都机场的货运吞吐量为2 029 583万吨，位居全国第二，天津机场2012—2017年的货运量平均增长速度也达到了20%以上，河北航空货运虽不及京津地区，但是作为京津地区主要的贸易物流中心，河北省各城市未来的航空物流发展潜力也是巨大的。

为了进一步对京津冀航空物流的效率进行分析，笔者采用了数据包络方法中常见的 CCR 模型，选取了跑道数量、货运航线、机场硬件设施等指标进行评价，结果显示北京机场和石家庄机场的航空货运效率较好（分别为 0.99 和 0.86），而天津则不尽如人意（0.45）。笔者认为，河北航空物流的高效率源于与北京航空货运资源的高度对接，如 2016 年 5 月，河北机场集团公司正式纳入首都机场集团公司管理。与此同时，石家庄机场被列为我国首家航空大众化试点机场。而天津作为双港城市，具有发达的海港经济，对航空物流依赖程度并不高，同时天津与北京的道路交通已经极为完善，这也使得航空物流资源更加青睐于北京且偏向于利用道路交通实现到天津的运输。

京津冀地区在区域经济一体化的大背景下实现了航空物流业的蓬勃发展，但目前仍旧存在一些问题。例如，京津冀各地行政区划分割仍然存在，各地的航空物流资源尚未实现完全联动和合理配置。其次，京津冀航空物流资源配置并不均衡，北京首都机场的配套设施要比石家庄机场更为完备，各地的航空物流业发展存在参差不齐的现象。针对这些问题，笔者也从天津国际航空物流中心建设、河北航空物流建设两方面阐述当前各地进一步促进航空物流业发展的举措。

最后，笔者运用 SWOT 框架对京津冀地区航空物流业的发展优势、机遇以及潜在的风险与挑战进行了总结。笔者认为，依靠不断深化的区域经济合作以及持续利好的政策优势，航空物流业能够合理地降低甚至规避行业发展的潜在风险，在实现自身转型升级的同时带动相关产业联动发展。

第三章 国际航空物流发展现状分析

第一节 国际航空物流发展概况

人类的发展与交通运输业始终有着密切的联系，人类在经济社会发展的过程中塑造了运输业，反过来其发展也得益于运输业的进步。从全球范围看，近代运输业发展经历了 5 次浪潮：第一次浪潮是海洋运输，由帆船所引领的海上运输推动了全球贸易网络的逐步建立，一些大型海港由此成为商业活动的中心；第二次浪潮是内河运输，19 世纪工业化早期，内河水运的建立大幅提高了内陆地区的通航能力；第三次浪潮是铁路运输，19 世纪下半叶，一些国家建立铁路运输系统并与国家运输系统紧密结合，推动了一批内陆城市的崛起；第四次浪潮是高速公路运输，汽车成为主要的客货运输工具，其将国家内部的各个区域之间紧密联系起来；第五次浪潮是航空运输，20 世纪 50 年代末期，航空运输被引入并逐步发展成为具有全球意义的运输系统，它与经济全球化进程相互影响、相互促进。

21 世纪以来，客货在全球范围内流动，创造了巨大的航空运输需求，尤其驱动了航空货运业的发展。与此同时，航空货运也因其不同于其他运输方式的优势，成为改善和影响区域商业环境的重要因素，在区域发展中的作用受到广泛关注。

一、国际航空物流业发展环境

(一)航空货运市场整体呈现增长趋势

根据国际货币基金组织(IMF)的统计数据,伴随着全球经济形势好转,近年来全球贸易表现出强劲的增长趋势。2017年,全球贸易增速达到4.3%。全球企业为满足制造业不断增长的出口需求,缩短交货期、补充库存,对航空货运的需求也相应增加。航空货物运输业是全球国际化连通的主要力量,2017年,全球航空货物运输量为5 437万吨,占全球贸易额总值的1/3左右。近年来,航空货运市场整体呈现显著增长趋势,如图3-1所示。

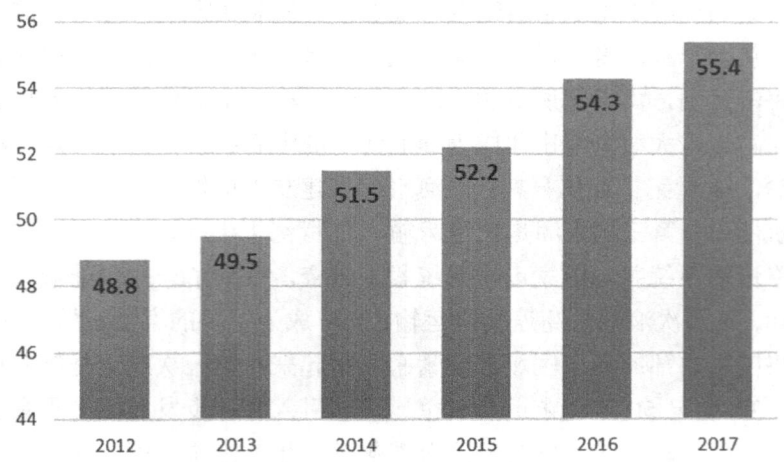

图3-1 2012—2017年全球航空货物运输量变化趋势(单位:百万吨)

资料来源:国际货币基金组织(IMF)统计发布。

在经济复苏和企业盈利改善的背景下,全球投资和贸易水平自经济危机后一直呈增长态势,尤其近年来欧洲投资支出的上升,使得贸易增长有所恢复。此外，随着电子商务和医药行业的发展，其对航空运输的需求也在不断增长，全球航空货运市场近年来处于复苏期。如图 3-2 所示，航空货运增速与 GDP 增长几乎相当。与此同时，据国际航空运输协会测算，2017 年全球航空公司货运总收入为 507 亿美元，较 2016 年上涨 6.5%。

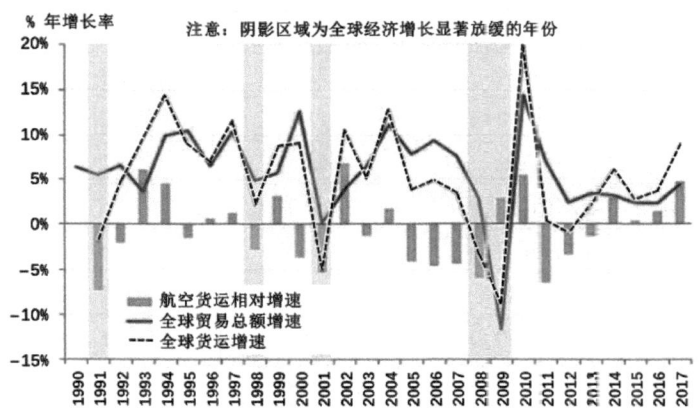

图 3-2　航空货运增速与全球贸易增速的发展趋势

资料来源：国际航空运输协会（IATA）统计发布。https://www.iata.org。

（二）国际航空货运区域分布

2017 年，全球范围内航空货运吞吐量最大的 20 家机场全部来自亚太、北美、欧洲和中东 4 个地区，其中 8 家机场来自亚洲地区，这一结果表明，目前亚洲地区经济十分活跃，以货运为主要特征的国际贸易仍将持续快速发展，亚洲地区航空物流的竞争将更加激烈。我国北京、上海、广州、香港和台湾五个地区的机场上榜。其中香港国际机场已连续多年成为全球货运市场的领跑者，2017 年，货运吞吐量达 505 万吨，成为全球第一个货运量突破 500 万吨的机场。2017 年，货运吞吐量居前 20 位的机场如表 3-1 所示。

表 3-1　2017 年全球航空货运吞吐量排名前 20 机场

排名	机场	2017 年货运吞吐量/万吨	2016 年货运吞吐量/万吨	增长率（%）
1	香港国际机场	505	461.5	9.4
2	孟菲斯国际机场	433.7	432.2	0.3
3	上海国际机场	382.4	344.0	11.2
4	仁川国际机场	292.2	271.4	7.7
5	安克雷奇国际机场	271.3	254.3	6.7
6	迪拜国际机场	265.4	259.2	2.4
7	路易斯维尔国际机场	260.3	243.7	6.8
8	东京成田国际机场	233.6	216.5	7.9
9	桃园国际机场	227	209.7	8.2
10	法国巴黎国际机场	220	213.5	3.0
11	法兰克福国际机场	219.4	211.4	3.8
12	樟宜国际机场	216.5	200.6	7.9
13	洛杉矶国际机场	215.8	199.3	8.3
14	迈阿密国际机场	207.2	201.4	2.9
15	北京国际机场	203	194.3	4.5
16	多哈国际机场	202	175.8	14.9
17	伦敦希思罗国际机场	179.4	164.0	9.4
18	广州国际机场	178	165.2	7.7
19	阿姆斯特丹史基浦国际机场	177.8	169.5	4.9
20	芝加哥奥黑尔国际机场	172.2	152.8	12.7

资料来源：国际机场协会（ACI）统计发布。http://www.aci.aero。

在全球范围内，亚太、北美、欧洲和中东四大地区占据全球大部分的航空货运市场份额，2017 年，四者合计市场份额占比达到 95.4%，其中亚太航空货运规模独占鳌头，其航空货运量占全球市场份额超过 1/3。这也体现了亚太地区在全球贸易中占据越来越重要的地位。2017 年各区域航空货运市场所占份额如图 3-3 所示。作为航空货运行业主力，各地区的经济和贸易增长都对全球航空货运的增长产生了较大影响，而航空货运运力的增长又为经济贸易增长提供了有力支持。

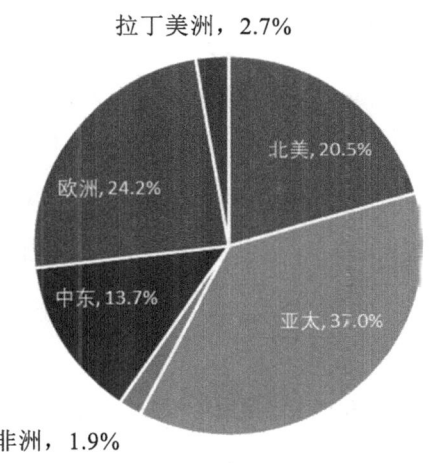

图 3-3　2017 年全球航空货运市场份额分布情况

资料来源：民航数据分析系统 CADAS. www.cadas.com。

近年来，国际航空货运运力在世界范围内迅猛发展，从中国到欧洲和北美的贸易通道，以及亚洲内部各目的地之间的通路都在强劲发展。2016—2018 年各地区宽体机交付数量如图 3-4 所示。2018 年，亚太地区宽体机交付数量为 179 架，创近年来新高，进一步稳固了亚太地区在航空货运领域的领军地位。中东地区随着宽体机数量的增加，尤其是 2018 年有 77 架宽体机实现交付，航空货运运力将继续得到改善。各地区宽体机总体数量的逐年增加为航空货运运力的增长提供了硬件保障。

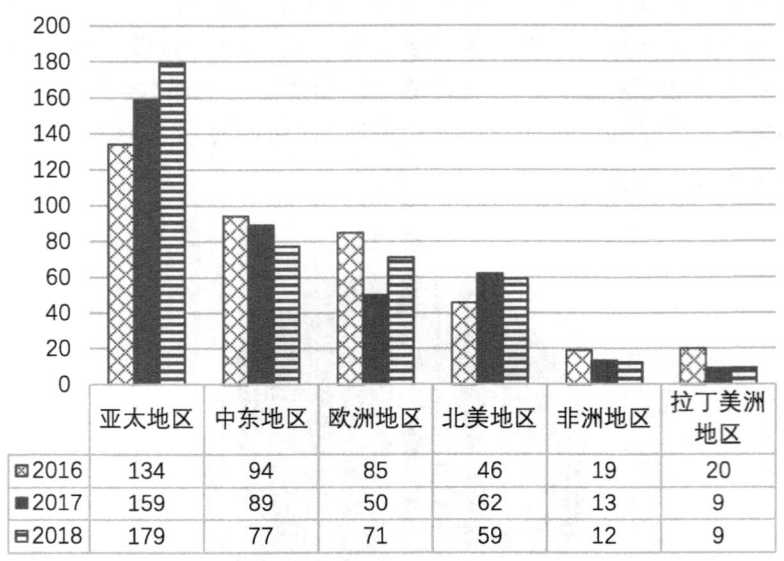

图 3-4　2016—2018 年各地区宽体机交付数量（单位：架）

资料来源：民航数据分析系统 CADAS。https://www.cadas.com。

从世界范围来看，航空物流中心的区域性分布特征明显，中国的香港、美国的孟菲斯、韩国的仁川、阿联酋的迪拜、德国的法兰克福成为连接世界航空货运的节点。第二节将以美国孟菲斯国际机场、韩国仁川国际机场、阿联酋迪拜国际机场以及德国法兰克福美茵机场为例，介绍国外典型航空货运枢纽港的特点、经验以及对我国的借鉴价值。

二、国际航空物流发展现状

第二次世界大战以后，大量军用飞机转为民用，航空物流业在全球范围内得以形成和发展。此间，各国大力发展航空工业，改进航空技术，航空运输能力和质量不断提升，极大地推动了航空物流的发展。此后，全球经济一体化趋势使得国际贸易量不断增加，航空货运量也随之增加，从而逐渐形成全球性的国际航空物流体系。目前，国际航空物流发展主要表现在以下几个方面。

（一）国际航空物流发展时间短，但增长迅速

根据国际民用航空组织的统计资料显示，20世纪60年代，国际航空物流迅速增长，1969年，美国的国际航空物流量占总进口货物量的8.8%，占总出口货物量的13.8%，此后每年基本保持6%~10%的水平高速增长。为适应全球航空货运的需求，一些规模较大的航空公司纷纷将货运业务拆分给独立运营的航空货运公司。随着航空货运竞争的不断加剧和现代物流的发展，这些航空货运公司顺应形势发展转型成为航空物流企业，为客户提供集航空运输、仓储、配送等一体化的配套增值服务。自1970年以来，国际航空货运市场以每10年提高一倍的速度增长。进入20世纪90年代，随着世界经济的复苏和增长，国际航空货运需求呈现加速增长趋势，货运量的增长速度几乎是客运增长速度的2倍（孔繁荣，2005）。其中，亚太地区航空物流市场的增长速度更快。据国际机场协会公布的数据，2017年全球前20大货运机场中亚洲占据8席（见表3-1）。其中，香港国际机场于2010年超过美国孟菲斯国际机场，成为全球第一大货运机场。未来几年全球经济和贸易的增长将进一步带动航空运输业的发展，图3-5为全球主要贸易路线航空货运运力增速及预测。根据国际航空运输协会预测，2017—2022年，欧洲在北美和亚洲贸易路线上的进出口需求将持续增长。与此同时，亚洲地区贸易路线的运力的可观涨幅将进一步拉动全球航空物流业的发展，未来5年内全球航空货物运输将以4.9%的年增长率增长。

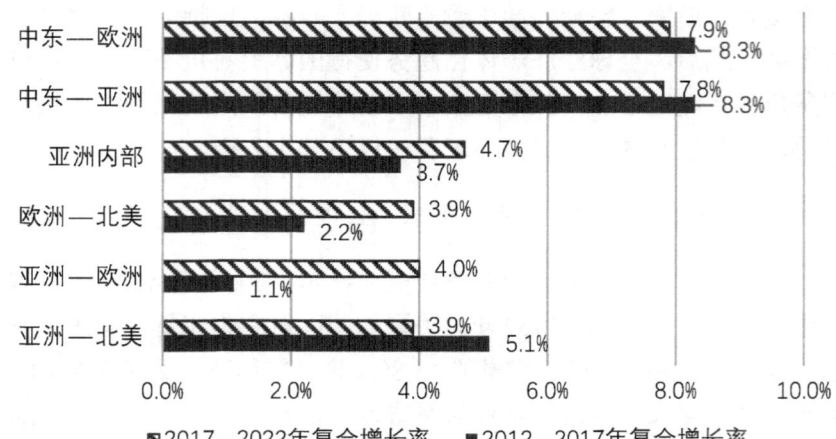

图 3-5 主要贸易路线运力增速及预测

资料来源：民航数据分析系统 CADAS。https://www.cadas.com。

（二）国际航空物流业受全球宏观经济形势影响明显

国际航空物流需求主要受到全球宏观经济、国际贸易和技术进步等因素影响。国际航空物流是世界贸易的重要支撑部分，航空物流业是一个与全球宏观经济走势紧密相关的行业，其随着全球经济的震荡而起伏。当前国际航空物流的市场以亚洲、北美、欧洲和中东为主，2017 年，这四个地区的航空货运量占市场总份额的 95.4%。因此，这四个地区是国际航空物流的晴雨表，其经济形势决定了国际航空物流业未来的走向。

2008 年，全球金融经济危机发生之前，国际航空物流经历了一个高速发展的时期，各家航空公司都在增加运力，开拓新市场。2008 年 9 月，美国的次贷危机演化成全球性金融危机，世界主要经济体同步衰退，全球经济增速大幅下滑。受金融危机影响，2008 年，全球航空货运物流量为 7 793 万吨，较 2007 年同比下降 3.6%，其中国际航线 4 584 万吨，同比降低 3.1% (Airports Council International,

2008)。金融危机使得国际航空物流需求锐减,但航空运力却不减反增,动辄过亿的投资给航空物流企业造成了巨大的亏损。2010年,全球金融危机有所缓解,国际航空物流强劲复苏,航空货运量增长17.9%。但是,2011年3月发生的日本地震和海啸,直接导致日本国际贸易和空运货物,如汽车零部件、高端电子产品、半导体和特种化学品的减少。同时,欧债危机使欧元区经济陷入萎缩。受到国际贸易增幅放缓、油价持续高涨以及海运竞争激烈等因素影响,国际航空物流市场出现负增长,2011年同比下滑0.6%。2012年同比下滑1.5%,载货率仅为45.2%,多数航空公司的货运业务依旧处于亏损状态。2013年,国际经济形势回转,美国经济逐步复苏,欧债危机有所缓解,国际航空物流市场需求降幅减小并逐步企稳回升。2013—2017年,随着全球经济回暖,全球航空物流业也迎来了稳定增长的时期。根据国际货币基金组织的预测,2018年,全球贸易增速将达到3.9%,且这一增长趋势将延续至未来5年。据统计,2018年年初,全球制造业新订单指数相比2017年增长1.3%,已经达到7年来的最高水平。基于以上两点,国际航空货运协会认为未来5年全球航空货运将保持增长趋势。

除此之外,区域贸易协定的发展有利于全球贸易的复苏,同时能够促进航空货运的增长。近期达成的美国税改法案也将有助于提振未来一段时期的货运量,电商和医药行业等新兴领域对航空货运来说都是新的发展机遇。

(三)全球消费类电子产品浪潮给国际航空物流带来广阔发展空间

目前,全球进入了新一轮的消费电子热潮。虽然传统的家用电器已日趋成熟,但智能手机、平板电脑、移动互联网、3D打印等新产品、新技术的兴起与广泛应用将给消费类电子行业带来新的增长空间。根据2017年国际消费类电子产品展览会(International Consumer Electronics Show,CES)公布数据,2015年,全球科技产品消费达到 7 400 亿美元，其中 58%来自智能手机，市场规模达到 4 310 亿美元。2017 年，全球科技产品消费继续扩大，达到 7 540 亿美元，智能手机消费继续主导科技产品的消费。由于航空物流服务产品更多的是计算机、通信等价值较高的产品，消费类电子产品市场的迅速扩张将带来巨大的航空物流市场需求。根据国际航空运输协会的研究，全球航空货运量和半导体载运量的相关度比全球贸易总量相关度更高。

（四）航空物流业倾向于为高科技产业提供服务

高科技产业是资金、技术密集产业，其生产需要"按需生产"，全球采购、全球分销，而且要求交货迅速，航空物流高速、安全的特性受到高科技产业的青睐。航空物流服务产品的属性决定了高客机类产品是其服务的重点对象。随着航空物流的发展，为更好地利用航空物流的分拨、集散等服务功能，机场周边逐渐成为高科技产业聚集区和制造中心。高科技产业的聚集，为航空物流的发展提供了充足的货源。高科技产业和航空物流产业能够互利共生、协同发展。

（五）航空运输自由化加剧国际航空物流业的竞争

在全球经济一体化、贸易自由化的宏观背景下，生产要素需要在全球范围内自由流动，实现资源的优化配置。国际航空运输是生产要素自由流动不可缺少的重要手段。事实已经证明，开放的市场环境是航空货物运输得以发展的必要条件，实现国际航空运输的自由化离不开世界各国开放的航权政策。

航权最早也称为空中自由或空中权利，是世界航空业通过国际民航组织制订的一种国家性质的航空运输权利，是用来保护本国利益的工具。航空公司经营国际航空运输业务，如果得不到航权，是无法进入航空物流市场的。即使获得了一定的航权，如果得到的权利不充分，也很难经营国际航空运输业务。1944 年的国际航空运输协定规定了五种空中自由权和业务权,除了这五大空中航权外,在实践中还发展出第六、第七、第八航权,甚至还有第九航权。

在全球经济一体化、贸易自由化的宏观背景下,生产要素需要在全球范围内自由流动,以实现资源的优化配置。国际航空运输是生产要素自由流动不可缺少的重要手段。事实证明,开放的市场环境是航空货物运输得以发展的必要条件。国际航空运输的自由化已成为不可逆转的趋势。因此,世界各国都在积极致力于"天空开放",不同层次上推广航空运输自由化政策,即开放航权。以美国为例,20世纪90年代,美国政府在拟定《美国提升航空业竞争力行动方案》时,就明确提出"美国企业走到哪里,美国的飞机就要飞到哪里",并在"为美国国家经济利益服务"的总战略目标下,积极推进"天空开放"和航权经济发展。20世纪的"亚洲四小龙"在短时间内实现经济腾飞,其中新加坡更是"民航立国"的典型,这与其不断扩张国际民航运输、发展航权经济是密不可分的。近年来,海湾各国依靠雄厚财力基础,充分利用航权措施支持和发展民航业,使得该地区成为全球民航业增长最快的地区之一,极大地促进了地区旅游、金融和贸易的快速增长。我国对外航权的开放速度也在加快,目前,我国已与108个国家签署了双边民航运输协定,开展了航权交换活动。其中包括亚洲地区21个国家,西亚北非地区18个国家,非洲地区13个国家,欧亚地区12个国家,欧洲地区31个国家,北美大洋洲地区6个国家,拉丁美洲地区7个国家。随着航空运输自由化政策的不断推广和层次的不断提升,越来越多的航空公司在全球范围内开始航线网络化布局。航点、航线的灵活组合将加剧国际航空物流业的竞争。

三、经济全球化背景下的航空物流发展趋势

（一）航空物流的发展是经济全球化的推动力

航空物流的主要优势包括远距离运输、时效性较高等方面，它能够以快速、可靠的方式、高效连接远距离市场和全球供应链。这种优势顺应了经济全球化背景下国际贸易、生产和消费方式的变化，因此在全球经济中的作用和角色日益重要。

根据亚当·斯密的劳动分工理论，分工程度由市场大小决定，市场大小又取决于运输条件。航空物流的形成与发展促使社会分工大大突破了地域和时间限制，从而推动了全球经济一体化的发展。经济史学家安格斯·麦迪逊（Angus Maddison）对过去1 000年的世界经济进行分析后指出，500年来全球经济的发展成果绝大部分是由通信和运输成本降低带来的，经济自由化以及运输和通信成本的日益下降将继续推动经济一体化。融合了信息技术与航空运输的航空物流将在全球经济一体化的发展中扮演着愈发重要的角色。航空物流对全球经济一体化作用的本质在于，它渗透和作用于全球产业和经济发展的全过程，为全球经济的发展搭建桥梁，通过资源要素的聚集、流动和整合，实现资源的全球化合理配置。

航空物流的聚集—分散效应推动着全球市场一体化进程。不同主体间的商品交换形成了物流。若物流在以机场为核心的区域进行聚集和分散，就会形成航空物流。当航空物流与市场联系起来时，航空物流需求由市场所承载，市场就会呈现聚集—分散效应，而市场则因航空物流规模和水平的发展而扩大，两者相得益彰、相互促进。具体来说，由于核心制造企业生产能力有限，需要依靠航空物流企业与其他企业的协同合作，有效克服空间地域的限制，将上下游企业的生产要素有机地结合起来，形成聚集效应，并将最终产品释放到世界各地的消费者市场，形成分散效应。生产要素和产品的

聚集—分散效应的发挥又推动着全球市场一体化的进程。

航空物流的资源配置功能促进了经济全球化。从资源配置角度看，资源的稀缺性要求资源必须得到最合理的配置，即从效率低的使用者流向效率高的使用者。各地区要素禀赋差异的客观性可以通过航空物流的资源配置（整合）功能改变要素原本的存在区域。借助航空物流，突破资源要素的地域限制，实现资源在时空维度上的整合与配置，使资源要素流向更有效率的地区，改变各区域资源要素的供给结构，进而改变区域经济的自我循环状态和地区封锁格局，促进全球经济一体化。

（二）经济全球化对航空物流发展提出新要求

经济全球化对交通运输业而言，意味着更大的流动性和通达性需求。而卡萨达教授则一再声称，全球进入一个"速度经济"的时代，意味着速度、速度还是速度。这些变化，要求必须有相应的交通运输方式与之相适应。

1. 国际贸易的变化

在经济全球化发展中，经济的相互依存性不断增强，贸易自由化的推动，使更多国家和地区参与到国际贸易中来，全球性的流动出现了一些新的趋势。国际产业分工的出现，使得一些地区生产的工业品在国际贸易中所占的份额越来越大，并加速向全球市场扩散；同时，能源、农产品等也成为一些发展中国家进口的重要资源。这些变化在带来国际贸易规模持续增长的同时，也导致国际贸易中出现交易货物多样化、交易起讫点分散化等新特点，这对运输方式和运输能力、通达性等都提出了新的要求。

2. 全球化生产系统的建立和发展

生产要素的流动性和跨国公司的出现给生产系统带来的一个重大变化就是全球范围内生产和配送的分离。跨国公司在全球范围内布局生产设施和工厂，在不同地区进行原材料采购、零部件和商品生产，并向更大范围的消费市场配送。在生产方式的变革中，企业基本生产活动和支持活动的各个环节相互依存、高度集成，形成企业的价值链。运输服务成为参与创造价值的重要活动之一，它与价值链中其他"联系点"之间的作用影响各种活动成本的高低和收益大小。企业在供货商、零售商和顾客之间开展水平合作的供应链管理（SCM）驱动了运输方式的变革和发展。供应链全球化导致跨国界、远距离运输需求日益上升，国际运输的比重不断提高，即时制生产（Just-in-time）等生产方式得到广泛应用，供应链的库存最小和持续周转对运输的时效性、可靠性要求也越来越苛刻。

3. 消费的全球化发展

经济全球化也推动了消费观念、消费方式的转变，中产阶级的比重不断上升，消费能力持续提高，使得消费者在全球市场选购商品成为一种新的潮流。在互联网电子商务的推动下，"跨境网购"呈现加速增长的势头。我国近年来出台了大力支持跨境电子商务发展的政策，并已在杭州、郑州等城市开展试点。"跨境网购"中小批量、高附加值的商品运输需求增加，成为国际运输市场新的增长点，而且消费者对预期交货时间更加明确，要求运输速度进一步提高。

（三）经济全球化背景下航空物流的发展方向

1. 进一步拓展航空物流的综合服务功能

传统的航空货运业务活动仅表现为货物的点对点运输以及货物的中转功能。随着国际多式联运的发展与综合运输链复杂性的增加，空港作为全球综合运输网络的节点，正朝着提供全方位增值服务的方向发展，如批发、配送、仓储业及自由贸易区等，为企业提供综合物流服务，以提高联运效率，增强其作为综合运输节点的功能，使其成为连续不断的运输链中的综合物流中心；同时，空港物流不断增强商务中心功能，为客户提供方便的运输、商业和金融服务，成为商品流、资金流、技术流、信息流与人才流的汇集中心。

2. 航空物流业发展将更加依赖于信息化建设

经济全球化发展对航空物流的准确性和高效性带来了更高的要

求，也因此使得航空物流业更加依赖于高科技信息化建设。目前国外空港已充分利用条形码技术、数据库技术、电子订货系统、电子数据交换、快速有效的客户反应、企业资源计划等信息技术，不断完善空港物流信息系统。其功能包括以下几点。

（1）与用户分享数据，体现在货物跟踪和文件资料查询系统上，以满足用户对货物信息的需要，帮助其随时了解货物的具体位置、预计到达目的地时间以及文件的品名、重量、运输方式等信息。

（2）与用户进行业务交易，体现在定舱、运单制作等系统上。这些功能使物流公司与用户之间建立起全天候的业务联络，任何时候都可以对用户的需求予以响应。

（3）适应客户需要的应用程序，如订单管理系统、库存管理系统、不正常运输警报系统等。这些系统往往是独立的商品化的程序模块，可以与客户的信息系统集成，代替客户完成供应链中的某个特定功能，从而使物流服务成为整个商业活动的有机组成部分。

3. 跨境电商高速增长为航空物流业带来新挑战

计算机网络的发展和全球经济一体化的进程加快孕育出跨境电商这一有别于传统形式的交易方式。这种具有全球性质的即时性无纸化的交易模式，推动了全球经济的融合，同时也使货运行业的运营环境发生了新的变化。跨境电商对航空货运来说，是新的机遇也是严峻的挑战。为了适应这一新兴物流需求，航空物流产业需要做出一系列调整。例如，发展适应电商需求的信息技术，满足系统的兼容性和接驳性，实现物流信息的网络共享，提高信息和资源的利用率。再如，增加与水路、陆路等其他运输方式的联合协作，来弥补航空货运运输线路的覆盖率和可达性的不足，增加服务的灵活性。

第二节　国外典型航空物流枢纽港的发展经验

近年来，全球消费方式逐渐表现出个性化、快速化的特征，电子商务发展迅猛，对生产和物流组织方式提出了更高要求，而航空物流可以在一定程度上满足这一要求。通过将货物从供应地向接收地进行有效率、有效益的运输和储存，航空物流较好地适应了全球化生产和消费方式变化，在经济社会发展中的作用越来越突出。美国北卡罗来纳大学教授约翰·卡萨达（John Kasarda）在《航空大都市：我们未来的生活方式》(《Aerotropolis: The Way We'll Live Next》)中称航空运输是继河运、海运、铁路、公路等运输方式之后的"第五冲击波"。与全球航空运输一起发展起来的，是以机场为核心的航空货运枢纽。航空货运枢纽是综合交通枢纽的重要组成部分，是指以航空货运为主导，汇集多种运输方式，在全球航空运输网络中具有重要中转集疏功能的机场。航空货运枢纽对地方经济的带动作用相当明显，许多国家都制定了支持国际航空货运枢纽的政策。下面以美国孟菲斯国际机场、韩国仁川机场、德国法兰克福美茵机场和阿联酋迪拜国际机场为例，介绍国际航空物流枢纽的发展特征和成功要素，以及对地方物流及经济发展的带动作用与值得推广的经验。

一、孟菲斯国际机场——世界顶级物流转运中心

（一）孟菲斯国际机场物流产业概况

孟菲斯国际机场位于美国田纳西州谢尔比县孟菲斯市，距孟菲斯市中心约12公里，毗邻120个城市及地区，连通10余个重要的枢纽城市。机场因货运而著名，联邦快递全球物流中心"Super Hub"的总基地就设在这里。作为西北航空公司的三大枢纽之一，孟菲斯国际机场集散了美国南部以及中美、加勒比地区的航空客货，并与位于明尼阿波利斯和底特律的两个中心共同构成了西北航空公司国内枢纽网络，该网络通过与跨大西洋、跨太平洋的国际航线网络整合，实现大规模国内、国际航班客货的有效转接，进一步奠定了孟菲斯国际机场的国际航空物流货运枢纽地位。1993—2009年，孟菲

斯国际机场的货运吞吐量连续17年位列全球第一,直到2010年被香港国际机场超过,其后一直稳居第二。2017年,孟菲斯国际机场的货邮吞吐量达到约434万吨。据其年报显示,2017年,总计有138 170架货运飞机在孟菲斯机场起降,占年度总飞机起降数一半以上,而全年货运航线总收入是客运航线总收入的将近2倍,占机场总收入的32%。

(二)孟菲斯国际机场的成功要素

1. 优越的地理位置和发达的交通网络

孟菲斯国际机场位于北美的中心地带,在飞行时间3.5小时内能到达北美洲南部的大部分城市。发达的交通网络是孟菲斯空港物流业发展的重要支撑。在公路方面,其穿越7条联邦高速公路及3条洲际公路,位于美国第40号、55号洲际公路的交汇处,还是连接墨西哥到加拿大的北美自由贸易区高速公路的中心,利用货柜车可在一晚内从孟菲斯市到达其他152个主要城市。在水路方面,从孟菲斯国际机场向西北10千米左右即可到达位于密西西比河上的美国第四大内陆港口孟菲斯港,而向南不远即为墨西哥湾。在铁路方面,孟菲斯市也是轨道运输的枢纽地带,5条一级铁路在此交汇,从孟菲斯市可通过铁路直达美国48个州、加拿大及墨西哥。这样的交通位置使来自各地的物资可以通过价格相对低廉的水路和铁路运输先集中到这里,然后通过飞机运往美国和世界各地。水运和铁路的低成本贡献巨大。

2. 顾客至上的物流服务理念和发达的科学技术支持

美国服务业的发展使得货物的运输有了更高的时间需求,既要做好服务又要有效地控制成本,航空运输在成为时代的宠儿的同时也面临了巨大的成本压力。美国孟菲斯国际机场将打造高效物流服务、提升顾客的满意度作为自己最高的追求,并以此为目标实施综合物流服务能力提升战略,其主要的内容包括树立暖心服务理念,在物流体系中应用科学技术、纳税与监管服务政策的支持等。孟菲斯机场视客户为"上帝",以"主人"的身份提供"仆人"的服务,处处体现周到细致。机场工作人员熟练运用纳税政策、计算机全球联网、24小时通关全天服务政策和针对物流通关的简洁规范的监管制度,为实现简单方便、快速便捷和高效的三大要求提供了支持,为公司的有效运营提供了保障。

与此同时,航空物流是快速物流,为了保障物流服务运转效率高、差错率小,科技化的服务必不可少。例如,作为孟菲斯机场的主要物流集成商,联邦快递成功地开发和使用 Cosmos 中央计算机系统、DADS 数码辅助公派系统、Cosmosila 包裹扫描系统、Dower-hisp 自动托运系统、ASTRA 自动化标签系统、EDI 电子通关系统、TRACKING 电子追踪系统、iVurtal Odrer 虚拟定单系统等高科技手段,以确保航空物流的快速高效。联邦快递创造了在美国国内托运当天送达(限重30千克),美国以外托运翌日上午8时送达(限重70千克)的世界最快速度。普通邮件也可做到国内24小时内送达,国际48小时送达。科技化为满足高效的物流服务、提升客户满意度提供了技术支持,是航空物流发展的保障。

3. 大型物流集成商对航空物流枢纽的支持作用

1973年,当联邦快递公司(FedEx)要在美国国内选定货运中心时,很多机场都不愿接纳,唯独孟菲斯机场,不惜承担巨大的压力,为联邦快递提供最优质的服务、最优惠的价格、最大限度地满足联邦快递提出的所有要求。历经近半个世纪,联邦快递从一个不起眼的小货运企业成长为世界四大航空物流公司之一。与此同时,孟菲斯机场从原本只有一条跑道,年旅客吞吐量70万人次,货运量几万吨的不起眼的小机场,成长为世界顶级物流中心。虽然联邦快递已经将其业务拓展到全球,但孟菲斯作为其运营网络的中枢作用不可替代。如今,联邦快递在孟菲斯国际机场建立了364公顷(1公顷=0.01km^2)的超级转运中心,300多英里(1英里=1.609km)的传送带平均每小时处理95 000个包裹,700多架飞机从这里向全球220个国家和地区提供服务。长期以来,联邦快递一直对孟菲斯国际机场产生显著的影响，每年为其带来的货流量占其总货流量95%以上。如图3-6所示，2017年，国内货运量占机场全年总货流量的87.5%，其中的86.5%来自联邦快递，而占年度总货流量12.3%的国际货运几乎全部来自联邦快递，联邦快递占据孟菲斯国际机场年度总货流量的近99%。2007年6月，联邦快递与机场续签了30年的租赁合同，为孟菲斯国际机场继续保持世界顶级物流转运中心地位提供了保障。由于靠近孟菲斯可享受最晚截件时间优势，越来越多的第三方物流商如UPS、DHL等都在孟菲斯转运中心附近建立了仓库，从而支持了孟菲斯国际机场的发展。在联邦快递等顶级货运公司的带动下，航空物流产业链上各环节的企业纷纷在机场周边集聚，形成了完整的航空物流产业链，航空物流产业成为孟菲斯的主导产业。正是FedEx、UPS、DHL等世界级的航空货运公司的大规模高效运作，才逐步造就了孟菲斯机场的货运大枢纽。从某种意义讲，是孟菲斯机场哺育了联邦快递，也正是联邦快递等大牌公司造就了孟菲斯国际机场。

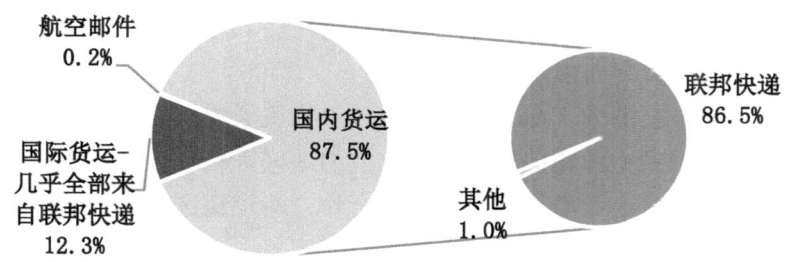

图3-6　孟菲斯国际机场2017年货流量分布

资料来源：孟菲斯国际机场2017年财务报告。http://www.flymemphis.com。

4. 周边城市社会各界的支持

商业和政府的领导人携手共进，包括大孟菲斯商会在内的地区领导人都致力于机场周边地区的发展，实施的许多项目都旨在加强孟菲斯作为物流中心的地位,一个突出的例子是,田纳西州空军国民警卫队原来的基地共有 103 英亩(1 英亩=0.004km^2),周围被联邦快递公司包围,在各方协调下,国民警卫队基地迁至别处,使联邦快递获得了一次重要的扩展机会。当地有官员指出,"这个事件说明在孟菲斯机场社区中,存在着这样一种不断拓展机场和航空都市范围的文化。"

(三)孟菲斯国际机场对城市物流业和其他产业发展的带动作用

孟菲斯市被称为北美洲的物流基地,整个城市的发展以机场及物流业为重心。对于孟菲斯而言,机场已经成为城市的真正中心,约翰·卡萨达(John D. Kasarda)教授曾指出,孟菲斯国际机场周边是美国境内最适合发展空港都市区的区域,而孟菲斯也是全球第一个明确提出按照卡萨达教授的空港都市区理念发展的机场。2007 年,孟菲斯国际机场在其年度报告中提出,按照卡萨达教授的研究,计划采取圈层发展模式,用以机场为中心的三层发展模式来促进孟菲斯市由单纯的物流枢纽转变成综合性的空港都市区,如图 3-7 所示。

第一层:孟菲斯国际机场内部。

第二层:空港城(Airport City)——以机场为圆心 5 分钟车程内的范围,以航空业相关的工商业为主的地区。机场应与各种相关的工商业机构、市政府及县政府共同合作,将该地区打造成国际企业进驻美国的入口。

第三层:空港都市区(Aerotropolis)——以机场为圆心 15～20 分钟车程内的范围,覆盖阿肯色州、密西西比州和田纳西州 3 个州的部分区域。其中机场、铁路、公路和水路形成一个综合运输系统。伴随机场的发展,越来越多的企业进驻这一地区,为当地增加了就业机会。

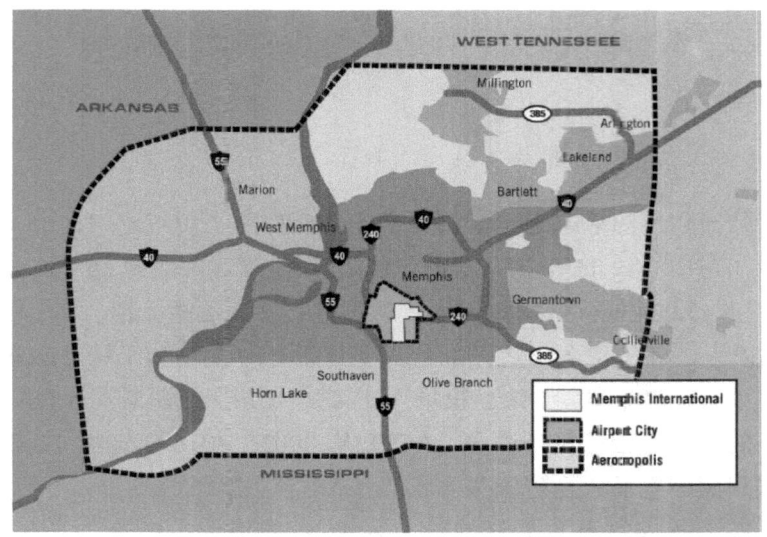

图 3-7　孟菲斯空港都市区的圈层式发展模式

资料来源：孟菲斯机场 2007 年年度战略发展报告。http://www.flymemphis.com。

2008 年，孟菲斯大学一项关于孟菲斯国际机场对城市的影响力的研究显示，孟菲斯机场间接地影响着该地区近一半的经济，相当于 286 亿美元和 220 154 个工作岗位，大约每 3 个就业机会就有一个是航空城创造的，而大约 1/4 的劳工直接或间接地与物流业相关。而如今在航空城产业辐射下，与其相关联的物流业、制造业、医疗服务业、计算机维修、旅游业等产业发展更加迅速。例如，如果顾客把笔记本电脑空运至孟菲斯维修，第二天修好后就可以通过联邦快递空运回客户身边。依托航空城，孟菲斯如今已经成为全美国最大的医疗器械制造中心，还是美国中南部最大的医疗中心，吸引了多家医疗机构和保险公司入驻。目前，在孟菲斯机场物流产业的带动下，孟菲斯城的周边地区已经在一定程度上完成了从单一物流产业主导到综合产业发展模式的转型。

二、韩国仁川机场——迅速崛起的国际空港

（一）仁川国际机场物流产业概况

韩国仁川国际机场位于朝鲜半岛中西部的仁川市永宗岛上，距离仁川市中心约 15 千米，距离首尔约 45 千米，占地约 15 000 英亩（1 英亩=0.004 km²）。周围无噪音源影响，自然条件优越，绿化率达 30% 以上，环境优美舒适，加上其整体设计、规划和工程都本着环保的宗旨，也被誉为"绿色机场"。同时，仁川国际机场是全球机场服务的典范，国际机场协会（ACI）从 2005—2016 年连续 12 年授予仁川国际机场"全球服务质量奖（ASQ）"第一名。

机场于 2001 年 3 月开始投入运营，其物流业发展非常迅速，目前是韩国最大的两家航空公司——大韩航空及韩亚航空的主要枢纽，也是亚太地区货物通往北美洲的门户，主要经营空空中转模式下的国际中转业务。如图 3-8 所示，从 2001 年正式运营开始，机场货运量基本呈持续增长趋势（除了 2008—2011 年由于金融危机导致全球物流业整体不景气），平均年增长率达到 5.6%。2017 年，机场全年货运吞吐量再创新高，达到 292 万吨，位列全球第四。

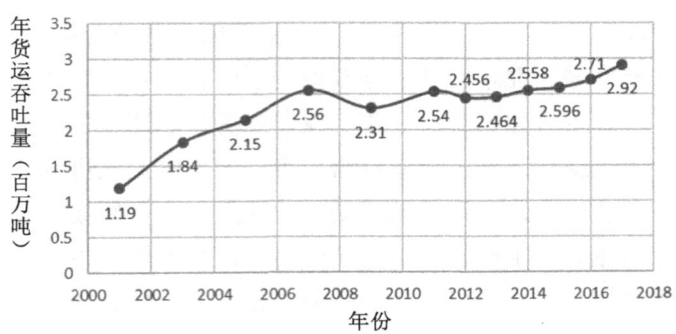

图 3-8　2001—2017 年仁川国际机场年度货物处理量

资料来源：仁川国际机场公司官网。https://www.airport.kr/。

仁川国际机场的货流量主要来自亚洲各国、美国和部分欧洲国家，这一点基本符合全球货运量分布特征。图 3-9 为机场的货物吞吐量排名前 10 的国家和地区的货运量分布，可以看到，中国（包括香港和台湾地区）和美国两国占据前 10 地区中超过一半的货运量。

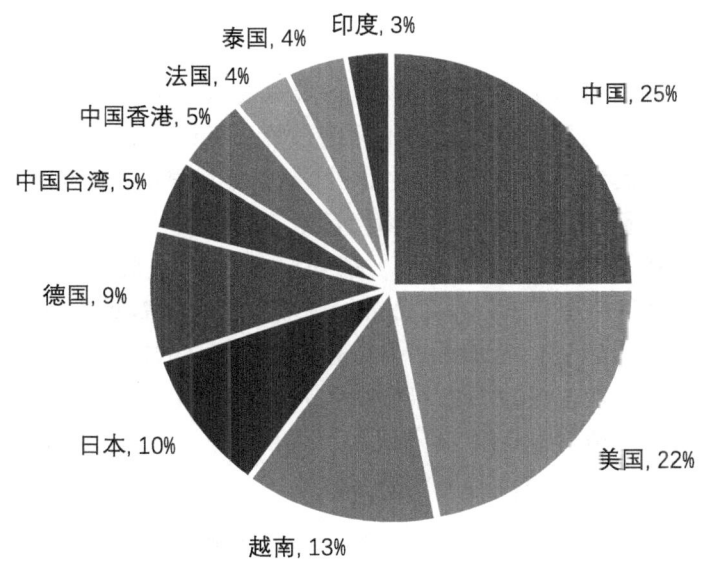

图 3-9 2017 年仁川国际机场货物流向

资料来源：仁川国际机场公司官网。https://www.airport.kr/。

（二）仁川国际机场物流产业成功要素

1. 优越的地理位置和丰富的航线网络

仁川国际机场拥有优越的地理区位，不仅背靠首尔都市圈，而且位于东北亚的中心点，在飞行时间 3 小时以内可到达 61 个人口超过 100 万的大城市，这也是其成为东北亚地区航空物流枢纽的重要原因。截至 2017 年 5 月，仁川国际机场货物领域实现通过 22 个航空公司连接 36 个国家的 83 个城市，通过舱带货和全货航两种模式的运营，形成了发达的航空货运网。从仁川国际机场出发，通过货运航线，飞机可以把商品和货物送往亚太、北美、欧洲和中东大部分目的地，而这正是在全球货运市场表现最为活跃的 4 个地区，这是仁川国际机场能够快速成长为世界顶级物流枢纽的硬件保障之一。

2. 快捷简便的通关系统

仁川国际机场为了迎合快捷物流的现代需求，提高物流运输效率，完善进出口流程体系，而采用网络系统进行记录，从而实现了无纸化通关。其海关系统（UNI-PASS）是世界最早的 100%网上通关处理系统，很大程度上节约了物流费用，更加简化通关手续，并节约了时间成本。如表 3-2 所示，一般需要 1~2 天完成的进出口通关，在这一系统的运行下，只需 2 分钟左右。而一般需要 3~4 天完成的关税业务，如今只需要 5.2 个小时。得益于 UNI-PASS 系统，仁川机场的通关服务效率长期保持在世界海关组织（WCO）169 个成员国中的第一位。该系统 24 小时提供通关服务，为仁川国际机场建设成为"世纪世界最佳海关"助力。

表 3-2　仁川国际机场 UNI-PASS 海关系统提高通关效率

	使用 UNI-PASS 前	使用 UNI-PASS 后
出口通关	1 天以上	2 分钟
进口通关	2 天以上	2.5 分钟
兑换关税	3 天以上	5.2 小时
缴纳关税	4 天以上	5.2 小时

资料来源：仁川国际机场公司官网。https://www.airport.kr/。

3. 仁川机场自由经济区的建立

仁川机场自由经济区是仁川自由经济区的组成部分之一。仁川自由经济区是包括仁川港自由经济区和仁川机场自由经济区在内的综合物流通道。其中仁川港自由经济区由内港、第四码头腹地和一期仁川集装箱码头三部分组成。而仁川机场自由经济区主要由航空货运综合区和机场物流园区构成。

航空货运综合区一共有 6 个货运航站楼、5 个独立的货仓、36 个停机位以及行政办公楼。每一个货运航站楼都可以提供货机所需的各种基础设施及服务，还拥有一个约 3 500 平方米容积的货仓。这个货运综合区目前的容量为每年 380 万吨，到第二阶段工程结束后能达到每年 490 万吨。世界一流的快递公司 DHL 在仁川国际机场还设有东北亚转运中心，在这里将韩国、日本、俄罗斯远东地区货物进行分类整理。

仁川国际机场的物流园区吸引了 14 家物流服务供应商，仁川机场独特的地理位置、简化的通关手续和一系列的优惠政策吸引了越来越多的国际型物流企业入驻物流园区，逐步将仁川国际机场打造成理想的东北亚物流枢纽中心。韩国最大的电子企业三星集团和 LG 集团均在仁川机场租用了专属物流中心。

由于仁川国际机场所具备的优势以及优越的入驻条件，吸引了来自全世界一流的航空货运企业以及物流服务提供商。自由贸易区的建立既满足了客户需求，又给机场带来了大量货源，提高了机场设施的利用率，增加了机场的竞争力。

4. 现代化的运营模式

仁川国际机场在现有运营模式基础上不断开发、不断创新、不断取得新的突破，机场自由经济区对传统的"修建—营运—移交"（BOT）的模式进行了革新。一方面，物流园区的开发仍采用"修建—营运—移交"（BOT）模式；另一方面，综合货运区则采用的是"修建—移交—营运"（BTO）模式，因地制宜，更好地管理了物流园，促进了周边地区的经济发展与现代化建设。此外，韩国政府还运用承包商专业的开发经验不断完善"修建—移交—营运"（BTO）的修建模式，不仅降低了成本，也减小了投资风险。这一模式的最大特点是航空公司投资拥有并经营航空物流，同时向货贷公司出租设施。在亚洲各国，一般实行航空与机场分业经营，禁止航空公投资机场设施，仁川机场这种模式确实比较少见。韩国仁川机场自由经济区在管理体系、科技水平、服务政策上不断推陈出新，短时间内吸引了大量的客源，增强了仁川机场在行业内的竞争力。

5. 政府推动作用

韩国政府积极推动机场复合都市—航空都市区的开发，这一计划号称是亚洲最大规模的20年造市计划，该计划目前已完成第一阶段的建设。仁川国际机场能在短短几年时间里发展成为全球第四大货运机场和服务最佳机场，并打造出在世界空港经济领域具有代表性的仁川机场自由经济区，除其本身的区位优势外，更重要的是韩国政府的主导推动。韩国政府将仁川空港经济的发展上升为国家战略，作为全球化时代参与国际竞争、实现发展雄心的核心引擎，在机场运行初始就先行制订了抢占东北亚经济中心的目标和完善的规划。韩国政府制订了一系列的优惠减免政策，主要体现在税收优惠政策、基础社会建设补贴政策等方面。例如，根据入驻企业规模及行业不同进行分类管理，分别给予不同程度的优惠，如免收相关税费、享受当地的税收优惠政策、降低烟酒等高消费税的税率。再如，给予建筑方面的补助，允许相关企业运营时间长达50年。如此大的优惠力度，使得外国各大物流公司和其他产业公司纷纷加入。如今，仁川机场自由经济区及其物流园区已经形成一定的规模体系，充分发挥了机场对周边地区的辐射带动作用。

（三）仁川自由经济区的建立和对物流产业及其他产业的带动作用

2003年8月，韩国政府依托仁川国际机场，在其周边地区划定了169.5平方千米的自由经济区，致力于打造东北亚的空运枢纽和国际商务中心，以及开发繁荣周边地区，建设一个可持续发展的集国际贸易、金融、物流、商住和旅游于一体的具有世界尖端水准的全球化城市。仁川自由经济区分为3个部分：机场所在的永宗岛、机场东北面的青萝自由贸易区和机场东南面的松岛自由贸易区。其建设计划分为 3 个阶段：2003—2009 年是基础设施建设阶段；2010—2014 年是项目建设阶段；最后一个阶段将于 2020 年完成，目的是使仁川自由经济区成为世界三大自由经济区之一。仁川自由贸易区规划总人口达 64 万人，产业类型丰富多样，凸显高端性和服务经济特征。

在空间布局模式上，仁川自由经济区更依赖交通走廊的辐射作用，一开始就按照空港都市区的目标建设。自由经济区的三部分相互对立，依靠快速便捷的交通网络连接，可以双向联通仁川和首尔市中心。虽然仁川机场本身距离首尔市中心有 52 千米，较为遥远，但其衔接的仁川经济自由区，包括青罗、松岛两大区域，扩大了首尔和仁川机场航空都市区的影响范围，通过便利的交通拉近了两地的距离。其中青罗距仁川市中心 8 千米，距离首尔市中心仅 30 千米，而松岛通过仁川大桥和仁川港以水陆交通对接机场，在 60~90 分钟之内就能到达首都圈的主要城市。

仁川机场的发展与产业高度相关。仁川机场区域的商业规划包括建立世界级水平的奇幻世界（Fantasy World）复合休闲园区、亚洲流行圣地时尚岛、亲水公园水上休闲运动中心等，以营造稳定的环境吸引投资。在机场的商业圈部分，即使面对全球经济不景气的大环境，仁川机场商圈通过加强购物商圈营销策略，举办各项特惠活动刺激消费，仁川机场的免税商店销售额在 2012 年逆势增加了 15%，国际线出发旅客每人的购物销售额更高居韩国和世界第一。在与仁川机场联结的产业园区部分，仁川自由贸易区已成功吸引了 Roche-diagnostics、Novellus、ESI、AIRBUS、World Dream Fish、爱思强（Axitron，LED 全球第一名）与泛林（LAM Research，半导体装备世界第五）等知名国际企业进驻。仁川自由贸易区主办了 2014 年"物流奥运会"（TIACA），全世界的机场、航空公司、物流等超过 5 000 家企业与会，奠定了仁川成为"东北亚物流枢纽"的基础。在新能源产业发展方面，仁川自由贸易区大力投资以发展新再生能源产业，计划将太阳能、风能分别发展成为经济支柱产业。在会展商务产业方面，在过去几年里，每年在松岛举办的大小国际会议平均有 20 多场，包括世界城市庆典大会、G20 峰会、2014 年亚运会、联合国亚太经济社会委员会（UNESCAP）总会和联合国国际减灾策略组织的高层会议等。

仁川航空经济区的产业特征表现为航空运输业与旅游休闲业并重发展，其航空经济区丰富的旅游资源决定了旅游休闲产业的发达。

根据不同的可达性条件，韩国政府分别针对仁川机场区域规划了不同的产业发展方向，各部分发展计划详见表 3-3。占地面积最大的永宗岛（138 平方千米）是航空经济区所在地，该岛环境优美，有"水之翼"之称。机场地区西侧的龙游岛和舞衣岛，是海洋观光的最佳地点。利用优越的自然条件，仁川航空经济区大力发展休闲旅游产业，结合岛上的自然风景建设大量国际旅游综合设施，发展有特色的旅游休闲项目，包括疗养区、海上世界、游乐园等。航空经济区最大的开发项目为梦幻世界，包括一个主题公园和一个综合度假村，"梦幻世界"预计将于 2019 年完工，2020 年全面投入使用。由各具特色的永宗、青萝和松岛三个岛屿组成的仁川航空经济区，将韩国仁川机场发展成为一个集"休闲、旅游、购物、娱乐、会议和物流中心"为一体的多功能航空城。

表 3-3 仁川自由经济区发展一览表

地区	松岛自由贸易区	永宗岛	青萝自由贸易区
位置	延寿区松岛洞	中区永宗龙游岛	西区景西洞
面积	53.4 平方千米	98.3 平方千米	17.8 平方千米
项目费（韩元）	10 兆 4 253 亿	4 兆 6 719 亿	6 兆 3 528 亿
项目期间	2003—2020 年	2003—2020 年	2003—2012 年
规划人口	25.2（万人）93 600（户）	29.4（万人）109 800（户）	9（万人）33 200（户）
地区定位	国际商业中心、高知市产业复合区、研发中心	航空和物流中心、世界级旅游休闲中心	兼具观光休闲的国际商业、金融中心

续表

地区	松岛自由贸易区	永宗岛	青萝自由贸易区
开发计划	国际业务区 知识信息产业区 高新生物区 IT聚集区 国际学术研究区 国际化复合用地区 仁川新港	综合航空城 复合物流中心 自由贸易区 国际商务中心 医疗保健中心 休闲旅游区	国际商务城（国际业务区、国际金融区、高端居住区、国际学校） 汽车研发研究区（GM大宇研究所、机器人园、尖端产业用地） 主题休闲运动区（主题公园、高尔夫球场） 花卉区

资料来源：苏海龙，纪立虎等. 航空都市区的发展和实践. 北京：中国建筑工业出版社，2015。

松岛自由贸易区是依托仁川机场发展起来的新型城市。松岛占地 53.4 平方千米，其中约 5.6 平方千米用来建设国际商务园区。韩国政府投入 250 亿韩元，建设国际医院、国际学校、博物馆、中央公园、高尔夫球俱乐部、大规模的商务设施等，已于 2015 年建设完工。此外，松岛的居住区将被设计为"智能+互联小区"，具有公用事业、安全保障、互联建筑、交通运输、医疗保健、教育等城市功能。重要设施布局包括：商务重镇——全球化企业的营运总部；物流中心——仁川国际机场与仁川新港湾、海陆复合物流系统；信息及生命科学研究中心；观光休闲胜地——世界级水平的饭店与休闲设施、环境友好的观光设施。

而青萝自由贸易区则致力于布置会展、金融、业务、旅游休闲及高端产业，同时接待和汇聚来自首尔市区和由仁川机场进出的全球人才，重点建设国际金融商务中心、外籍员工居住社区，并配套建设了高尔夫球场、休闲运动中心等娱乐设施。

在轻松愉快的氛围中，仁川机场在突出的休闲、旅游、娱乐设施衬托下，打造了集物流、金融、贸易等产业为一体的新型航空经济模式,并不断发展壮大。预计未来的仁川机场航空城项目完全落成后,该产业发展模式将为仁川机场辐射区带来高达6亿韩元的直接经济增长值和将近15万个新增工作岗位。这在航空经济产业发展的历史上可谓是独具特色且浓墨重彩的一笔。

三、德国法兰克福美茵机场——欧洲货运心脏

(一)法兰克福美茵机场物流产业概况

法兰克福美茵机场(Frankfurt International Airport)是德国最大的机场,也是2017年欧洲第二大与世界第十一大航空货运机场,与同样位于欧洲的排名第十的法国巴黎国际机场年货运吞吐量仅相差1千吨。机场由Fraport公司经营,由于坐落在欧洲大陆的中心,法兰克福机场成为连接洲际航线与欧洲高效交通体系的重要枢纽。随着全球经济从金融危机中逐渐复苏与经济全球化的推进,美茵机场货运物流量近年来呈现波动增长趋势,跻身世界顶级货运枢纽机场行列,如图3-10所示。以2017年为例,从法兰克福美茵机场流通的货物被送往全球43个国家的81个目的地,全年货邮吞吐量总计近220万吨,其中38%是由腹仓带货的方式运送,年货邮吞吐量比2016年增长3.81%。据预测到2020年,美茵机场货运量将达到316万吨。而目前,美茵机场日均物流量达到5 740吨货物、250万封邮件、7 000个包裹和18 000个小件,仅其物流系统就为社会提供了10 000余个就业岗位。2017年,其被国际机场协会评为"总枢纽联通机场(Total Hub Connectivity)"。

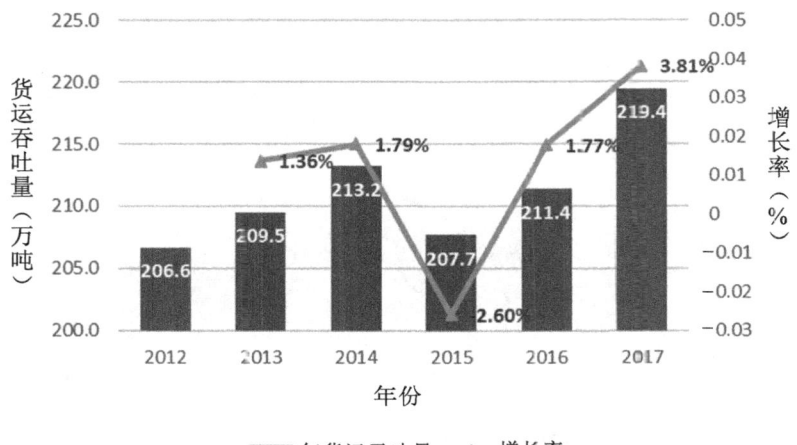

图 3-10　法兰克福美茵机场 2012—2017 年物流吞吐量

资料来源：Fraport 公司年报（2011—2017 年）。https://www.frankfurt-airport.com。

（二）法兰克福美茵机场的成功要素

1. 强大的区位优势

法兰克福位于德国的心脏地带，同时又是德国和欧洲的金融中心。抵达欧洲各国的非直达航线，大多都是从法兰克福美茵机场中转，因此法兰克福聚集了世界各地的航空公司和旅店，是典型的航空都市区。

机场所在的法兰克福/莱茵—美茵地区，是德国第二大都市区，它本身就处在欧洲中西部的大都市人口稠密地区的中心位置，与多条铁路和高速公路相连接。如图 3-11 所示，法兰克福美茵机场位于法兰克福市西南方，距市中心约 12 千米，占地面积达 16.8 平方千米。欧洲流量最大的高速公路中的两条——A3 和 A5 在美茵机场交汇，使得机场作为一个主要的交通枢纽得以服务于更大的区域，通过地面交通不到两个小时可到达科隆、鲁尔区和斯图加特。

112　现代保险服务业促进京津冀区域航空物流协同发展研究

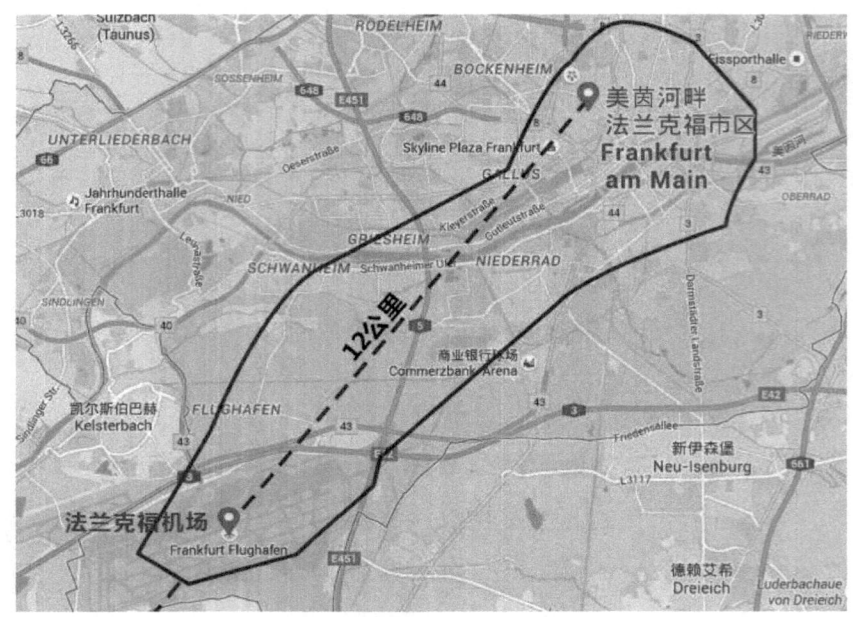

图 3-11　法兰克福美茵机场区位

资料来源：笔者自绘。

除 A3 和 A5 两条高速公路交汇于法兰克福美茵机场外，法兰克福美茵机场区域的火车站位于 1 号航站楼 B 大厅地下，这是联邦德国的第一个火车站，初建时称为法兰克福机场火车站。S-Bahn 通勤铁路线 S8、S9 发车间隔时间为 15 分钟，向东途经法兰克福中央火车站、法兰克福豪普特瓦站和奥芬巴赫东站到达哈瑙中央站；向西途经吕塞尔斯海姆、美茵茨中央火车站（S8）或美茵茨卡斯代尔站（S9）到达威斯巴登中央车站。乘坐区域快速（Regional-Express）列车也可到达其他目的地，如西部的萨尔布吕肯、北部莱茵河流域的科布伦茨和东部的维尔茨堡。

1999 年，法兰克福美茵机场设立第二个火车站，主要提供城际快速（Inter City Express，ICE）的长距离火车出行服务，站点命名为法兰克福机场长途火车站，通过人行走廊与 1 号航站楼相连接，是新建的科隆—法兰克福高速铁路线的首末站，车速高达 300 千米/小时，从法兰克福机场前往科隆 1 小时内就可到达。ICE 连接的其他城市包括波恩、杜塞尔多夫、汉堡、汉诺威、慕尼黑、纽伦堡、斯图加特等。乘火车的旅客可以在长途火车站直接办理 60 个航空公司的登机手续。

此外，德国铁路与德国汉莎航空、美国航空和阿联酋航空联合推出了联营机场铁路服务（AiRail Service），针对从科隆、西格堡/伯恩或斯图加特主火车站乘坐 ICE 列车的出行，列车时刻表是与汉莎航空的时刻表配合的，可以实现火车和飞机之间的快速换乘。

公路铁路的交通支持意味着美茵机场可以大幅拓展领地，其影响可以覆盖以机场为中心的自由经济区的 200 千米内范围，该范围内共有人口 3 800 万，比任何一个欧洲枢纽机场的辐射范围都要大，可见法兰克福美茵机场具有无可比拟的地理位置优势。

2. 自由经济区国际领先的物流货运区

法兰克福美茵机场是德国最大的机场，也是欧洲效率最高、全球领先的航空货运机场，其货运量在欧洲领先。法兰克福货运区就建在机场附近，占地面积约 300 公顷，聚集了 129 家航空公司，以及上百家专业从事物流服务的运输服务公司（如 TNT、DHL、Fed Ex 等）。机场当局在南侧货运区建设了大型现代化机场货运城，目前其占地面积约为 149 公顷，年处理能力约为 100 多万吨，为客户提供定制模式服务，按需提供一流设备和服务。货运城有 28 个专用机位，并建有货运大楼、代理公司大楼、动物休息室、易腐物品中心、立体集装箱仓库等设施，建筑面积共约 15 万平方米，目前出租率达 97%。截至 2017 年，机场仍有 27 公顷为货运城计划用地，为建设更多仓库和其他建筑做准备。

北侧老货运区占地约 110 公顷，建有汉莎航空自动化立体货库，货库占地 5.8 万平方米，年处理能力为 50 万吨，为汉莎航空自身及其他 30 多家航空公司提供货运代理服务，并建有相应的货运设施，年处理能力约为30万吨。为了适应现代物流业发展的需要，法兰克福机场还建立了海关监管仓库、分拨配送中心、货运处理管理信息系统等现代物流设施，并不断投资扩建货运设施，以确保其欧洲最大货运枢纽机场的地位。

3. 构建战略联盟的物流发展战略

德国法兰克福美茵机场的物流战略重点是构建战略联盟，先后与约130家航空运输公司及100余家物流服务公司建立起联盟关系，同时为更好地提升自己的物流吞吐能力，建立了海关监管的仓库及分拨配送中心，并进行统一标准的货物管理。

（三）法兰克福美茵机场的产业发展和对城市经济的辐射作用

由于具备国际航空交通中转地位的优势，法兰克福美茵机场迅速发展，其所营造的国际化环境与经济贸易，也使得当地的金融业蓬勃发展，成为法兰克福的支柱产业。目前法兰克福有324家银行，包括欧洲中央银行和德国联邦银行；法兰克福的证券交易所是世界上最大的证券交易所之一，经营德国85%的股票交易。根据欧洲城市观察（European City Monitor）机构的报告，自20世纪90年代，法兰克福仅次于伦敦与巴黎，在欧洲最重要的城市排名中位居第三。

法兰克福美茵机场被法兰克福城市森林（Frankfurt City Forest）环绕。机场核心区包括法兰克福美茵机场及其周边地区，提供了大量的机场业务以及机场相关业务，如办公、宾馆、购物中心、会展中心。机场以西是一个工业园区。周边其他地区是居民区，如沃尔多夫镇等。近年来，航空都市区的开发力度显著增加。

2005年，机场南部的莱茵—美茵空军基地关闭，该地块移交给法兰克福集团，用于新建一个航站楼，即3号航站楼。而位于机场东北部的"Gateway Garden"原是士兵居住区，后移交给法兰克福市政府，规划开发为与航空相关的商务区。商务区内包括汉莎航空的航空食品供应公司LSG Sky Chefs、Condor Flugdienst和Sun Express航空公司的总部以及德国铁路的物流公司DB Schenker等。

法兰克福美茵机场是欧洲第二大的多式联运机场，配备了相应的物流设施，分为北部货运城和南部货运城两部分。北部货运城是汉莎货运的总部，配备一个新鲜产品易腐中心和用于活体动物运输的法兰克福动物休息室。南部货运城占地 98 平方千米，是服务供应商和货运业务分配的货运中心。DHL 全球货运物流、中国国际航空、阿联酋航空、日本航空、国泰航空、大韩航空公司和法兰克福机场的货运服务都设在这里。

2011 年，法兰克福美茵机场建成一个大型办公楼，称为"The Squaire"，建立在机场长途汽车站点之上，这是德国最大的办公楼，建筑面积达 14 万平方米，主要由毕马威会计师事务所和两个希尔顿宾馆承租。喜来登宾馆和度假村毗邻 1 号航站楼，提供 1 008 间客房，以及一个可容纳 200 人的会议中心。法兰克福美茵机场中心邻近 1 号航站楼，提供办公和会议场地，新的法兰克福美茵机场中心位于 2 号航站楼，为各航空公司提供办公场地。以美茵河命名的美茵机场中心（The Main Airport Center）是一座 10 层的办公楼，建筑面积达 5.1 万平方米，位于 2 号航站楼，邻近法兰克福城市森林边缘。机场西侧的工业园区入驻了与机场有相关业务的公司，包括 DHL、Rewe 连锁超市等。

四、迪拜"双子星座"多港联动

（一）迪拜"双子星座"多港联动的物流概况

迪拜位于阿拉伯半岛中部，阿拉伯湾南部，是海湾地区的中心，位于欧、亚、非航线的枢纽位置，是中东地区重要的航空中途站之一，许多来往于亚洲、欧洲及非洲的飞机都中转于此。据统计，以飞行时间计算，全球近 20 亿人口生活在以迪拜为中心的 4 小时飞行圈内，有 40 亿人生活在其 8 小时飞行圈内。伴随着人流、物流、资金流、信息流跨区流动，迪拜作为连接"五海三洲"重要节点，其航空物流体系使得亚、欧、非之间的运输方便快捷。

近年来，在业内引起广泛关注的迪拜国际机场定位为大型国际航空货运枢纽，其与阿联酋航空公司共同构建连接亚太地区、欧洲的航线网络。该机场的转运货物占其货运量中的大量份额，然而这些货物并不以阿联酋为目的地和始发地，迪拜国际机场是一个典型的以中转为特色的国际航空货运枢纽。2017 年，迪拜国际机场总货运吞吐量达 265.4 万吨，位居全球机场第五。

迪拜世界中心机场位于迪拜国际机场西侧 40 千米处，被定位为全球最大的机场。2010 年 6 月 27 日，迪拜世界中心机场首条跑道竣工并开通运营，2011 年开始接收少于 60 名乘客的客机。已建成的附属设施包括 64 个停机位、采用最新技术修建的航空管制塔台、消防中心、外勤维修服务中心、航空燃料库和一个面积为 6.6 万平方米的单层航站楼。整个项目预计将在 2027 年全面完成并投入使用。其他配套设施包括：16 个货运基地、酒店、商场、配备 10 万个停车位的超大型停车场，与迪拜国际机场连接的快速铁路系统。机场落成后，将成为全球最大、最先进的机场，以及全球最大的客流和货流中心。据最新规划方案显示，其货物处理能力将达到 1 600 万吨。

迪拜世界中心机场通过高速轻轨和专用公路与迪拜国际机场相连。两个机场之间设有专用的保税公路和铁路走廊，使双机场快速连通，有利于航空货运班车实现货物快速流动，实现了机场资源优化、客货运航班增多、客货快速周转，同时为客户提供了更多便捷选择。两个机场双轮驱动，助推迪拜航空物流的持续发展。

迪拜境内呈现双海港、双空港、多自由区的分布格局，通过高度发达的陆上交通，实现航空物流多港联动的优势。多港联动所形成的航空物流体系包括航空物流发展的各运作主体及物流路径。航空物流体系已不仅仅局限于机场、货运航空公司等参与主体，海港、自由区（Free Zone）等也都不同程度地影响着航空物流效率。

迪拜有两个空港，同时也有两个大型海港——杰贝阿里港和拉希德港，以及周边多个经济自由区，其中两个主要的自由区为迪拜机场自由区（Dubai Airport Free Zone）和杰贝阿里自由区（Jebel Ali Free Zone）。如图 3-12 所示，实现航空物流体系多港联动各主体的协同发展，包括迪拜当前双空港枢纽的"双子星座"纵向协同，海港、空港、自由区和物流通道的横向协同，以及海港、空港、自由区、城区的区域协同模式，这三者构成了迪拜航空物流的点线面体系，推动了多港联动协同性发展机制。

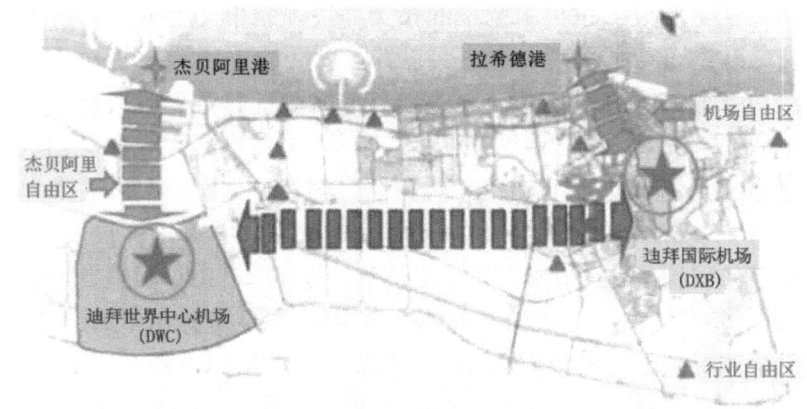

图 3-12　迪拜空港、海港、部分自由区分布图

资料来源：尹纯建等. 多港联动协同对区域航空物流发展影响研究——以迪拜为例. 综合运输，2016，38（08）.

（二）迪拜"双子星座"物流成功要素

1. 港城区综合一体化定位

迪拜已把"两港一区"作为海空联运的主要转运港，形成"一个航空港+一个海港+一个自由区"的物流运作模式。迪拜拥有两个"两港一区"的模型，分别为"杰贝阿里港—杰贝阿里自由区—迪拜世界中心机场"和"拉希德港—迪拜机场自由区—迪拜国际机场"。运用科学的、可持续的发展定位和产业道路，打造世界级的交通枢纽港、自由区、优质旅游景点等全方位、国际化、多元化、现代化服务业。国际性的航空枢纽地位为其带来了更多的客流、信息流和资金流，并配套发展交通设施、电力、通信、产业发展园，迪拜不仅发展成为航线中转枢纽，更是旅游购物、贸易投资、商务会展的目的地。

2. 强有力的政府支持及政策开放

迪拜政府通过推行自由贸易政策和建立自由区，聚集全球高端资源要素，通过提供自由宽松的投资环境，吸引外资流入。为吸引外资，迪拜推行低关税，免交经营税，货币自由流通与兑换，不实行进口配额等投资政策，使其成为全球高端资源要素的聚集地与贸易中心。在杰贝阿里自由区，外资可拥有100%的经营所有权、100%的资本和利润分配自主权；50年免征公司税；免征进出口关税和个人所得税；无外汇管制，资本和利润可自由汇出，货币可自由兑换，不受任何限制；不限制雇用外籍雇员等。迪拜通过杰贝阿里自由区经验，进一步推出各有侧重的产业特色自由区，发展多种高附加值产业，吸引全球资源，促进整个迪拜成功完成了产业结构调整。

在采取宽松政策的同时，迪拜政府还出台了一系列鼓励措施，积极致力于基础设施的投入，为在自由区内落户的公司提供最高标准的设施和一站式服务。通过这些优惠政策，迪拜自由区成为高科技产业、互联网电子通信产业等临空指向型产业的理想投资地，进一步增强了其航空货物的吸纳能力。

此外，迪拜政府实行的"天空开放"政策，包括航权开放和机场起降时刻资源的开放，吸引了来自世界各国的航空公司开辟迪拜航线，从而极大地丰富了迪拜机场的国际航线网络，促使迪拜机场迅速发展成为世界级航空物流枢纽机场。

迪拜政府财力雄厚，不惜重金打造世界一流的航空大都市，这里有世界上第一家七星级酒店——帆船酒店、世界最高的摩天大楼——迪拜塔、全球最大的购物中心、世界最大的室内滑雪场等，其建筑金碧辉煌，豪华奢侈，同时还采用最先进的技术，建造出世界级的基础设施。

迪拜发展成为全球重要的航空物流枢纽，离不开政府的大力支持。迪拜政府对航空建设的重视不但让迪拜成为整个地区的交通要道，而且成为世界三大远航线路的枢纽，即使在全球经济下行时，迪拜航空物流产业仍发展迅速。迪拜高效优质的民航货运服务带动了当地旅游和贸易的快速发展，被看作迪拜经济发展的助推器。

3. 地面基础设施及服务的配套完善

迪拜国际机场与正在建设中的迪拜世界中心机场相距 40 千米，经由高速轻轨、专用公路相连；由迪拜世界中心机场、杰贝阿里自由区和迪拜港务集团支持建设的免税物流走廊连通了机场，其邻近物流城、自由区及港口，使得货物的快速流动成为可能，也使得迪拜的海陆空联运一直处于领先地位。

1991 年，迪拜政府斥资 7 500 万美元兴建迪拜机场货运设施，占地面积为 3.5 万平方米。随着迪拜国际机场日益成为世界航空枢纽，其机场货运设施也在不断扩建与完善。高效的货运设施能够在 90 分钟内完成装卸转场。此外，多式联运使得杰贝阿里港和拉希德港的整箱货物最快在 6 小时内就可以转运到机场，高效的衔接作业大大提高了转运效率，缩短了转运时间。

4. 发展模式革新，产业生态圈塑造

非石油贸易和石油的生产与出口是迪拜经济的两大支柱。近 30 年来，凭借优越的战略性地理位置、一系列基础设施项目的完工以及贸易自由化政策的实施，迪拜已经成为中东地区最重要的进口、出口和转口贸易中心，以及全球货物集散与转运中心。迪拜已从原来石油拉动经济转变为更加多元化的发展，迪拜的产业结构中呈现出以第三产业及高端制造业为主体，运输业为两翼，贸易为驱动力协调发展的现代化产业生态圈。迪拜第三产业比重大，旅游业、房地产业、金融银行业、酒店服务业、会展业等占据主要地位，石油产业仅占 GDP 的 6%。当前迪拜对高科技产业投入较大，引进高新技术强化高端制造业经济实体，力争打造高科技产业集群，利用快速转运的航空优势，促使资金流、信息流、物流的快速流通交换，产生时空效应高价值，形成速度经济、知识经济的生态系统。迪拜政府通过各种手段盘活基础设施，积极引进外商投资贸易，优化产业结构，解决无效供给过剩和有效供给不足。

（三）以多港联动的物流发展带动迪拜航空大都市建立

迪拜多港联动的物流发展战略，侧重于将航空物流体系、海空联动物流大通道作为交通大动脉，辅以沿港沿线各大自由区构筑区域性布局，使联动体系具有较广阔的内部经济腹地支撑。各大自由区的发展进一步拉动了物流大通道运转，使得航空物流获得持续而稳定的内生性货源。

卡萨达认为迪拜是航空大都市的主要先驱，是世界上首个专门设立航空城和当前世界最大的航空大都市。迪拜世界中心为航空大都市的发展树立了一个卓越的标杆，其建设是迪拜政府的一个战略举措，旨在强化迪拜地区贸易、航空、物流中心的地位，推动迪拜经济向着更高、更宽的领域发展。

1985 年，迪拜杰贝阿里自由区设立。它是中东、北非地区最早、最成功的自由贸易区，是全球第一个通过 ISO9000 国际认证的自由区。自由区实行相当优惠的经济政策，如自由区企业可拥有 100%的所有权，并可免交公司所得税和个人所得税，原材料和设备免税进口，货物转口零关税，企业雇工没有当地用工限制，无外汇管制措施，园区企业利润和资本的调拨回国不加限制等。在此之后，迪拜政府又陆续建成了一大批各有侧重的行业自由区。新建自由区在产业选择上各具特色，包括临空指向型（迪拜机场自由区）、贸易加工、高科技产业（媒体、体育、金融、生物科技）等。据统计，目前迪拜共有建成和在建的自由区 24 个，吸引了 1.9 万家企业入驻，区内企业雇员人数约 22.6 万人。

多港联动的物流发展模式使迪拜形成一个总面积约达 200 平方千米的免税区。目前区内已入驻近 7 000 家企业，其中包括近 200 家世界 500 强企业。此外，迪拜两条国家高速公路、阿提哈德铁路网、杰贝阿里港与迪拜世界中心机场直连，为迪拜物流城搭建了海陆空全方位的立体交通网络，辐射范围遍及全球。众多知名物流企业及货代公司，如安迈世（Aramex）、德迅、泛亚班拿（Panalpina）、INL、RSA、海尔曼（Hilmanrollers）等正在享受着迪拜物流城带来的基础设施和配套服务的便利性。迪拜世界中心机场到杰贝阿里港所形成的海空联运将是迪拜世界中心全面建成之后中东腹地航空货运进出口以及全球货物中转的强大支撑。

迪拜国际机场和迪拜世界中心机场使得自由区经济腹地不再局限于海湾地区，而是扩展到全球范围。通过迪拜出色的多式联运和航空物流体系，依托空港、海港的多港、多口岸的优势，促进技术、资本、信息、资源等生产要素的聚集；通过优化空港周边产业结构，构筑完整的临空产业链条，推动产业转型升级，构建临空产业集群，形成规模经济，推动"交通、产业、空间"一体化，促进"港城区"的协同发展。

五、航空物流产业发展的国际经验

（一）优越的地理位置和通达的交通运输系统是航空物流产业发展的基础

世界各地航空物流枢纽的发展都离不开优越的地理位置和通达的交通网络。从孟菲斯机场起飞，两小时以内的航程几乎覆盖了全美所有大中城市。孟菲斯是美国中南部地区的水陆交通枢纽，以其为中心的高速公路、铁路网四通八达。从仁川机场能够便利地飞抵韩国国内各城市和世界主要城市，海上与中国的四个城市通航，且有高速公路、铁路、环城公路及地铁等交通设施与周边城市相连。法兰克福处于欧洲的中心地带，是欧洲和德国的金融中心，多条铁路和高速公路途经于此。迪拜是通往中东的门户和欧亚非交通的枢纽，既是海港城市，又具有立体化的区域交通，出入方便，能够最大程度地节约时间。

实践经验证明，优越的地理位置和通达的交通运输系统是航空物流产业发展的基础。第一，优越的地理位置和通达的交通运输系统直接影响航空运输，进而影响航空服务业、航空器维修业、航空器零部件生产业。第二，优越的地理位置和通达的交通运输系统使货物可以方便地进出，对货主产生巨大的吸引力，航空物流企业在机场附近布局，航空物流产业链上的各环节企业在机场周边集聚，航空物流产业得以进一步发展。第三，优越的地理位置和通达的交通运输系统使得高科技产业发展所需的人员、技术交流及原材料、产品的运输速度提高，从而促进高科技产业发展。第四，优越的地理位置和通达的交通运输系统可减少会展商的运输成本和时间成本，保证了展品安全、准时、可靠地运达，减少了展品在运输过程中发生延误或损坏的可能性，使得会展业得以发展。

（二）机场和航空货运公司深入合作，协同发展

在航空物流服务价值链中，机场拥有重要的区位价值，而航空货运公司拥有宝贵的动力资源，依靠各自的核心能力，机场和航空货运公司成为整个价值链条上的两大核心主体。国外众多国际货运枢纽在发展航空物流业务时，都很注重加强与大型物流公司的合作，积极拓展业务范围，提供一流的设施条件，以吸引物流企业的加盟。

对于货运空港而言，要取得长远发展，必须拥有固定的航空物流来源，这一点在孟菲斯国际机场与联邦快递的合作中有深刻体现。联邦快递成立之初拟将总部设在阿肯色州小石城，但当地政府认为航空物流业的发展前景黯淡，拒绝了联邦快递的提议；而孟菲斯国际机场主动以最优质的服务、最优惠的价格向联邦快递提供支持。最终，在孟菲斯国际机场的支持下，联邦快递业务迅速拓展，成为世界上最大的快递服务商，而联邦快递庞大的快递物流业务也为孟菲斯国际机场连续17年位居世界货运机场第一做出了重大贡献，2017年，联邦快递业务量占孟菲斯国际机场总吞吐量的99%。在联

邦快递的带动下，DHL、UPS等纷纷与孟菲斯国际机场开展合作，进一步促进了孟菲斯国际机场的发展。其他国际货运枢纽如法兰克福美茵机场、关西国际机场也有类似的港企合作、协同发展经验。

（三）构建航空物流园区，提高航空货运竞争力

随着国家产业结构调整的深入，高科技、高附加值产品在工业总产值中占据的比例将越来越大，这些产品对航空货运有较大需求。高新技术产品进出口量的增加，不仅增加了航空货运量，还为机场带来除空运、仓储以外的其他高附加值的物流服务项目，如空地联运、包装、分拣、报关、信息传递等，而设施功能齐备的机场物流园区是提供这些服务的理想场所。航空物流园区的概念是阿姆斯特丹的史基浦机场最先提出的，它是航空物流发展到一定阶段的产物。作为各类航空物流企业和物流基础设施的综合资源平台，航空物流园区能够提供航空货运基础设施平台、物流信息网络平台、管理服务平台、环境政策平台以及海关、商检、信息传递等服务。

目前国际上一些大型空港均依托机场建立航空物流园区，以提升机场货运的功能和航空货物处理效率，吸引了大量世界知名航空公司入驻，大大加强了机场的连接性，扩大了航线网络，刺激了航空货物运输需求。仁川机场的物流园区开发创新的新型运作模式吸引了大批物流企业、航空货运公司入驻；法兰克福美茵机场拥有新老两个物流城，且仍在进一步扩张，能够为客户提供完备的物流、仓储服务。

国外航空物流发展的实践表明，航空物流园区具有高区位优势和聚集作用效益，可以实现高效物流运作，吸引大量航空公司和综合物流服务企业入驻，大大加强了机场的连接性，扩大了航线网络，刺激了航空物流市场需求，有助于航空货运枢纽的形成和航空物流的发展，同时还可促进与其相关的产业和地区经济发展。

（四）提高通关效率是航空产业发展的有力举措

航空产业的从业人员及货物的时间敏感性非常高，航空产业的

竞争就是时间的竞争，时间成本最低是保证航空产业取得高额利润的前提。基于时间的价值链是一个系统，通关是其中的重要环节，缩短通关时间是实现整个价值链生产经营时间最短的保证。各航空经济区都会同海关积极利用电子、信息和通信手段，有效简化通关程序和手续，提高通关效率，推进空港货站、旅检、快件等海关监管场所的建设，创造优良的通关环境。高效的空港通关效率和优良的通关环境将提高空港的吸引力，从而提高航空经济区的吸引力，使得更多的企业落地生根，航空产业加速发展。最突出的案例就是，韩国海关以构建"21世纪世界最佳海关"为目标，采取多种措施全面提升空港海关管理的效率：一是改善进出口物流管理系统；二是加强快递货物的通关服务；三是使用 UNI-PASS 通关系统，完成"电子海关""无纸通关"建设。

（五）注重网络化布局、信息化建设和综合化服务

国外航空物流已不仅仅提供传统的点对点空中运输和货物中转服务，而是更加重视通过完善航线网络和地面配送网络，实现高效运营，为国际贸易提供全方位、综合化的增值服务。一方面，国外航空公司不断增强动力，开拓新航线、航班，完善其全球化的航线网络布局。另一方面，机场作为全球综合运输网络的核心节点，与航空货代等公司紧密合作，以完善"门到门""桌到桌"的地空一体化网络布局。

此外，国外航空物流主体十分重视信息化建设，充分利用条形码技术、数据库技术、电子订货系统、电子数据交换、客户管理系统、企业资源计划等信息技术，不断完善航空物流管理信息系统。积极投资航空物流园区等物流设施、设备，满足信息化建设需求，提高航空物流运营效率。功能强大的物流信息系统不仅可以使客户方便地进行业务交易，如定舱、运单制作等，而且可以满足客户对货物进行跟踪和查询的需求，从而为客户提供优质的物流服务。同时，借助信息系统，航空公司和机场拥有对货物具体信息的控制权，

加强了其在整个价值链中的地位和作用。

服务是航空物流枢纽机场取得相对竞争优势的保障。枢纽机场一般都具有强大的基地公司、充足的运力和中枢航线网络作为保障,以确保货物快速集疏,同时装备有世界先进的仓储装卸设施,以不断提高货运作业效率。以客户需求为中心设计的服务流程是枢纽机场提高竞争力的关键。航空物流综合服务功能应在信息化建设的基础上不断拓展,除提供航空运输、配送、仓储等物流服务外,还可增强商务和金融等服务,进一步促使机场成为商品流、资金流、技术流、信息流与人才流的汇集中心。

(六)政府的政策支持是航空产业发展的助推器

在具备一定条件的基础上,政府可以通过政策支持或参与建设管理,在全球航空网络中创建一个枢纽机场。这一经验在孟菲斯、仁川和迪拜机场的发展中体现得较为突出。

孟菲斯政府为航空产业发展提供政策支持。以联邦快递为例,40年前为吸引联邦快递落户孟菲斯,孟菲斯市政府出面担保,为联邦快递申请到20年期限的低息贷款,同时减免税收,提前储备发展机场所需的大量土地。孟菲斯市政府与孟菲斯机场组织成立专门委员会,设计航空城发展规划,促进航空产业发展。

仁川机场在发展初期就秉承国家战略,将韩国的航空运输需求集中到该机场,并通过补贴等方式鼓励国际航班在此经停转运,短短10年间客货中转运量就超越日本成田机场,成为东北亚的国际航空枢纽。韩国政府致力于帮助仁川机场发展货运物流及产业园区,为吸引物流企业入驻产业园区,韩国政府出台了一系列配套政策。2003年8月,韩国政府确定依托仁川机场设立自由经济区,并实行了一系列特殊的经济政策。

迪拜政府实行"天空开放"政策,以吸引来自各国的航空公司开辟迪拜航线。同时在其自由经济区内实行减免税收和无外汇管制等政策,吸引大量国际企业投资和入驻,增强了其航空货物的吸纳能力。

从以上案例可以看出，政府通过财政政策、货币政策、经济立法、产业政策、行政手段等多种方式，影响航空经济区产业发展。在航空经济区发展初期，政府提供各项优惠政策支持航空产业发展，主要包括：第一，补贴，包括为航空经济区内企业提供直接补贴、研发支持、出口信贷等；第二，土地支持，包括预留优质土地、收取低廉的土地使用费等；第三，税收优惠，包括对航空经济区内企业进行各项税收减免，对进出口商品进行关税减免等。政府优惠政策吸引生产要素向航空经济区流动，增大航空经济区的要素供给，为航空产业发展奠定基础，促进航空产业发展。在航空经济区发展的中后期，政府对航空产业进行客观、科学、公正的管理，并在航空产业园区建设、自由贸易区的推进、航权申请、空域协调、环境保护等方面发挥作用，促使航空产业健康发展，实现航空产业升级。

第三节　航空物流枢纽对区域经济和物流发展的影响

一、航空大都市——机场的经济圈效应

在全球化时代，机场在区域经济发展中发挥着越来越重要的作用，如提高区域的可达性、吸引国际公司选址、产生大量经济活动以及促进经济多元化。机场是机场地区的经济中心，机场地区指围绕机场10千米，甚至20千米范围内的区域，在这一区域中有两个比较明显的发展趋势，即通过知识密集化以及旅游休闲娱乐设施的建成实现价值的增加。机场与区域经济之间存在双向互动的关系，若机场运作得成功，则区域经济会出现增长。如果区域经济发展良好，机场也会发展。由于机场发展可以表现在中转客和货运量方面，

所以机场的发展某种程度上又独立于区域发展。理解机场正从一个交通结点转变为城市结点的关键在于价值创造或者增值的概念。机场不再只是交通基础设施和物流运输的场所，其已经发展成为价值创造的场所。

针对机场在新时代下对区域经济的正效应，在圈层影响模式的基础上，美国北卡罗来纳州立大学教授 John D. Kasarda 在《航空大都市——我们未来的生活方式（AEROTROPOLIS – The Way We'll Live Next)》一书中，将空港经济的影响演绎成一种新的城市化机制，并提出了空港都市区（Aerotropolis）的概念，得到学术界的普遍认可。他指出，空港都市区是机场强大影响下产生的一种新的城市形态，与传统的大都市区（Metropolis）的概念类似，它由以机场为基础的空港城（Airport City，相当于大都市区的中心城市）和受空港城影响的周边区域共同组成。其中，受空港城影响的周边区域可以扩展至距机场 30 千米的范围，包括与机场相连的走廊、空港相关的产业组团以及居住发展区域等。美国孟菲斯机场就是按照这一理论制订其发展战略的，其以机场为中心的三层发展模式，意在促使孟菲斯市由单纯的物流枢纽转变成综合性的空港都市区。而从仁川机场、法兰克福美茵机场和迪拜机场等国际大型航空物流枢纽的发展中，也可以看出以机场为中心向周围城市地区辐射的机场经济圈的效应。

机场对区域经济的影响可以从供应链管理和全球转移、经济聚落的形成、商务和知识园区的形成、互动和创新增长极的形成以及旅游、休闲和娱乐的需求等 5 个方面来实现。

（一）供应链管理和全球转移

供应链管理意味着公司重新组织生产、物流（运输和仓储）以及从起点到消费者的服务链，找到供应链上最好的位置以实现增值活动。机场附近的物流中心可以将增值活动和传统物流结合起来，包括装配、客服、维修、研发、员工培训、展览室等。

另外一个正在发生的就是彼得·迪肯（Peter Dicken, 2003）提到的"全球转移"（Global Shift）：在激烈的全球竞争中，公司集中发展核心竞争力，许多活动外包给其他公司。它们寻求全球资源（贸易、人员和知识、能源和资本），重新定位以提供最佳的客户服务、市场和管理（全球采购）。一些新的理念如即时制造和交付、客户化定制、易腐产品全球市场和电子商务均依赖于新的供应链。对这些公司来说，机场变得愈加核心。

（二）经济聚落（Economic Cluster）的形成

机场周边的公司和机构间的互动产生了经济的乘数效应，促进了经济增长和创新。机场周边地区可以发展成为一个经济聚落。一个公司位于经济聚落中，可以资本化所有的整合优势，包括集中的供应商和采购商、更大的劳动力市场、创新和知识发展以及更完善的基础设施等（Warffemiu, Pim M.J., 2008）。

机场的规模和角色不足以开始一个经济聚落。例如，亚特兰大机场是经济活动集中的地方，但尚未形成经济聚落。达拉斯机场已经形成基于金融、信息、计算机编程和设计产业的经济聚落，孟非斯也形成了一个运输产业的聚落（Prosperi D., 2008）。经济聚落开发的关键在于引擎是什么。约翰·卡萨达（2008）认为可能会发展为经济聚落的与航空相关的开发包括：货运和第三方物流；电子商务中心；即时制造业；易腐冷冻链中心；高科技产业；商业服务和区域总部等。

（三）商务和知识园区的形成

基于人的经济（服务和管理）往往伴随着基于货物的经济。国际机场协会（Airport Council International）列出了一系列最依赖于航空服务可达性但与航空货物运输又无直接关系的航空密集型产业，包括保险、银行和金融业；印刷和出版业；通信业；其他商业服务；研究和开发；计算机产业等。其中，金融和商业服务是最依赖航空运输的。因此，机场周边包括两种经济类型：基于货物的经济和基于人的经济。

（四）互动和创新增长极的形成

一般来说，公司把机场当作国际会合点，比较典型的模式是人们乘早班飞机走，到目的地后开会，进行产品展示、新闻发布会等，然后在晚上再飞回去。许多商务人士需要频繁参加国际会议，因而机场变成了最高效的会面场所。现在有一些会展中心就设在机场（如瑞士日内瓦或德国斯图加特）或位于机场与城市中心之间（如马德里、米兰、罗马和阿姆斯特丹）。机场周边的宾馆一般也设有会议场所，可举办小型会议。交流密集的公司通常也设在机场或周边。

经济聚落的形成建立在互动的基础之上。一个聚落区位通过人与人之间的互动可以更好地实现知识转移。位于机场的聚落容易与其他区域和航空网络中的聚落建立联系。由于机场对各种教育产业也比较有吸引力，因此很有潜力发展为创新的增长极。赫尔辛基和吉隆坡机场就是典型的例子。赫尔辛基沿着通向机场的环路开发了一个技术创新园区。吉隆坡开发了"多媒体超级走廊（Multimedia Super Corridor）"，为多媒体公司提供了创新的环境。

（五）旅游、休闲和娱乐的需求

航空运输同样也适用于旅行。从20世纪70年代开始，欧美国家的中产阶级普遍开始接受乘飞机旅行，许多基于航空的旅游、休闲娱乐得到开发，如弗罗里达、夏威夷、加勒比海、拉斯维加斯、地中海、迪拜和中国澳门等。如今，景点已会选址在机场或其附近地区，如巴黎戴高乐机场、东京成田机场和香港赤鱲角机场附近的迪士尼主题乐园。此外，韩国仁川机场更是充分利用其航空经济区的旅游资源，大力发展旅游休闲产业，建设主题公园、度假村和国际会议中心，以及全球顶级水平的餐饮娱乐设施和环境友好的观光设施。

总之，机场开拓了越来越多的"城市"功能，可以像城市一样专门化或者拥有混合的经济，并作为创新极逐渐开始创造价值。伴随着旅游、休闲、娱乐、健康这些额外的功能，其价值创造等同于甚至超过了城市。

二、航空物流枢纽港带动航空物流产业发展和经济增长

航空货运能够使一个国家或地区以一种快速、可靠的方式，高效地连接远距离市场和全球供应链。在这个快速循环物流的时代，一个地区如果拥有发达的航空物流枢纽港，就能保证航空物流产业发展，实现良好的航空货运连接性，从而增加整体区域竞争力。航空物流枢纽港对区域物流产业发展和经济增长的影响，可以总结为以下3个方面。

（一）航空物流枢纽提高区域通达性，促进区域经济的开放

高水平的通达性交通运输是影响区域经济活动的重要因素。韦伯在《工业区位论》中指出，在影响工业区位选择的运输成本、劳动力成本和集聚效应等因素中，运输成本起着决定性作用。无论是古典还是现代的区位理论，都强调了运输的作用，而运输对区位的影响是通过网络通达性体现的。航空枢纽是在轴辐式网络的基础上发展起来的，国际航空货运枢纽是全球航空货运网络的核心和关键节点，大范围、大规模、高密度航班的聚集形成面向全球、高水平的通达性。第一，在空间上，航空货运本身最擅长的是远距离运输，而枢纽的网络效应又吸引了中短程航班，它将远距离、范围广阔的机场通过航线、航班连接起来，国际航空货运枢纽所在地区的通达范围大幅扩展，尤其是国际化程度越高的航空货运枢纽，其在全球的通达范围就越广。第二，在时间上，航空货运的速度较高，由专门的货运航班提供大规模货物运输服务，而且由枢纽机场连接的主要市场客运航班密度高，这就大大节约了货物运输的时间成本。第

三，由于国际航空货运枢纽所具有的网络经济、密度经济和规模经济特性，本地航空货运的总成本下降。国际航空运输协会（IATA）在研究报告中指出，航空运输网络是国家和区域的重要基础设施资产，在支持和促进经济增长中扮演重要的角色，网络通达性的改善对 GDP 增长将产生积极影响。在经济全球化、国际贸易自由化、现代生产系统发展和消费全球化的背景下，国际航空货运枢纽建立的航空运输网络所创造的区位价值日益凸显，它使得枢纽所在区域与全球更多地区建立起"物理上的联结"，更有利于区域利用不同的地理比较优势参与国际贸易和国际产业分工，从而具有竞争力。

随着全球供应链的日趋成熟与发展，航空物流的作用日益显著，它有效连接了不同地域的供应商、制造商、零售商和客户，使供应链上的各节点企业优势互补，成为一个不可分割的有机整体。地区间和国际间经济交往的不断增多，使得处于某区域的企业有机会进入国际市场，参与国际分工，在一定程度上促进区域经济的开放性。据资料显示，亚洲贸易量的 35% 是由航空运输完成的。目前，亚太地区航空货运量的增长速度显著高于世界平均增长速度，这也刺激了我国的对外开放力度，使我国经济保持平稳增长。我国的国际航线货邮运量已经从 1990 年的 81 102 吨增长至 2017 年的 2 221 000 吨，占当年货运总量的比例也由 1990 年的 21.9% 升至 2017 年的 31.5%。如图 3-13 所示，自 2008 年金融危机后经济复苏以来，我国国际航线货邮运输量呈现稳定增长趋势，近年来国际航线货邮运量占当年货运总量比例保持在 30% 上下。

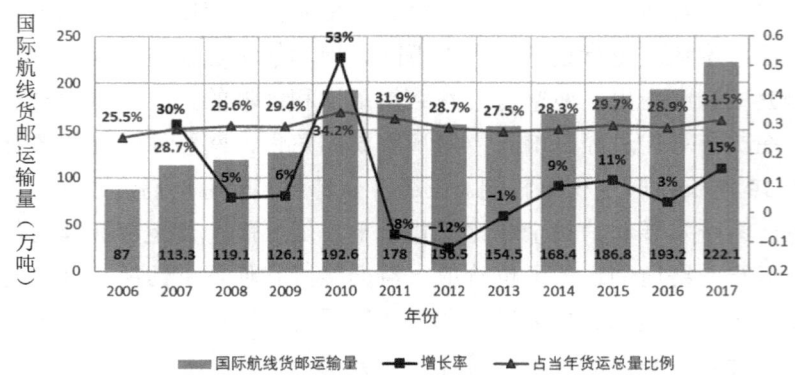

图 3-13 2006—2017 年我国国际航线货邮运量

资料来源：中国民用航空局 http://www.caac.gov.cn/index.html。

（二）促进区域产业发展、优化区域产业结构

由于大量国际航空货运业务聚集，国际航空货运枢纽本身形成了一个以航空货运服务为核心的现代物流产业集群。同时，通过航空运输网络高效连接全球供应链，本地企业在原材料、零部件、能源的获得方面，可以面向更大范围市场，选择也更加多样化，企业生产的商品也可以延伸至更广阔、距离更远的市场，供应链中货物流动的成本和时效性得到改善，这些都有利于促进本地优势产业的维持和发展。面向全球的更高水平的通达性，更是成为吸引那些对航空运输依赖性较高，追求高时效的高端制造业，如电子消费品制造业、现代农业等向枢纽机场所在地区聚集的重要推力，从而推动区域新兴产业的发展。大量航班聚集和中转货物在枢纽机场集散，也加大了对航空运输及产业发展必需的物流、中介、金融等相关服务业的需求，提升了现代服务业的规模和发展水平。因枢纽机场吸引的许多与航空业相关的行业集聚，形成了航空关联程度不同的产业集群。这些产业的发展对区域产业升级和产业结构调整具有重要

的促进作用。

　　航空物流产业的发展有利于优化产业结构。产业结构合理化是以第三产业的发展水平来衡量的。区域产业结构的发展方向是合理化和高度化。根据产业结构发展演进规律，产业结构应该由第一产业向第二、第三产业升级演进。航空物流业属于第三产业，发展航空物流产业可以通过培育和集中航空物流企业，使其发挥整体优势和规模效益，促使航空物流产业向专业化、合理化方向发展，并带动关联产业发展。同时，发展航空物流产业有利于我国第一、第二产业中的企业改变经营理念，大力实施"物流业务外包"战略，从而专注于自身核心能力培育和发展，为区域产业结构的演变和优化升级提供重要保障。

　　（三）航空物流枢纽发展有利于提升区域竞争力

　　现代市场竞争模式已从传统的企业间竞争升级为供应链竞争，供应链内部的整合力度是决定供应链企业整体竞争力水平的关键。航空物流产业的发展有助于企业在全球范围内寻找最优质的合作伙伴，提升供应链企业的资源整合力度，实现上下游企业之间的物流流通速度和资源优化，使企业自身核心竞争力和供应链整体效率都得到提高，从而推动产业竞争力的提升。此外，航空物流能够降低社会物流成本，吸引制造企业在航空物流企业所在区域进行集聚。企业集聚能够使企业在知识、技术和资金等方面相互支持，形成规模经济和范围效应，提升区域经济竞争力。

　　在"速度经济"和供应链全球化的驱动下，通达性取代了地理位置，以最少时间成本进入机场和全球市场，催生了一种新的区位选择理念——邻近空港。那些与航空运输相关的企业，如为航空运输提供服务的企业、对航空运输依赖性强的制造业等均向机场周边聚集，如佳能、雅马哈、三菱等公司把欧洲供应链中心设在史基浦机场附近，IBM也在法兰克福机场附近设立了欧洲供应中心。在产业集聚效应逐步扩散的过程中，形成了一些特定的产业集群，并与相关生产性服务业融合，带动人口的聚集，进一步影响生活性服务业发展。这些产业在以机场为中心的空间聚集，从而形成新的经济区，一些学者将其称为临空经济区或空港经济区。美国学者约翰·卡萨达还提出航空大都市的概念，并根据这种集聚现象构建了航空大都市的模型。国际民航组织在《机场经济学手册》中也指出："这种空间集聚，使大型机场具有一个真正的城市的特征，这让人想起过去几个世纪，海港和河流三角洲成为经济活动中心的情形。"国际航空货运枢纽将各种高附加值的制造业和现代服务业吸引至机场周边，带来大量物流、信息流、资金流、人流的聚集，所形成的空港经济区成为区域发展的增长极，并随着枢纽通达性的改善，对邻近的更大范围的地区产生辐射影响。

目前，由航空物流枢纽港引发的"航空经济"（部分学者称为"机场经济""临空经济""空港经济"）已经引起学术界和各地政府的重视。航空经济是随着航空物流的快速发展而形成的一种新型区域经济体系。美国孟菲斯机场、韩国仁川机场、迪拜机场等依托机场的航空物流开展航空经济区建设，最大限度地利用全球范围的资源，积极参与国际分工，成为全球经济产业链的重要节点，并形成城市和区域经济发展的新亮点。在我国，北京、上海、广州、郑州、武汉、南昌、西安、青岛、杭州等许多地方政府也正在加强机场、航空物流园区的建设，以期吸引航空公司、物流企业入驻，通过提供低物流成本服务，吸引大量具有航空物流指向性的加工制造业和相关服务业在以机场为中心的航空经济带聚集，以促进区域经济发展。

三、国际航空物流枢纽发展对京津冀航空物流协同发展的启示

2014年2月26日，习近平总书记在听取京津冀协同发展工作汇报时强调，实现京津冀协同发展是一项重大国家战略，要坚持优势互补、互利共赢、扎实推进，加快走出一条科学持续的协同发展路子。2017年12月，国家发展改革委、民航局联合印发《推进京津冀民航协同发展实施意见》，该《意见》提出，未来京津冀将形成一个"世界级机场群"，协同发展水平将显著提升，整体服务、运营管理力争达到国际先进水平，构建以机场为核心的综合交通枢纽。

在现代经济背景下，国际航空货运枢纽作为一项重要战略性基础设施，成为区域经济发展的引擎，尤其是在全球范围的竞争中，对培育和提升区域竞争优势具有重要的作用。从区域发展的角度看，国际航空货运枢纽不仅仅是服务于本地机场的生存和发展或服务于航空公司市场竞争的需要，其本质是区域发展的战略工具和手段。其目的就是要通过这样一个战略性的基础设施，创造和提升区位价值，通过改善和提升区域在货运服务方面的通达性，培育形成专业化的国际物流服务优势，以更好地融入全球经济，影响和促进本地区产业发展，吸引外来投资，促进产业集聚，培育区域增长极等。国际航空货运枢纽对区域发展的影响和作用，使其成为区域竞争优势的来源之一。因此，为推进京津冀民航和物流产业的协同发展，三地航空物流枢纽的建设和发展不容忽视。借鉴国际上典型航空物流枢纽发展经验，京津冀航空物流协同发展需注意以下因素。

（一）加快综合交通运输网络建设

由于时间价值敏感的特性，完善便捷的交通体系是空港经济发展并向外延伸的重要支撑。航空物流的发展应以机场为依托，以航空运输为主体，融合公路、铁路、海运等多种交通方式，对物流资源进行运输组织与管理、中转衔接、多式联运和信息流通，并融入区域产业化进程和区域经济发展。在国际上，各大机场均积极建设与空港紧密相连的、四通八达的交通网络，力求最大程度地发挥和提高空港的辐射带动作用，扩大影响范围。

在物流配送系统中，特别是国际物流服务，多式联运是未来发展的趋势。由于航空运输的可运性有限，空运必须与陆运、水运结合实现多式联运，才能为广大客户企业提供及时的物流服务，满足企业市场竞争的需要。香港国际机场内的海运码头连接机场与珠江三角洲20个河港，提供门到门服务，抢占了内地很多的航空货运货源。由于我国各地缺乏物流发展的统一规划，航空物流枢纽与陆运、海运枢纽往往各自发展，缺乏必要的衔接和共同发展。根据孟菲斯、仁川和迪拜机场航空物流模式的经验，航空物流枢纽建设的过程中，应该建设与邻近铁路、公路、港口相配套的设施，使得海陆空物流能够协调发展，共同构建多式联运网络。

京津冀三地具有多机场、海港优势，可以参考迪拜经验打造多港联动的区域综合交通运输体系。为完成这一目标，需在基础设施、技术装备和运输服务基础之上做好整体布局规划，促进各种交通方式分工协作、优势互补、一体化衔接、系统发展，特别要注重综合运输体系的一体化规划与建设，加强空港、海港、公路和铁路的沟通衔接，促进各种交通运输方式的平衡与综合利用，提升综合效应；同时，以信息化和智能化为依托，加快物流标准化建设，尤其是集装单元的标准化，发展海空联运、空陆联运、海铁联运、公铁联运等多式联运，提升多式联运和供应链链条的效率，促进综合交通运输体系与现代物流的融合发展。

（二）鼓励大型的物流企业入驻

大型物流企业已成为空港航空物流业的主力军，是推动空港航空物流业发展的直接动力。国际航空物流业经过多年的发展，逐步形成了两个群体：一是硬件发达，拥有自己的机队、自己的机场货物处理系统，以航空运输为主体的群体；二是软件发达，货源充足，以提供各种服务为主的货代群体。这两个群体已成为国际航空物流业的主力军。特别是第二个群体中有一定代表性的联邦快递、UPS、DHL、丹沙等企业已经取得龙头地位，起到了示范作用。两支队伍凭借各自的优势，发挥着不同的作用，互相支持、互相促进、互为补充、互为客户，控制着货运市场，左右着航空经济。大型物流企业对航空物流产业发展的主导作用在美国孟菲斯机场的案例中表现得尤其明显。

京津冀发展航空物流产业，可以将机场的地面物流设施提供给适当数量的物流服务企业租赁经营，也可以由物流企业投资兴建相关的物流设施。根据前文介绍的国际航空物流枢纽的经验，可以引入3~5家物流企业提供地面物流服务。这样既可以保持适度的竞争，避免垄断和低效率，又可以形成一定的规模效益。

（三）快捷的通关手续和简便的监管方法

快捷的通关手续、简便的监管方法、积极的海关政策是促进空港物流业发展的前提和保证。国际货物的通关时间是影响航空快递业的关键性因素。因比，海关的监管方式、通关办法要适应航空运输业的需要。第一，要强调时间性。在货物到达前，资料已备齐的，通关工作可提前展开。第二，高度弹性化。对不同企业设置不同的程序条件，突出重点。第三，高度自动化。对货物监管、查检要实现高度自动化，若完全靠人工查检，效率难以提高。第四，应用先进的科学技术手段，如电子数据交换、传真、摄像技术，保证准确、快捷。韩国仁川机场通过开发和利用"UNI-PASS"通关系统，无纸化服务，两分钟通关，其对现代化科技的利用，值得京津冀相关机场和海关学习。

另一方面，各机场在建设航空物流枢纽的过程中，必须加强与海关和口岸联检部门的合作，在保证检查质量的同时，简化通关手续，提高通关效率。同时可以考虑在条件具备的机场设立保税物流中心、海关监管区或自由贸易区，为发展国际航空物流提供便利。企业与海关通力配合，为海关的监管创造良好的工作条件、办公条件，也是世界各国的惯例。只有政府、海关、企业信守各自的职责，积极合作，共同努力，才能更有效地提高航空货运的通关速度，为快递业提供时间保证。

（四）注重提高京津冀地区机场服务水平

无论政策如何支持，都不能代替机场高效优质的服务给客户带来的价值。首都国际机场作为国际化现代化枢纽机场，在服务方面相比天津和河北地区机场有着相当的优势，但与仁川、迪拜等以服务质量知名的国际枢纽机场的差距还比较明显。因此，在注重开辟航线、增加运力的基础上，一方面，要加强硬件设施建设，建设物流园区和其他物流配套设施，尽快提升京津冀地区机场服务能力。另一方面，也要注重了解客户需求，根据客户需求改善服务流程并提升效率。只有达到国际化水准且满足客户需求的服务，才能在根本上保持在国际航空物流业的竞争优势，实现协同发展。

（五）引入多方投资者共同投资物流设施

进一步扩大和完善基础设施建设，一方面需完善航空物流基础设施平台，加快空港物流园区建设，包括仓储区、货物处理中心、商务办公区等节点设施设备完善，加快空港周边地面交通系统建设，推动航空与陆路运输的有效融合，逐步形成以机场为中心、发散式的集疏系统，提高空港物流聚散的效率和能力。另一方面，应加快推进电子口岸建设，完善航空物流信息化平台，一个真正的航空物流基础信息网络平台应该能够为航空物流企业、货主、海关、商检、陆空联运服务企业等诸多使用方提供开放式基础信息服务，实现信息对接和整合，具备物流信息、资金结算、通关商检、单证合同等多种功能。

然而，改善京津冀三地航空物流设施，提高物流服务效率，完善物流设施功能，需要通过一系列项目工程来实现。例如，增加仓库容量，完善地面物流设施的功能，增加牵引车、集装设备等，提高装卸、搬运机械化和自动化程度等。这些项目投资所需的巨额资金需要吸引多方投资。除了机场方面投资外，可以考虑地方政府、大型企业融资性租赁，特别是吸引外资和民间资本的进入。

（六）持续加大政策支持力度

虽然在世界范围内空港周边地区的早期发展有一定的自发性，

但在全球化时代新的竞争环境下，对于临空资源这一稀缺的战略资源的利用，政府的主导扶持作用愈发重要，这是空港经济快速有序发展的重要保证。目前世界各国都高度重视空港经济的发展，将其作为参与国际竞争的筹码，给予相应的优惠支持政策。在国内，政府的主导作用和政策扶持更是贯穿空港经济发展的全过程，但战略性的认识和措施仍显不足，政府自上而下的控制与市场自下而上的诉求也往往存在一定冲突，需要在发展过程中寻求政府主导与市场运作的互动协调。

因此，应在京津冀航空物流发展过程中，进一步加大政策支持力度。进一步完善航空物流业发展投融资政策以及土地、价格、税收返还等政策，研究运用财政和信贷手段加大对一些重要物流项目的资金支持，带动整个物流业的发展。利用各种优惠政策引入基地航空公司，同时政府要在目前航空补贴政策基础上，加大航线航班补贴专项资金，用于开拓新的国际航线、国内干线和区域支线市场，特别是通过航线补贴、奖励，鼓励更多的航空公司开辟新的国际货运航线，不断完善航线网络。

第四节　本章小结

随着经济全球化的发展，航空运输业在经济发展中的作用越来越显著。研究表明，航空物流业的发展可以带动其他产业发展，而航空物流枢纽的形成，可以通过圈层效应，对区域经济的发展发挥正外部性。

本章首先对国际航空物流的发展环境和现状进行了介绍。通过数据分析可以发现，随着金融危机后经济的复苏，国际物流业在近年来呈现持续稳定增长趋势，亚太地区的表现尤为突出，占据全球超过 1/3 的航空物流市场份额。而投入市场宽体机数量的逐年增加，为各地区的航空物流运力提供了物质保障。现阶段，国际航空物流业的发展呈现出发展速度快、受宏观经济形势影响明显的特点。同时，消费类电子产品和高科技产业给航空物流业带来更大的发展空间，而航空运输自由化加剧国际航空物流业的竞争。航空物流的发展是经济全球化的推动力，同时经济全球化也对航空物流发展提出新的要求，如加强综合服务功能、提高信息化建设和配合跨境电商产业发展的新要求等。

第二节以联邦快递的心脏——美国孟菲斯国际机场、欧洲心脏——德国法兰克福美茵机场、东北亚物流枢纽——韩国仁川机场和亚欧中转港——迪拜国际机场为例，分别分析了它们作为国际航空物流枢纽的发展特征，对地方物流及经济发展的带动作用，以及值得推广的经验。

最后，第三节全面讨论了航空物流枢纽对区域经济和物流产业的发展。首先通过"航空大都市"的概念引出机场在新时代下对区域经济具有促进作用，该作用可以通过供应链管理和全球转移、经济聚落的形成、商务和知识园区的形成、互动和创新增长极的形成以及旅游、休闲和娱乐的需求等5个方面来实现。接下来，该节从提高区域通达性、促进产业发展和提高区域竞争力三个角度，展开讨论了航空物流枢纽对区域物流产业和经济的影响。最终，结合机场的经济辐射效应和国际典型航空物流枢纽港的发展经验，提出我国京津冀三地航空物流产业协同发展过程中不容忽视的6个因素：第一，建设结合水、陆、空的综合交通网络；第二，鼓励大型物流企业入驻空港；第三，简化通关手续和监管方法；第四，提高物流服务水平；第五，完善物流设施，可以引入政府、个人和企业投资；第六，政府支持对于空港物流和经济发展必不可少。

第四章 京津冀航空物流领域保险协同发展现状分析

第一节 京津冀地区航空物流面临的风险

一、京津冀航空物流发展现状

近年来,快递、电商行业快速发展,人们对于物流的需求不断攀升,这不仅为民航运输带来了商机,同时也对其提出了更高的要求。图4-1至图4-3和表4-1统计了近10年来,京津冀地区生产指数和快递业收发件数。通过以下数据可以看到,在持续增长的经济和快递业务等的促进下,从需求端角度来看,三地均对航空物流的发展提供了基础支持,将促进其高速发展。

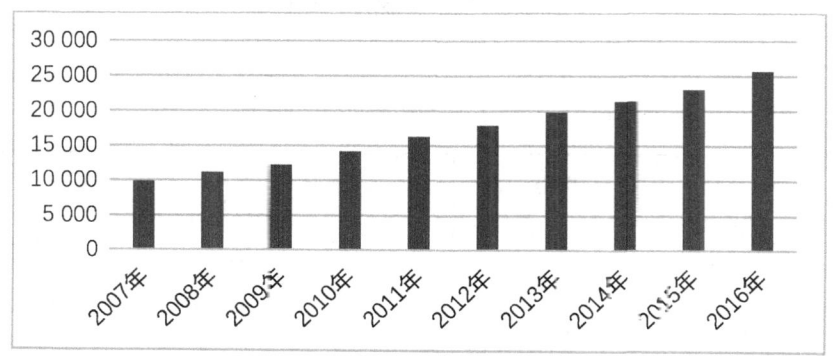

图4-1 北京地区生产总值

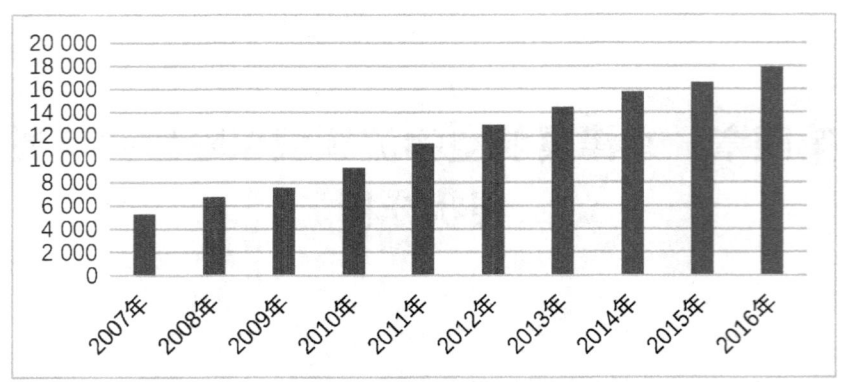

图 4-2　天津地区生产总值

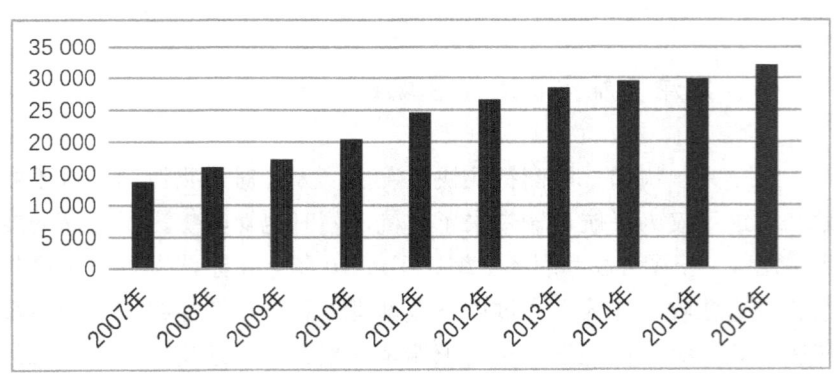

图 4-3　河北地区生产总值

资料来源：中国国家统计局网站。

表 4-1　快递业务量（单位：万件）

年份 \ 地区	北京市	天津市	河北省
2007	9 504.31	2 048.2	2 956.53
2008	13 487.91	2 540.16	3 795.46
2009	14 986.45	2 598.08	4 506.8
2010	18 002.5	3 670.1	4 573.7

续表

年份\地区	北京市	天津市	河北省
2011	33 563.38	5 130.56	8 660.43
2012	48 073.73	6 364.03	12 469.11
2013	81 318.2	8 718.97	20 755.74
2014	111 012	12 404.23	34 019.15
2015	141 447.3	25 624.45	54 911.94
2016	196 029	41 005.35	90 392.39

资料来源：中国国家统计局网站。

从供给侧看，近年来我国航空运输能力不断增加，表 4-2 统计了近 10 年来我国民用航空货物运输量，通过数据可以看出 2014 年后增速稳定，保持在 5%左右。

表 4-2 我国民用航空货物运输量

年份	民用航空货物运输量(万吨)
2016	668.01
2015	629.30
2014	594.10
2013	561.25
2012	545.03
2011	557.48
2010	563.04
2009	445.53
2008	407.64
2007	401.80

资料来源：中国国家统计局网站。

从京津冀地区的航运供给来看,除了要保证有足够的运输能力,还要考虑到三地的协同合作问题，因此，供给侧存在一定的特殊性，在其发展过程中需要三地政府的协调管理，需要各行业的大力支持。

目前，按照国家推进京津冀地区一体化发展的要求，三地民航部门积极支持航空物流领域发展，具体目标如下。

北京地区：到2020年，北京新机场建成投入使用，北京"双枢纽"机场与天津机场、石家庄机场实现与轨道交通等有效衔接；到2030年，北京"双枢纽"机场成熟运营，京津冀形成分工合作、优势互补、空铁联运、协同发展的世界级机场群。

天津地区：到2030年，将天津建设成为中国国际航空物流中心；建设两座大型单体航站楼、第三条跑道、航空物流园区、高铁综合换乘站；各种交通方式无缝接驳，天津机场将成为服务京津冀的重要综合交通枢纽。

河北地区：将石家庄正定国际机场定位为区域枢纽机场，其建设目标为扩大辐射范围，缓解首都机场压力。未来规划：新建邢台、沧州、康保、丰宁机场，改扩建唐山、张家口、邯郸机场。由于石家庄地区背靠北京机场，为避免区域内竞争，会更加注重空铁联运。

为促进我国航空物流专业化发展，构建更加完善的航空物流服务体系。2018年5月11日，《民航局关于促进航空物流业发展的指导意见》正式出台。

在物流领域，根据《天津市"十三五"时期物流业发展规划》统计，"十二五"期间，天津市物流业增加值（现价）年均增长9.9%，天津机场货邮吞吐量年均增长1.4%，2015年超过21.7万吨，比"十一五"末增长7.3%。天津市物流企业实力不断增强，截至2015年底，物流企业数量已超过2万家。天津机场开通了24条货运航线，全货机通航22个城市，形成了以天津为中心，国内货运航线为主轴，辐射东北亚、欧洲和美洲的货运航线网络。根据《北京市"十三五"时期物流业发展规划》统计，"十二五"期间，北京市社会消费品零售总额达到10 338亿元，年均增长10.3%，消费需求快速增长推动城市物流保障体系不断完善；同时，北京市物流业发展稳中有进，全市社会物流总额年均增幅10.8%；物流业务收入年均增幅10.2%。物流公共信息平台建设不断加强。"北京物流金融平台""跨境物流电子商务平台"加快建设。"京津冀区域物流公共平台"服务近5万企业会员，日均信息发布量达100万条，日均交易信息量达近30万单，线下日均货运量达近200万吨。

为促进京津冀区域物流产业降低成本，提高运作效率，打通供应链，推动区域政策对接、工作对接、标准对接，进一步加强京津冀地区合作，深化标准化试点工作，拓展试点广度和深度，提高盟员在全国的竞争力，在北京市、天津市、河北省三地商务主管部门合力组织下，2016年11月，京津冀物流标准化联盟成立。2017年3月，国家邮政局发布了《京津冀地区快递服务发展"十三五"规划》，旨在进一步推动京津冀三地快递行业加强区域联动，打造中国北方快递业发展核心区，形成特色鲜明的区域快递协同发展新格局。京津冀将打造"黄金三角"快递园区集聚带，区域内快递服务达到"同城化"水平，基本实现主要城市当日达、次日运。

二、航空物流领域各主体面临的风险

（一）机场风险

1. 机场建设风险

机场建设属于重大工程建设项目，从设计开始一直到竣工会面临着各种复杂的风险。由于风险大而复杂，又是关系到民生的重点项目，因此不论政府、融资主体、建设主体还是设计主体，都需要通过保险来分散风险，避免过大的经济损失造成的停工或责任赔偿造成的不稳定因素等。

具体来说，机场建设的风险主要包括经济风险、社会风险、技术风险、组织风险和外部环境风险等。

（1）经济风险

在筹划阶段，主要涉及宏观经济情况、通货膨胀情况、筹资融资和国家的政策规划情况等。经济情况会影响民航业投资收益、资金的可靠性，进而影响工程进度。在实施阶段，主要存在招投标单位低中高赔、预算概算不合理、资金的后续流入不到位、原材料价格导致的工程成本上升等问题。

（2）技术风险

在筹划阶段，主要涉及技术预测的合理性问题。在实施阶段，主要存在设计单位方案是否出现瑕疵，施工工艺是否符合标准化，分包商、承包商的建筑水平，安全意识是否到位等带来的具体操作风险，这一阶段也将是整个机场建设过程中涉及的人为疏忽等风险因素最多的阶段。

（3）外部环境风险

在筹划阶段，主要涉及经营环境风险，如新航线等资源引入对航空业务量的影响，驻场单位同步建设是否按时完成，公共机场建设对周围环境的改变，公众的理解支持情况，是否会造成阻碍等。在实施阶段，主要涉及自然环境风险，包括不可预计的水文地质条件造成的工程损失，暴雨、暴雪等天气灾害造成的工期延误和安全问题。这些都属于不可抗力，也是机场建设所面临的重要风险之一，而且其损失额度大，随机性高。

2. 机场运营风险

机场航空货运物流操作步骤烦琐，业务标准高，任何差错都会影响空运安全，因此，风险也相对较高。下面将依据机场货运业务，分别从飞机燃油供给到货物装卸配送的流程出发，简单阐述机场风险点。

（1）航空燃油供给阶段风险

本阶段的风险主要包括火灾、爆炸和泄漏。首先是油库的安全问题，需注意驻场单位包括邮局、书店等是否严格遵守机场安全准则，是否会出现明火。油库若出现问题，不仅会造成人员伤亡和财产损失，还存在环境污染风险。其次是机场输油管线的安全问题。

（2）飞机起降过程风险

飞机由于在起飞、降落阶段距离地面高度较低，存在与建筑物、飞鸟相撞的风险，以及航空气象因素导致的起降风险，如飞行器冲出跑道。在这一阶段，受到环境因素影响较多。

（3）货邮收运流程风险

第一，货物收运阶段：在这一阶段，由于对托运人的运输文件和货物的审核存在疏漏，可能存在违禁品未检测出的风险，从而影响航空运输安全。或者由于货物未能准确计件、计重，未来可能在安放时对飞机地板承重造成影响。这一阶段的安检十分重要，其中一个很大的风险点是，托运人在托运危险品时未在包装上加以标识，以非危险品方式托运危险品，如果安检过程出现纰漏，由于危险品具有易燃、易爆、腐蚀等特性，在运输中就有发生事故的风险，航空运输虽然风险概率低，但是损失额度较大。

第二，货物仓储管理阶段：在这一阶段，主要需根据入库货物性质及仓储要求进行分类管理。如果堆放失误，将会引起货物损失，如将较重的货物摆放在较轻的货物上，串味货物未单独放置，大件货物未入库前因天气原因造成湿损，以及货物因清查不到位出现丢失等。

第三，货物配运、出库阶段：在这一阶段，要根据货物发运顺序、承运人要求以及车存货量，结合当日航班运力、机型等因素合理搭配货物；容易出现的风险包括货物未能及时发送；未能考虑到天气造成的飞机运载能力变化；在核对待运航班号、目的站、货物件数等信息时存在疏忽，航班号、货物单号不符、送至错误目的地；货物在地面运输中，由于捆绑、摆放等问题，从机场运输车跌落造成损失。由于在这一阶段，工作人员要在相对高度达 2 米左右的平台上工作，所以存在人员跌落的风险。此外，还存在一个很大的风险点，即运输特种车辆问题。由于其利用频率高，近距离接近飞机，且操作风险较高，因此既要避免运输车辆碰撞问题，还要避免其误入航空器跑道。

第四，货物装卸阶段：在这一阶段，可能存在由于提升重物动作太快、物件捆不牢固、装载不合适，货物从叉车上滑落或者大件货物刮擦等风险。机坪装卸工作除具备一般装卸工作的风险外，还存在着更复杂的问题。例如，由于飞机在飞行中颠簸，飞机地板的卡锁应能够卡住集装容器，避免滑动，以免造成碰撞损失。目的地不同的货物必须用拦网隔离，否则会有因滑动后混乱造成的卸货错误问题。

（二）承运人（航空公司）民事赔偿风险

航空承运人是指直接或间接地通过合同或其他形式的安排，从事航空运输服务的人。按照蒙特利尔公约，承运人又分为缔约承运人和实际承运人。缔约承运人是指"以本人资格与旅客、托运人或者与旅客或者托运人的代理人订立运输合同的人；缔约承运人应对运输合同载明的全部运输负责"。实际承运人是指"根据缔约承运人的授权进行全部或者部分运输，且不属于连续承运人的人。实际承运人只对其履行的运输负责"。承运人在经营过程中主要面临责任风险，主要包括违约责任和侵权责任两种。

1. 违约责任

承运人有义务按照货物运输合同，及时地将货物送给目的地指定收货人。对于承运人而言，其如果不能履行航空运输合同规定的义务，即构成了违约，依法应该承担赔偿责任。

主要分为以下四种情况：第一，安全问题。《民用航空法》第95条规定："公共航空运输企业应当以保证飞行安全和航班正常、提供良好服务为准则，采取有效措施，提高运输服务质量。"蒙特利尔公约第18条规定："对于因货物毁灭、遗失或者损坏而产生的损失，只要造成损失的事件是在航空运输期间发生的，承运人就应当承担责任。"在航空货物运输中，不仅要保证货物不受毁灭、损坏或全部损失，还要保证其使用价值不受到破坏。第二，延误问题。公约 19 条规定:"旅客、行李或者货物在航空运输中因延误引起的损失,承运人应当承担责任。"要保证航空运输的时效性,不出现延误,这是因为很多选择航空运输的物品,对时间要求较高,延误可能导致其丧失原始用途,如水果腐烂、商业合同毁约等。第三,未履行通知义务。货运合同通常会规定货物到达目的地后,承运人有通知收货人的义务,当然按照指示提单、记名提单等的不同,如果未能将货物到达通知发送给指定收货人,就会出现合同项下的货物遗失损失。第四,单据问题。公约规定:"就货物运输而言,应当出具航空货运单。航空货运单或者货物收据是订立合同、接受货物和所列运输条件的初步证据。"

承运人违约责任的原因多种多样,但最难以预估的就是在运输过程中难以避免的天气等不可抗力原因。在赔偿责任中,金额最大的风险就是飞行事故。造成延误还有可能存在商品的剩余价值,而如果发生空难,商品往往发生毁灭性损失,赔偿金额巨大。表 4-3 统计了 2018 年 7 月国际航空事故情况,虽然是统计部门对于客运情况的公布信息,但对于货运领域同样具有借鉴意义。

表 4-3 2018 年 7 月国际航空事故统计

2018 年 7 月 8 日	美直升机坠毁撞上民宅,导致 1 人死亡
2018 年 7 月 10 日	小型飞机在美阿拉斯加山区坠机,机上 11 人全数生还
2018 年 7 月 10 日	南非首都附近一架飞机坠毁,致 1 人死亡,约 20 人受伤
2018 年 7 月 13 日	瑞安航空一客机紧急迫降德国,致 33 名乘客受伤
2018 年 7 月 14 日	日本一架超轻型飞机坠毁
2018 年 7 月 17 日	韩军一直升机坠毁,致 5 死 1 伤
2018 年 7 月 17 日	美国佛州两架小型飞机空中相撞,致 3 人死亡
2018 年 7 月 17 日	一架观光飞机在法国科西嘉岛坠毁,致 2 人死亡
2018 年 7 月 18 日	泰国一架直升机坠毁,致 4 人遇难
2018 年 7 月 26 日	巴拉圭小型飞机坠毁,4 人丧生
2018 年 7 月 27 日	刚果(金)飞机失事,至少造成 5 人死亡,2 人成功逃生
2018 年 7 月 29 日	巴西圣保罗发生飞机坠毁事件,造成数人死伤
2018 年 7 月 30 日	俄载 7 人私人飞机在克拉斯诺亚尔斯克迫降,无人员伤亡
2018 年 7 月 30 日	一小型飞机在美国缅因州坠毁,致 3 人死亡

资料来源:中国民用航空安全信息系统。

2. 侵权责任

侵权责任指运输工具如飞机从空中坠落造成地面（包括水面）上的人身伤亡和财产损害。《侵权责任法》第七十一条规定："民用航空器造成他人损害的，民用航空器的经营者应当承担侵权责任，但能够证明损害是因受害人故意造成的，不承担责任。"航空货运承运人在飞行中要采取适当措施，在保证飞行安全的同时，也要保证环境和地面第三人的人身、财产的安全。在侵权责任中，一般采取严格的责任原则，虽然会设有一定的责任限额，但是赔偿责任依旧很大，尤其是对环境造成损害的情况下的恢复治理金额。因此，更需要保险和相关的行业协会的配合。

3. 作为多式联运经营人的风险

2009年，我国颁布《物流业调整和振兴规划》，《规划》将多式联运、转运设施工程列为九大重点工程中最重要的项目。交通运输网络的不断健全为多式联运提供了可能。同时，随着经济的发展，各城市之间贸易往来的增加、地理位置、运输距离以及商品需求时效性，也对多式联运提出了较高的要求。

航空运输作为交通运输领域重要的一环，随着对外开放、频繁的高价值产品交易，显示出更大的价值。此前，对外贸易主要集中在沿海城市，随着贸易腹地逐渐趋向内陆，需要快速的运输途径将货物运输到港口或国际货运机场，因此需要高铁、国内航班的协同合作。空铁联运、空海联运等多式联运方式，无论从高附加值、高时效性货物的配送需求，还是供给侧如民航、班轮、高铁的运输能力来看，都有较好的发展前景。

航空运输承运人，如果加入多式联运中，其所面临的风险也会呈现出新的特点。首先，如果作为负责区段运输的普通承运人，那么面临的风险和普通承运人的违约责任和侵权责任无异。但是，在多式联运中，如果航空运输承运人作为经营人，那么其将承担连带责任。联运经营人与托运人签订货物运输合同，尤其作为该运输合同的缔约承运人，其将全部或部分运输区段委托给其他承运人，由区段承运人独立完成运输任务，联运经营人必须就海运和陆运的运输全程对托运人负责。因此作为多式联运经营人的承运人，一方面会面临自己运输过程中货物丢失、毁损等风险，还要面临其他承运人不能完成运输的风险。在发生货损后，经营人按连带责任赔偿托运人损失，但可以按照合同约定比例向各区段承运人要求赔偿。此外，其在此阶段还会面临两种风险：第一是区段承运人由于各种原因不支付赔偿金额；第二是当发生货损的区段无法确定时，如果联运经营人与区段承运人对货损约定了风险分担比例的，可按比例向各区段承运人追偿。如果合同没有约定风险分担比例，那么风险将由联运经营人独自承担，而无法进行追偿。

(三) 货运代理人民事赔偿风险

国际货运代理协会联合会颁布的《FIATA 国际货运代理示范法》规定："货运代理人指与客户达成货运代理协议的人。"货运代理人的主要义务包括订舱揽货、货物装卸、存储、转运、保管、交付货物等。

货运代理人的风险和其代理身份有关，目前货运代理人可以作为发货方或收货方的代理人，也可以作为承运人的代理人，还可以以当事人的身份成为实际承运人。在不同情况下，其义务有所不同，所承担的责任也有很大差别。

1. 作为货主代理人

作为货主代理人时，货运代理人的风险源于未能按照委托代理人要求履行义务，因故意或疏忽给货主造成损失，或无权代理、越权代理等对货主承担的赔偿责任。因故意或疏忽给货主造成损失的情况包括对货物、运输单证保管不善，造成损毁、短少、灭失、货物变质；错发、错装、错运、错卸、错放、错提货物，错误处理货物、单据；错误制单、错误申报、错误付款，未及时收款；不按要求安排运输、投保保险；延误时间，未及时代理委托人履行有关义务等。代理权限问题，如未经货主同意放货给收货人，或更改承运人等。同时，作为货运代理人，要明确货物性质，否则在代理运输危险货物时，由于各国法律对危险货物的管制不同或因对人身、财产、环境造成巨大的损害，对所造成的损失自己买单的情况。

货运代理人除了可能存在赔偿责任外，还存在或因货到付款项下，无法收回运费的风险。例如，FOB贸易术语项下，由买方负责运费，如果出现货到目的地，收货人不来收取货物的情况，货运代理人向承运人垫付的运费就无法收到，后续向卖方收取时，会出现很多纠纷。

货运代理人也可以作为承运人的代理人，接受承运人的委托，代表其利益，为其办理货物招揽和相关业务，并向承运人收取代理费用。在作为纯粹的代理人时，货运代理人存在双重代理人风险。例如，货运代理人公司受货主委托办理运输，又作为实际承运人代理人代为签发货运单据，如果由于疏忽，不能证明承运人的资格，那么货运代理人将被视为承运人，承担相应赔偿责任。这种风险在海运中多见，在空运中一般是对航空公司运载能力的考量。

2. 作为实际承运人

随着航空货物的专业化分工的发展，航空货运代理人不断拓宽业务范围，很多代理人开始以自己的名义承接业务、签发提单，货运代理人的身份就变成了实际承运人。例如，一些货运代理人从很多托运人处收集货物，委托其他有运输能力的航空公司运输货物，获取差价，类似于海运中的无船承运人。承运人所面临的违约和侵权问题，代理人也同样会面对。但是，货物代理人作为实际承运人，不能获得对承运人责任限制等政策保护，也使得其所面临的风险金额更加不确定。

（四）物流公司风险

按照我国《物流术语》的定义，第三方物流是指"接受客户委托为其提供专项或全面的物流系统设计以及系统运营的物流服务模式"。在经济发展、竞争激烈的环境下，第一方（物资提供者）物流和第二方（物资需求者）物流方式，占用企业过多精力和资源，不利于专业化和精细分工。第三方物流的发展，为企业间贸易提供了便利的平台，促进了商品流通，优势颇多。但是在第三方物流快速发展的同时，其也会面临很多风险，需要通过保险等手段进行转移。

1. 经营风险

首先，是在整个物流链中由于自然灾害等不可抗力造成的货物毁损（在航空物流中通常表现为全损）或因物流公司管理疏忽造成的货物损失、丢失等产生的经济赔偿责任。此外，还包括由于人员疏忽、系统错误等导致货物错运的赔偿责任，以及重新调配货物的运输费用。其次，随着消费者维权意识的增强，物流企业由于延时配送而产生违约赔偿责任。最后，一些物流公司利用自身专业性，在对客户原有的物流管理加以分析后，提供物流方案咨询和改进设计服务，收取丰厚的佣金，但是风险与收益并存，一旦方案出现问题导致物流方案达不到预期效果，其会承担相应法律赔偿责任。

2. 社会责任风险

由于目前多式联运形式应用广泛，航空物流也需要与海运和陆运做好有效衔接。在整个联运过程中，可能存在的社会责任风险大体上包括3种：一是环境污染责任；二是交通违规责任；三是危险品泄露责任。

（1）环境污染赔偿责任

第三方物流活动中的环境污染主要表现为交通拥堵、机动车排放尾气、噪声等。根据《环境保护法》规定：污染者需要对不特定的社会公众承担相应的法律责任。

（2）交通违规责任

这一情况主要存在于与公路运输合作中。首先，物流企业雇用的运输司机在履行职务过程中，如果出现违反交通法规的情况，会产生罚款；如果发生交通肇事的情况，则会产生经济赔偿责任，应由物流企业承担。其次，交通事故可能还会造成货物破损或派送延迟，要承担对货主的损失赔偿。

（3）危险品泄露责任

以多式联运中的海运为例，如果出现危险品泄露，造成的损失巨大，不仅包括污染的治理问题，还包括其对社会安全造成的威胁，企业要承担巨大的赔偿责任。

3. 分包风险

为了提供优质的物流服务，第三方物流公司需要具备全面、完善的服务网络。但由于资金流量和人员储备不足等问题，许多第三方物流企业采用分包等方式解决系统性服务问题。但在这一过程中，分包商的资质决定了未来物流业务的安全性，由此增加了风险因素。

（1）传递性风险

在物流企业将部分业务分包出去时，存在分包商选择不当的风险，如果由于分包商的错误造成货物损失，物流企业将会承担连带责任，虽然可以赔后追偿，但由于具体追回金额不确定，可能招致损失。然而，即便可以追偿，也会产生传递性风险。该风险主要是由于物流公司对企业赔偿限额和分包商对物流公司赔偿限额不同，比如对企业赔偿限额为 50 000 元，分包商限额为 20 000 元，那么中间相差的 30 000 元损失将由物流企业承担。而目前铁路、民航、邮政等公用企业对赔偿责任限额规定普遍较低，因此第三方物流企业选择由公用企业部门分包时，将面临不能有效传递的风险。

（2）分包商信用风险

为了节约资金，在选择分包商时，会存在逆向选择现象，使得一些优质分包商得不到好的业务，劣质分包商业务丰富。然而，低价的运输可能存在诚信缺失、监守自盗、偷窃货物、联系不到分包商等问题。

4. 财务风险

物流公司在经营过程中，由于业务往来需要，可能存在应收和应付账款延迟的情况，如委托方拖欠仓储管理费、运费等情况。尤其是当物流公司在扩展业务时，有可能存在相关物流领域的销售业务，这样就会存在更多的应收挂账。对于一个企业而言，除了资产存量外,现金流量也很重要,应收款项如果有坏账,将会严重影响企业财务流动性,造成经营困难,产生财务风险。例如,成立于 2011 年 12 月的裕远物流,其经营范围包括物流运输、与钢铁有关的物料采购与销售业务等,因支付给钢贸商的 8.04 亿元预付货款难以收回,在应收货物或账款尚未全额给付或清欠的情况下,无力对其目前的到期债务进行清偿,因此向法院申请重整,然而重整计划草案未获得通过,且与债权人协商后,不能提交新的重整计划草案,不得不宣告破产。

(五)托运人风险

在航空货物运输过程中,作为货物所有权人的托运人在货物遭受损失后,作为第一损失的主体,即便是由于承运人的责任,同样也会面临诸多经济损失。

其面临的风险主要来自三方面:第一,来自自身的疏忽;第二,来自承运人;第三,来自战争、政治。

1. 自身疏忽

例如,货物内包装不足造成损失,货物未达到合同要求造成收货人拒收,或是货物声明价值不足。以声明价值为例,这是在航空运输中通常实行的一种运输责任制度,托运人在托运货物时,向承运人声明货物的价值,并按照声明价值交付运输费用,货物受损后,承运人按实际价值赔偿,但是最高不会超过声明价值。

2. 承运人违约风险

在货物运输领域,托运人最常见的风险就是承运人存在诸多免责和责任限制。如果因为非承运人可以控制的自然灾害造成的损失,承运人通常受到国际公约的保护。因此,在这样的情况下,托运人就要自担风险,这时就需要保险补偿其损失,以进行风险转移。此外,在国际贸易术语选择下,如 FOB 项下,由收货人负责选取承运人,这时有可能存在因串谋导致货物失踪、承运人联系不到的问题。

3．战争、政治风险

如果涉及国际货物运输，那么进口国家的政治安全也会影响到货物安全。例如，拒收、征收风险。

（六）债权人风险

航空物流领域的建设经营，不仅涉及银行、保险等金融机构的资金支持，还涉及材料供应企业、飞机租赁行业对其应收项目的支持，既包括普通金融市场参与者的投资支持，还包括票务代理等机构的预付费用支持，因此涉及众多债权人的利益。一旦上述航空物流领域中的某个环节发生风险，尤其是在最坏的情况下，作为破产清算后的债权分配，一般债权要留到工资、税收、社会保险之后获得补偿，债权人会面临资金损失风险。以中国首例航空公司破产案——东星航空破产案为例，于2005年成立的民营航空公司东星航空，因公司经营不善且受到金融危机影响，2008年底开始欠下巨额债务，6家飞机租赁公司以东星航空拒不偿还到期债务共计1 084万美元且明显缺乏清偿能力为由，向武汉中院提出对东星航空进行破产清算申请。法院处置了包括东星国际大酒店、航材在内的全部资产，顺利回收全部拍卖价款，虽然负债总额达到10.76亿元，最后债权人仅获得2.43亿元财产分配。

（七）航空器研发部门风险

航空器技术的提升对航空物流领域而言至关重要，它将影响航运过程中的安全性问题。当前，国家鼓励航空器等科技产品的研发，从政策环境上给予大力支持。航空器设计研发过程复杂，期间存在诸多风险，可能会导致研发失败。研发风险可能涉及诸多前期投入损失，需要保险等风险转移手段的支持。

具体而言，航空器研发过程中主要涉及以下风险。

1．研发技术风险

首先是研发标准不统一造成的风险。航空器设计研发复杂，涉及多个部件设计领域协同，作为主制造商的部门要做好对协同供应商的选择，根据自身技术短板选择合作方，进行优势互补，才能保证在最低的成本下，顺利地完成航空器研发。然而，由于技术理解有限，对供应商技术的控制力可能存在不足，因各部门都有自己的研发任务和特殊技术，在研发过程中，能否制订统一的标准化、通用化程序，决定了航空器最终组装的成功与否。

其次是研发技术可行性的风险。航空器研发十分复杂，若制造商的设计部门不能对自身技术做出精确的可行性评估，盲目投入，可能会因选择不符合其研发能力的任务及技术水平不能满足要求，造成研发成本增加或研发失败，导致预计研发周期内不能提供样品，从而影响航空器的批量生产和上市，最终给企业带来经济损失，导致投入资源的浪费。

2. 认证风险

对于航空器而言，一旦出现问题，将会发生重大安全事故，造成严重的生命和财产损失，影响社会稳定。所以在航空器研发成功，投入使用之前，各国都有相当严格的认证体系，认证达到标准后才可以投放市场。随着国际化发展，航空器一般会进入国际市场，因此，其研发不仅需要通过本国的认证体系，还需要符合美国以及欧盟相关机构的认证体系。一旦未能通过认证，航空器则无法进入市场，那么前期所有资源的投入都将失去价值，将会给研发部门和航空公司造成巨大的经济损失。

3. 市场风险

首先是航空器研发成功后，进入批量生产阶段的市场不确定性风险。比如，生产材料和外购资源采购价格上升，运输费用提高，汇率风险波动等因素导致的成本提高、盈利与预算差异化风险。

其次是行业风险。航空器应用主体一般比较固定，宏观经济发展的不确定性决定了民航业的发展情况，进而影响到航空器的市场需求。一旦经济下滑，可能会出现订单减少或取消等风险，使得研发成本无法弥补，造成经营损失。

（八）电商物流风险

《京津冀协同发展交通一体化规划》明确提出要建设国际航空物流中心，天津航空物流逐渐向国际航空物流中心转型。随着我国进出口贸易的发展，跨境电商业务也得到了较快的发展。

2014 年，中国跨境电商交易额达 4.2 万亿元，较上一年同期增长 35.48%；近年来，国家对跨境电商提供了较多政策支持，跨境电商相关行业标准和监管措施越来越完善，为航空货运发展带来新的发展机遇。

跨境电商在经营中面临的风险包括以下几点。

1. 物流风险

在跨境电商发展中，物流作用至关重要，但其面临的首要风险也是物流风险。这种风险主要表现为物流妥投失败，电商财货两空。因为在电商领域中，是由买家支付货款，但是只有在买家签收后，货款才能真正转给卖家。但是由于物流原因，如物流企业管理不当致使货物丢失、海关扣留、配送丢失等原因，货物没有送达买家手中，虽然这并非由于卖家原因，可是却影响了支付。

2. 汇率和支付风险

在销售完成之后的跨境结算环节，突发事件造成的汇率波动会加剧跨境电商经营风险。同时，由于在电子支付领域，供应商服务的安全级别不如银行等金融机构，因此在支付环节，可能会存在数据泄露的风险。

3. 滞销和仓储风险

通常跨境电商会设置"海外仓"，卖家提前将货物批量运送到"海外仓"，等到买家线上下单后，由海外仓直接配送，以便提高效率。但是在这一过程中电商会面临几种风险：第一，滞销风险。如果预计市场形势发生变化，销售减少，就会出现囤仓的情况，由于无法回收货款以及人工费用的花销增加，会导致企业现金流出现短缺。据统计，截至 2017 年 5 月，我国跨境电商中有 30%的企业面临货物滞销风险。第二，政策法律风险，主要包括产品知识产权风险与税务风险。据新浪网 2016 年 9 月调研数据显示，中国 63%的跨境电商企业在发展"海外仓"的过程中面临国外政策法规风险。比如在企业扩大投资时，没有做好东道国法律调查，侵犯了知识产权。或是增值税账款期限疏忽，被封号，最终影响交易。

第二节 保险对航空物流中心建设的作用

一、发挥保险对航空物流的风险管理作用

通过航空运输的货物批量小但单位价值高，货物运输的主体面临着较大的安全风险。保险作为风险管理的手段之一，对于补偿和减少航空运输中因自然灾害或意外事故而造成的货主或承运人的损失有着重要的作用，将保险与航空物流相结合，有利于增强航空运输企业抵御风险的能力，从而保障物流行业稳定发展。目前针对航空物流，主要有以下几个保险种类。

（一）航空货物运输保险

1. 航空货物运输保险基本理论

航空货物运输保险是以航空运输的各种货物为保险标的的一种保险，当投保货物发生损失时，由保险公司向投保人提供经济补偿。目前在我国，凡是可以通过民航部门运输货物的企业，都可就其货物（除生鲜物品及动物）向保险公司投保。

我国航空货物运输保险主要分为航空运输险和航空运输一切险。航空运输险的责任范围包括被保险货物在航空运输途中由于飞机遭到雷电、火灾、爆炸或恶劣飞行天气等而被迫抛弃，以及飞机遭受碰撞、倾覆、坠落、失踪等各种意外事故所造成的部分或全部

损失，被保险人对于被保险货物采取的合理有效的抢救措施以减少货物损失的，由保险人支付合理费用，但不应超过合同规定的保险金额。航空运输一切险在承担航空运输险的保险责任基础上，还负责被保险货物由于偷盗等其他外部因素所导致的部分或全部损失。

航空货物运输保险条款主要还包括以下内容。

第一，除外责任。主要包括战争损失、被保险货物自身缺陷及自然损失、不良包装或托运人违反航空货物运输规定所致损失以及托运人或被保险人的故意或过失行为。

第二，责任起止。此险种下保险公司负责"仓至仓"责任，即保险公司对从被保险货物从起运仓库离开进行运输到运达收货仓库为止之间发生的损失进行赔付，需要在保单中明确注明起运地和到达地以防止纠纷。如果未能运达目的地仓库，则从被保险货物在最终卸载地卸离开始计算30天，30天后责任终止。如果在30天内被保险货物需要转运至保单载明目的地，则在货物转运开始时责任终止。若被保险货物在其他卸载地而非保单载明目的地进行出售，则保险责任在货物交与他人时终止。

第三，保险金额。航空货物运输保险采用定制保险形式，即保险标的价值提前通过货物价值与运杂费相加进行确定，并在运输过程中不再变化。

2. 航空货物运输保险的风险管理作用

航空货物运输保险能够在货物发生危险、出现损失的情况下及时对作为被保险人的托运人或货主进行相应的赔偿，使得航空物流公司的损失风险得以转移和控制。同时，条款明确规定了被保险人的抢救义务，因被保险人对于处在危险中的货物抢救不及时或抢救措施不合理而造成损失扩大，保险公司对于损失扩大的部分不承担责任，这也就是要求被保险人不能仅依靠保险公司，还要通过自身在运输途中对于货物的及时检查以及对于危险货物的合理抢救来控制损失，即通过避免风险以及损失控制的方式减少损失，这也从另一个角度体现了保险对于航空物流的风险管理作用。

3．航空货物运输保险在我国的发展情况

近年来，随着我国物流行业的快速发展，国内航空货物运输总量逐年增长。国内航空货物运输保险在我国运输行业中的作用越来越重要，已经成为市场中的一个重要组成部分，而且我国进出口货物不断增长，也有利于带动国际航空货物运输保险市场占有率进一步提高。与此同时，航空货物运输保险与我国电子商务行业的发展也有着相辅相成的关系。目前我国电商行业发展逐渐成熟，产业规模不断扩大，物流作为电子商务的重要环节之一，既是其不可或缺的一部分，也是支持其快速发展的重要基础，没有高效、畅通、安全的物流系统，电子商务所具有的低成本、快速流通的优势也就无法体现。而航空运输作为最高效快捷的运输方式，在电子商务尤其是跨境电商的快速流通中起到了重要的支持作用。随着航空运输与电子商务的有效结合，产生了对航空货物运输保险的更多需求，从而促进了航空货物运输保险的发展。

（二）集装箱保险

1．集装箱保险基本理论

（1）国际分类

国际上集装箱保险一般分为 3 类：第一类是集装箱箱体保险，指的是集装箱的所有人或租借人对集装箱运输过程中因各种风险所致的集装箱箱体本身的损坏导致的经济损失进行投保的一种货物运输保险。第二类是集装箱责任保险，可承保由于运输事故而导致的集装箱所有人或租借人对第三者造成的损害应承担的赔偿责任。第三类是集装箱货物保险，承保集装箱中运输的货物因运输事故而出现的损失。

（2）一般性特点

集装箱保险一般具有以下特点：

第一，第三者的责任以及集装箱内部货物损失，具有一定的综合性，可使用一份保单对三种风险和责任共同承保。

第二，定期性。由于集装箱作为保险标的，数量众多且具有很强的流动性，一般保单设置为定期性保单。

第三，赔偿限额及免赔额。保险人一般在保单中设置赔偿限额用于控制巨额赔付风险。同时由于集装箱事故损失大小不一，保险人为避免频繁的小额赔付，通常在保单中设置一定的免赔额。

2. 我国集装箱保险

我国集装箱保险的承保人主要针对集装箱箱体损失以及集装箱机器损失进行承保。目前分为全损险和综合险：全损险承保集装箱箱体发生事故的全部损失；综合险承保集装箱的全部或部分损失以及由于运输船舶航海事故、陆地或空中运输工具一般性意外事故、火灾爆炸等原因造成的集装箱机器的部分损失。

在除外责任方面，条款中明确强调了不承保与保险标的集装箱经营有关的或者由于其事故而引起的第三者责任及损失。

在赔付方面，集装箱发生全部损失时，保险公司进行全额赔付；发生部分损失时，保险公司可估算修理费用，在扣除绝对免赔额后进行赔付，当修理费用超过保险金额时可以直接推定为全损，此时保险公司赔付全部保险金额并获得集装箱所有权。

3. 集装箱保险在航空物流中的风险管理作用

集装箱能够装载有包装或无包装货物进行运输，并可以用机械设备装卸和搬运，其最重要的好处就在于标准化运输体系，目前国际标准的集装箱可以由海陆空三大运输体系进行多式联运，这大大提高了运输效率。航空物流运输货物过程中发生意外事故，一方面会造成货物损失，另一方面也有可能造成集装箱损失，而发生这一损失的风险就可以通过托运人购买集装箱保险转移给保险公司，以减少运输过程中的风险成本，体现了集装箱保险在航空物流中的风险管理作用。

（三）航空责任保险

1. 机场责任险

（1）机场责任在航空物流中的体现

近年来，我国民航事业快速发展，机场数量逐年增加，机场业务量也快速增长。截至2017年底，我国共有颁证运输机场229个，较上一年增加了11个；全国民航运输机场旅客吞吐量达11.48亿人次，比上一年增长了12.9%，货邮吞吐量达1 617.73万吨，比上一年增长了7.1%；起降架次达1 024.9万架次，比上一年增长了10.9%。截至2017年底，年货邮吞吐量在一万吨以上的民航运输机场共有52个，比上一年增加了2个。如此快速的业务量增长，使得机场责任风险逐渐加大，这就需要充分完备的机场安全管理体系进行保障。机场责任风险是指对于因疏忽或过失而造成的人身伤害及财产损失，机场当局所具有的法律赔偿责任。

从物流责任来看，在机场安检完备状况、停机坪及跑道状况，以及消防队、灯光及塔台设施状况等方面，稍有不慎都可能导致航空意外事故，从而造成飞机和货运损失，或者因意外事故补救不力导致损失增加。例如，在飞机起飞前没有对附近鸟类进行驱赶或干扰，导致鸟类撞向正在起飞或降落的飞机，或者跑道上出现外来物如金属、木头、石子、塑料袋等对飞机零件造成损害等情况。对于责任风险的规避，机场一方面需要严格按照民航制度落实各项安全工作并及时与相关单位签署免责协议，另一方面也需要投保机场责任保险进行风险的转嫁。

（2）机场责任保险基本内容

机场责任保险是以机场因存在设备缺陷或管理不善等疏忽或过失导致意外事故发生并造成第三者的人身伤害或财产损失，依法应承担的赔偿责任作为保险标的的责任保险，其实际上是公众责任保险中的一种特殊的场所责任保险。

机场责任保险的保单一般主要包含以下内容。

第一，责任范围。被保险人，即机场所有者或经营者由于疏忽、过失或因服务或设备有缺陷导致第三者人身伤亡或财产损失而应承担的法律赔偿责任。被保险人因疏忽或过失而导致其保管或控制的第三者的飞机或相关设备遭到损失而应承担的法律赔偿责任。

第二，除外责任。由于机场责任保险为第三者责任保险，因此被保险人及其雇员自身的各种人身伤亡或财产损失除外，保险人不负责承保，机场内机动车、旅馆所有人的责任除外，空中交通管制、飞机维修以及注油等风险程度较高的责任除外，需要另行投保附加险进行承保。

第三，责任限额。一般按照国际惯例，在合同中载明机场总体的每次事故赔偿限额以及年度累计赔偿限额，并且需要对人身伤害和财产损失分别设定赔偿限额，以防止保险公司风险过大。

第四，保费。由于每一个机场都有其特殊性，因此保费直接报价，不通过费率方法计算。保费一般由责任限额、飞机起降架次、货邮吞吐量以及旅客吞吐量等4个因素确定。

（3）我国机场责任保险发展情况

1993年，太平洋保险率先推出机场责任险，并承包了包括北京首都国际机场、上海虹桥国际机场在内的7家国际机场的机场责任，责任限额达到20亿美元。1998年，中国民用航空局为全国24家机场进行了统一投保，与国内两家大型保险公司签订合同。根据太平洋财险发布数据，其在2004—2005年度承保了37家机场，而这一数值在2006—2007年度上升为67家，承保金额达到75亿美元。目前，我国大部分国际机场以及国际备降机场都进行了机场责任险的投保，对构建以机场为重要纽带的航空安全体系起到了极大的促进作用。

（4）机场责任保险在航空物流中的风险管理作用

根据条款内容可知，机场责任保险对于航空物流的风险管理作用包括两方面：一方面，可对机场责任风险进行转嫁，保险公司能够及时赔付由机场责任导致的意外事故造成的第三者货物损失以及飞机及其设备损失；另一方面，保险公司通过对机场环境和工作的定期勘察和监管以及条款中设定的免赔额和限额标准，激励机场提高自身的安全管理意识和管理能力，从而防范意外事故的发生，有利于航空物流的安全稳定运营。

2. 航空承运人法定责任保险

（1）航空承运人法定责任保险基本理论

航空承运人法定责任保险制度是在第二次世界大战之后随着航空业的不断发展和成熟而逐渐发展起来的一种航空运输风险转嫁机制。1999年，世界各国对承运人法定责任保险问题进行协商并达成共识，《蒙特利尔公约》第五十条规定了当事国可以要求通过航空运输工具运送货物至本国内的承运人提供其运送责任保险的证明，标志着航空承运人法定责任保险制度的最终确立。

航空承运人法定责任保险的保险标的是法律强制性规定的民航运输承运人应当承担的法律责任。承保范围包括承运人导致的意外事故所造成的旅客人身伤亡、行李损失、货物损失、第三者损害责任以及航空延误损失。理论上可分为5种：航空旅客责任险、航空行李责任险、航空货物责任险、第三者责任险以及航空延误责任险。我国在具体实施中，一些保险公司将第三者责任险和旅客责任险（含行李）作为飞机保险的两个保险责任进行承保，还有部分保险公司单独设立航空旅客责任险，将行李作为财产损失，与人身伤害共同承保。因此可以将旅客人身保险和行李财产保险统一划归为航空旅客责任保险。航空延误险在我国主要承保的是航班延误对于旅客造成的损失，未承保货物延误损失。本节主要探讨航空物流与保险，因此主要分析航空货物责任险以及第三者责任险。

关于法律强制性的问题，我国于2005年批准了《蒙特利尔公约》，但对于其中的航空承运人法定责任保险制度，我国仍处在探索初期。到目前为止，根据2017年新修订的《中华人民共和国民用航空法》，我国并未对此制度有系统性的阐述，仅在第一百零五条及第一百六十六条中规定 公共航空运输企业和民用航空器的经营人应投保地面第三者责任险，使其具有了一定的法律强制性，但其他几个险种并未有法律规定承运人必须承保。

（2）航空货物责任保险

航空货物责任保险承保的是被保险人，即承运人在通过航空工具对受托货物进行运输的过程中发生货物损失应承担的法律赔偿责任。按照国际航空运输公约制度规定，航空承运人对于承运货物在航空运输期间因发生损毁、运送延迟等事故造成的损失，除非能够证明其自身已经采取措施进行防范和阻止，或确实无法进行控制，否则都应该对损失负有法律规定的赔偿责任，保险人据此进行责任保险赔付。

在承保责任方面，航空货物责任险以一切险的形式进行承保，经保险人同意，诉讼费用也可计算在限额内。除外责任包括依法扣押货物、战争、飞机延误，但飞机延误导致的损失责任可以经过保险人同意进行加费承保。货物种类包括货币、珠宝、玉石、支票在内的贵重物品，除经过保险人同意附加保险承保外，均属除外责任。赔偿责任以及赔偿责任限额依据我国新修订的《中华人民共和国民用航空法》承运人责任相关内容进行确定。

3. 地面第三者责任保险

地面第三者责任保险是指保险人承保被保险人由于疏忽或过失导致航空器本身或航空器内物体坠落造成地面第三者发生人身伤亡或财物损失而应承担的法律赔偿责任，性质与机动车第三者责任险较为相似。该项保险的除外责任包括航空器上的人员伤亡和财物损失、战争、军事行动、核损害、飞机不符合适航条件飞行、被保险人或投保人的故意行为、飞机制造或机械缺陷。赔偿限额和保费根据不同飞机类型和航线制订。

航空承运人责任和地面责任两个险种都是对航空物流承运人在运输过程中发生意外事故所造成的对于第三者的经济损害赔偿进行承保的保险，这里的第三者可以是货主，也可以是地面第三者。航空事故一旦发生，第三者可能会遭受巨大的经济损失，赔偿责任可能会超出承运人的经济赔偿能力。投保责任保险的优点一方面在于通过保险人直接向第三者赔偿,使其能够及时恢复生产生活,另一方面在于保险人利用大数法则对风险进行分散,有效避免了承运人由于承担巨大的赔偿责任而导致破产清算,避免航空业的混乱。总体来说,航空货物责任保险以及地面第三者责任保险能够通过风险分散和快速理赔及时恢复和稳定意外事故后航空物流的运营及发展,在航空物流中发挥着重要的风险管理作用。

(四)战争险

1. 战争险基本内容

战争险是伴随近年来恐怖主义和战争频发的国际局势而出现的一种特殊险种,可以附加于机身(零部件)一切险、航空货物运输险、航空承运人法定责任险、集装箱保险等各类航空保险,承运人或货主可以根据需要进行投保。

其主要承保由于战争、罢工、恐怖主义等特殊事件而导致飞机发生意外事故,造成机身和零备件损失,或者造成所承运货物、邮件损失以及旅客的人身伤亡和财产损失。在承保范围内的具体事故原因主要包括:战争、类似战争行为或武装冲突,罢工、暴动及骚乱,恐怖主义组织的破坏性政治活动,个人的恶意或阴谋行为。除外责任方面,由于敌对行为使用原子、热核以及电磁脉冲装置制造的武器所致损失巨大并难以估计,保险公司无法承担,因此作为除外责任。此外,对于任何执政当权者或武装集团的充公、扣押、拘留或征用而导致的各种损失,保险公司也不承担责任。

战争险的保险期限有其特殊性,我国集装箱保险附加战争险条款规定保险公司可以根据运输环境变化,向被保险人发出注销战争责任的通知,在发出通知后14天视为期限届满,终止战争责任。航空货物运输保险附加战争险规定保险责任从被保险货物装上起运地飞机开始,到到达目的地并卸离飞机为止。如果到达目的地后被保险货物暂时不卸离飞机,最长保险期限以飞机到达目的地的当日24

点算起满15天为止。如货物在中途进行转运,保险责任以飞机到达转运地的当日24点算起满15天为止,待装上续运飞机后再行恢复。

2. 战争险对于航空物流的风险管理作用

附加战争险的情况在我国国内航线中投保少于国际航线,主要是由于国际的政治环境和安全程度与国内不同,国际上恐怖主义和各类非法组织对国际航线存在着各种安全威胁。承运人或货主在已经投保的航空保险中附加战争险,能够将战争这一风险因素进行转嫁,弥补了航空保险中的除外责任,能够进一步控制风险,将不确定的战争风险损失转化为确定的保费,以加强企业经济核算,有利于国际航空物流的稳健运营。

(五)机场建设保险

作为航空物流的枢纽,近年来我国机场建设工程发展迅速,2007—2016年的10年间,我国民用航班飞行机场数量由148个增加到216个。根据公布的"十三五"综合交通运输发展主要指标,到2020年,民用航空机场将增加50个以上,达到260个,并计划打造京津冀、长三角、珠三角世界级机场群,实施部分繁忙干线机场新建、迁建和扩能改造工程,增加中西部地区机场数量,扩大航空运输服务覆盖面。而机场建设投资高、规模大、工期长,涉及较多的利益关系,导致建设工程的风险具有复杂性和多样性的特点,一旦发生意外事故,可能造成多种直接或间接的损失,威胁到机场建设的顺利进行,引发相关矛盾。为机场投保建筑工程一切保险,能够由保险公司对建设项目各方提供风险保障。

建筑工程一切险是工程保险的一个险种类型,面向工程项目的所有人、投资人、承包商以及技术顾问,采用除外责任列明的方式,对自然灾害或意外事故导致的建筑工程项目的物质损失以及建筑工程作业意外事故直接导致的工地内及邻近区域的第三者人身伤亡和财产损失进行经济赔偿。在物质损失保险方面,总保险金额不低于建筑工程完工时的总价值,且每个分项目分别设定保险金额,发生事故时分别计算赔偿金额且不能超过各自的保险金额，总赔偿金额在总保险金额之内。在损失赔偿处理方面，保险人可以选择支付赔款或者修复、重置受损项目两种方式进行赔偿。在第三者责任方面，保险合同中规定三种责任限额，包括每人人身伤亡责任限额、每次事故责任限额以及累计责任限额。建筑工程一切险的保险期间为工程动工或设备运达工地之时开始，到工程验收合格为止。对于建筑工程完工之后发生的损失和费用，保险人不负责赔偿。

建筑工程保险在机场建设中的风险管理作用主要体现在两个方面：一方面，保险人能够及时赔付机场项目发生自然灾害或意外事故而造成的各方损失，同时有效地保护和协调机场建设项目相关者的利益，缓解业主、承包商、投资者之间的矛盾，使项目在事故后能够及时恢复建设，减少对后续施工的影响，保证机场建设顺利进行。另一方面，在承包期间，保险公司一般会对工程现场进行及时勘察和监督，为建筑工程的风险防范提出一定的建议，并协助机场建设者进行风险管理工作，从而降低事故发生的概率，减少工程风险的损失，起到风险管理的事前防范作用。

（六）物流保险

随着我国物流行业的快速发展，货物运输量逐渐上升，电商的快速发展更是对物流有着更加快速、安全和高效的要求，因此物流企业在运输货物中更多地采用了多式联运的方式，通过水上、陆地和航空三种途径中的两种或三种相结合进行运输，虽然现代物流业成本较低，但物流过程涵盖了运输、仓储、装卸、包装等多个环节，每个环节又各自具有其自身风险，这些情况都导致了物流企业面临风险的多样化问题。在物流业与保险业相结合的大环境下，保险公司应该及时创新物流保险种类，为多样化的风险提供保障，促进物流企业综合风险管理能力的提高。目前，我国物流保险虽有一定程度的提高，但面临市场的高需求现状，物流保险仍有很大的发展空间和发展要求。

1. 物流保险的基本内容和险种分类

物流保险是针对物流过程中的货物损失进行承保的保险类型，由中国人民财产保险股份有限公司于 2004 年率先推出。物流保险的优势在于涵盖了物流运输的各个环节，使得物流企业对于单批货物无须进行多次分环节投保，可以统一成一张保单，省去了烦琐的物流企业投保手续，有利于促进经营综合性和连续性。

我国物流保险主要包括物流货物保险和物流责任保险两种，属于财产保险和责任保险相结合的综合保险类型。

（1）物流货物保险

物流货物保险承保的是第一方或第二方物流活动者在物流的各个环节中因自然灾害或意外事故造成的自身所有权货物的损失，这里第一方物流指生产企业的物流，第二方物流指买方或销售者的物流。

物流货物保险的保险期间为一年，保险费提前预付并按照一年内预计发生的保险金额计算，若期满后实际申报的保险金额变化，则相应补收或退还保险费。

物流货物保险与货物运输保险有以下几点不同之处：

第一，物流货物保险覆盖物流所有环节，而货物运输保险只是单纯承保运输环节责任，因此保险期间不同，保费计算方式不同。

第二，货物运输保险不仅能够承保第一、第二方物流，还能承保第三方物流，即货主在非承运人的情况下投保货物运输保险保障所有权货物的损失，但物流货物保险只能保障自身承运且具有所有权的货物。

第三，在运输工具责任方面，物流货物保险可以承保陆上运输工具碰撞、出轨，航空运输工具的倾覆、坠落以及水上运输工具的触礁、沉没等意外事故造成的损失，但货物运输保险只能单独承保一种运输工具或陆上、水上两种运输工具联运，体现了物流货物保险的综合性。

第四，在承保责任方面，相比货物运输保险，物流货物保险不承保碰撞、挤压导致的货损，但承保因装卸人员的违规操作导致的货损。

第五，在除外责任方面，物流货物保险的除外责任比货物运输保险多，一些本应承担的责任如盘点损失、舱面或露天存储损失等，保险公司不予承担，这不利于物流企业的风险转嫁，并且目前物流货物保险的附加险种要远少于货物运输保险，这些也是导致物流货物保险投保率低的主要原因。

（2）物流责任保险

物流责任保险是针对第三方物流企业设计的险种，其承保第三方物流专营企业在经营物流业务过程中发生的货物损失，这种物流责任保险实际上是将运输环节的承运人责任与仓储、加工、包装过程中的责任结合在一起形成的一种综合性责任保险。

物流责任保险的保险期间为一年，保费计算方式与物流货物保险相似，按照被保险人的预计物流业务收入计算预付保费，并根据合同期满后被保险人申报的实际收入进行保费再调整。物流责任保险额有一定的免赔额，赔偿限额包括每次事故和累计赔偿限额，与一般责任保险相同。

2. 目前我国物流保险的发展问题

虽然物流保险的推出是为了满足我国快速发展的现代物流业的风险管理需要，但实际上我国物流保险在保险设计和费率方面仍有很多不足之处，导致其承保标的少，市场占有率很低。在物流货物险方面，根据上述与货物运输险的比较可以看出，货物运输保险的除外责任少且附加险种多，更能满足物流企业的实际需求。物流责任险承保率低主要是因为目前保险公司设定费率过高，一方面是因为承保标的过少，不符合大数法则要求，保险公司为避免非预期损失而提高费率；另一方面也是因为目前我国物流企业的管理和技术不标准，行业规范化不足，从而导致风险因素更加复杂，使得费率增高。未来为进一步发展物流保险，还需要保险公司、政府和物流企业的合作，保险公司需要不断加强产品创新，设计更加符合物流需求的物流保险产品，政府需要加大物流保险的扶持力度，并出台相关法律制度规范物流业和物流保险产品的发展，物流企业需要加强管理和业务运营的规范化和标准化。促进三方协作，有利于使物流保险真正成为物流行业的有效的风险管理工具。

（七）融资租赁信用保险

1. 航空物流领域融资租赁信用保险需求

（1）航空领域

20世纪80年代之前，我国的飞机基本都是购买所得，但是由于价格昂贵，给航空公司带来巨大的财务压力。1979年，我国从美国汉诺威尔制造租赁公司租来第一架飞机后，航空租赁业务在我国不断扩大，为民航事业发展起到重要推动作用。航空租赁的特点是单架飞机价格高，租金贵，租赁时间长，且租赁公司一般是专业化，资本实力雄厚。尤其在这一领域还会涉及跨境合作的问题，因此国家非常重视，国务院于2013年发布《关于加快航空租赁业务发展的意见》，批准天津东疆保税港区为融资租赁业务试点区域。2014年底，拥有航空领域租赁子公司495家，完成400架航空租赁业务。如今，天津逐步成为我国飞机租赁中心。

（2）物流领域

对于物流企业，由于资金能力有限，对融资租赁存在较高需求。在京津冀一体化发展过程中，提高作为供给需求两方桥梁的物流公司的供给能力，对于贸易发展非常重要，因此，借力经济环境的优势，涌现出一批新兴的中小物流企业。

中小物流企业在建设初期，往往需要大量的资金用来购买企业经营所需的硬件设施，使企业尽快运营。在运营初期，需要先给付人力成本、进货成本等，还需要一定的流动资金以应对市场波动情况。资金储备不足限制了企业范围的扩展，所以产生大量的融资需求。然而，中小物流公司一般缺少抵押，信用不如大公司，所以获得银行融资比较困难，对于日常所需设备的融资租赁需求就会上升。

(3) 融资租赁保险需求

只有保护好出租人的利益，才能够使得更多的资本盈余部门愿意以融资租赁的方式为需求者提供服务，从而促进行业的发展。出租人利用自己的资金购买的租赁物，使用权在承租人手中，由于租赁期长、承租人的信用风险等问题，出租人的权利面临受损威胁。

在实践中，出租人面临着债权风险和租赁物损失风险。债权风险指基于租赁合同，出租人出让使用权，因此有收取租金、获得收益的权利。但是承租人可能会以租赁物质量不佳、企业破产无偿还能力等理由拒付租金，使得出租人权益得不到保障。租赁物损失风险指租赁业务下，尽管出租人掌握的是租赁物的所有权，但长期内租赁物由承租人使用，由于其疏忽或者故意，如租期内发生火灾等造成租赁物损失、租赁物被偷卖等情况，使得出租人权益受损。

在融资租赁交易中融入保险机制，可以有效转嫁风险，减少损失，促进租赁业务发展。

2. 我国融资租赁信用保险情况

（1）租赁信用保险概念

租赁信用保险，是国家为促进中小企业的发展，鼓励租赁公司向中小企业租赁机械设备，并保障租赁公司不受收益损失开办的一项政策性保险业务。由租赁公司与国家政策性保险机构签订保险合同，确定信用限额，并根据信用限额、租赁期限等确定保险费率，在因遭受如承租人破产等情况，租赁公司无法收回租金或遭受难以预料的损失时，由该政策性金融机构根据保险合同向其提供信用限额之内的损失补偿。

（2）我国租赁信用保险情况

目前在我国融资租赁领域中，租赁保险被广泛应用。租赁保险是对租赁期内租赁物损失进行赔偿的一种财产保险，如租赁物的运输保险、财产损失保险、责任保险等。租赁保险在一定程度上保证了在租赁物受损后的经济补偿。但是，若发生如承租人拖欠租金等情况，出租人的权益无法得到保障，因此需要进一步发展信用保险。

2015年12月27日，东汇汽车与大地保险举行了战略合作签约，达成了国内首单融资租赁信用险的合作协议，共同推动汽车融资租赁行业健康发展。此后，需要在各领域，包括飞机租赁领域，进一步发展租赁信用保险，以推动我国融资租赁行业整体发展。

3．日本融资租赁信用保险对我国的启示

（1）日本融资租赁信用保险

1963年8月，日本创建了第一家专门租赁业务公司——日本租赁公司，此后的30年，租赁业在日本飞速增长，为促进日本经济发展、企业转型发挥了重要作用。目前，日本已成为世界第二大租赁大国。

日本是第一个应用租赁信用保险的国家。1970年，日本政府为了促进中小企业技术革新，鼓励租赁公司为企业提供融资，保证租赁企业的资金安全和利益，通过中小企业厅和机械情报产业局机械保险科颁布了《机械类租赁信用保险制度》。

该《制度》规定了租赁设备原则上应为技术密集型的新型产品，目的是促进中小企业设备更新，实行国家产业结构调整。同时，通产省每年会根据科技进步调整公布一次清单；租赁合同必须签订3年以上，且不得随意解约，租赁期满后租赁公司不准将所有权转让给承租人；第一期租金缴付日在起租日以后3个月内，且一年至少须付租金4次以上。

政府指定的租赁公司出租符合条件的设备后，与通产省服务产业局中小企业厅签订信用保险合同，缴纳保险金，由中小企业信用金库代收。保险费率按照租赁期长短不同有所差异，长期租赁由于风险高，所以费率高；承租人由于经营不善等原因无力偿还租金费用时，出租人可以从政府获得相当于租金损失50%的补偿，并收回设备。未来，当承租人经济状况好转，能够偿还租赁债务时，租赁公司不能额外获利，须把政府补偿的50%退还。1973年，追加租赁信用，更名为租赁信用保险制度。目前，为推动风险投资介入，规定将赔付率提高到70%。

实行《机械类租赁信用保险制度》，在降低租赁公司风险，有效保护其利益，促进租赁业的发展的同时，也推动了其对经济发展的支持作用。

（2）对我国的启示

为更好地降低出租人风险，维护其利益，促进我国保护出租人的利益，减少出租人或者担保人的权益损害，降低交易风险，促进我国的融资租赁业务的健康发展，亟待结合我国实际经济情况，借鉴国际相关经验，在我国建立完善的融资租赁信用保险制度，发挥保险风险管理的功能，平衡保险人、出租人和承租人的利益。

第一，保险机构设置。建立租赁信用保险制度，是政府为推动我国租赁业发展而鼓励的政策，政策性业务理应由政府部门主导办理。因此，在保险机构设立上，可以选择由政府指定保险机构或由政府与租赁公司共同出资建立保险机构；相比较而言，第二种更具有优势，其既可以加强政府对融资租赁的监督和管理，又可以发挥租赁行业自我管理能力，加强对承租人的风险评估，降低保险机构风险。设立保险机构的资金来源包括政府投入、租赁公司缴纳保费和保险公司资金收益三部分。

第二，制订保险标准。政府根据国家产业政策，发布可投保租赁设备清单。可提倡地方政府发挥作用，根据地方经济政策，报备地区性租赁设备清单，由国家监管部门审批并公布。原则上，所报设备应是新型科技型产品。此外，在投保方式上，可考虑需求行业特点。

在理赔方面，保险公司赔偿比例应适当，过低容易降低投保积极性，过高则会产生道德风险，加大保险公司的压力。可借鉴日本经验，设定在50%左右，并逐步根据行业需求，调整比例。

二、保险对航空物流中心建设的资金支持

(一) 航空物流领域资金需求

表 4-4 我国交通运输、仓储和邮政业全社会固定资产投资(单位:亿元)

年份	交通运输、仓储和邮政业全社会固定资产投资	年份	交通运输、仓储和邮政业全社会固定资产投资
2007	14 154.01	2012	31 444.9
2008	17 024.36	2013	36 790.12
2009	24 974.67	2014	43 215.67
2010	30 074.48	2015	49 200.04
2011	28 291.66	2016	53 890.37

资料来源:中国国家统计局网站。

通过表4-4的数据可以看到,近10年来我国的交通运输、仓储和邮政业全社会固定资产投资数额逐年攀升,增长率基本保持在10%以上,因此作为运输、仓储领域重要组成部分的航空物流领域也存在很大的资金需求。下面以我国的快递行业和航空集团为例,简单阐述我国目前航空物流领域的投资情况。

1. 快递行业投资航空物流市场

当前,快递业发展迅速,快递不再是人们印象中单纯的送件、取件服务,而是逐渐发展成为一个物流产业链。从国际上的发展情况来看,许多大型快递公司都把航空物流作为新的竞争点,购买飞机,与机场合作,建立国际物流中心。随着我国经济发展、居民消费水平提高、网络购物量攀升,快递业务的发展得到极大促进。例如,2017年天猫"双十一"期间,我国的快递处理量超过10亿。为满足中高端快递服务的需求,加快拓展境外市场,实现从快递向

综合物流服务商转型，我国很多快递公司开始探索投资航空物流市场，利用空运的快速和便利，实现业务升级。

目前，圆通集团已经与浙江省嘉兴市政府签署战略投资协议，计划投资73亿元，在嘉兴机场建设全球航空物流枢纽。项目计划于2021年投入使用，届时嘉兴机场将成为其速递及航空的全球运营基地。中通快递也宣布与土耳其航空、太平洋航空成立合资公司，提供包括揽收、运输、快运和最后一公里的配送等服务。作为快递界的翘楚，顺丰快递一直重视对航空运输的利用，2018年7月初，顺丰航空的第45架全货机正式投入航线运行。湖北国际物流核心枢纽项目总投资372.6亿元，其中机场工程投资183.6亿元，由湖北省和顺丰泰森等企业共同筹措解决，国家发改委、民航局对机场的客运支线功能安排中央预算内投资和民航发展基金予以支持。

2. 航空集团投资物流生态链

以海航集团为例，2018年2月，其宣布与普洛斯集团签订战略合作协议，拟共同打造全球领先的现代物流生态链；同年3月，与京东签署战略合作框架协议，双方将共同开发、建设物流仓储设施，包括现代电商物流园、航空物流园等；同年4月，与国际投资公司签署商业合作备忘录，将在航空和物流领域探索商业合作，包括但不限于航空、航空餐饮、地勤服务、免税及机场基础设施和设备等领域。

3. 机场建设

以广州机场建设为例，《推进广州国际航空枢纽和临空经济示范区建设三年行动计划（2017—2019年）》中指出，2017—2019年广州国际航空枢纽和临空经济示范区在基础设施、航空维修、航空物流等领域计划推动重点项目76个，项目总投资2 998.15亿元。

对于京津冀地区，《推进京津冀民航协同发展实施意见》中提出"通过加强京津冀地区民用运输机场与轨道交通的衔接和融合，加快实现主要机场之间以及与周边重要城镇和功能区通过轨道交通快速连接，打造京津冀区域综合交通枢纽，推动空铁联程联运发展，从而全面提升空地一体化发展水平。到2030年,将打造形成分工合作、优势互补、空铁联运、协同发展的世界级机场群。"机场建设和物流中心建设都需要大量的资金投入。

(二)保险资金运用于航空物流中心建设

1. 保险资金运用概述

(1) 保险资金特性

前文讨论了航空物流领域对资金的需求,从供给主体来讲,资金可以来自银行贷款、发行债券、股票、政府支持和保险资金等多种渠道。本节将从保险资金投资的角度,探讨保险行业对京津冀地区航空物流发展的重要资金支持作用。

从会计角度,保险资金主要来源于保费收入、债务权益和所有者权益。债务权益是其他金融公司向保险公司提供的长期借款,所有者权益主要是投资者的实缴资本及其在经营过程中产生的留存收益。保险资金的来源决定了其特征。

第一,长期稳定性。对于保险资金,尤其是寿险资金,由于保险期限较长,投保人需要给付的时间较为固定,根据精算的准则计算出的给付金额也是相对准确的,所以可运用的期限也相对较长。保险公司的保费收入是稳定的、增长的,因此在资金运用方面,自然是优质的规模资金的来源。

第二,负债性。因为保险资金首要的来源是保费收入,所以其负债性较为明显。考虑到非寿险的不可抗力性和意外性、与寿险的差异和未来资金的给付性质等,保险公司需提存大量准备金,资产负债表中大量的保险准备金都处于负债端。

第三,规模性。近年来,我国经济快速发展,对保险需求不断增加,国民生活水平稳步上升,受教育程度不断提升,加上保险行业的逐渐规范化,人民的保险意识不断增强,保费收入持续增长带动保险行业可运用资金增加,保险资产管理规模突破17亿元,保险逐渐与证券、信托、银行等机构共同成为投资领域最重要的机构投资者。

表 4-5 我国当前保险资金运用余额（单位：亿元）

年份	保险资金运用余额	年份	保险资金运用余额
2007	26 647.81	2013	76 873.41
2008	30 552.83	2014	93 314.43
2009	37 417.12	2015	111 795.49
2010	46 046.62	2016	133 910.67
2011	55 292.98	2017	149 206.21
2012	68 542.58	2018 1~6月	156 873.68

资料来源：中国国家统计局网站。

通过上述数据可以看出，我国保险资金尚有很大的运用空间，伴随着投资限制的逐步放开，充分利用保险资金的长期性、稳定性等特点，将对我国的经济发展起到重要的支持作用。

（2）保险资金的投资原则和运用范围

保险是经营风险的行业，为保证保险业偿付能力，保险资金在运用中要严格审慎。总体上，保险资金的运用要坚持三个原则：第一，安全性原则。这是保险资金运用最基础的原则。按照精算计算的保险纯保费，理论上与未来的损失补偿和保险给付相一致，如果不能保证资金运用的安全性，那么就无法履行对投保人的承诺，发挥其社会稳定器的作用。第二，收益性。商业保险公司为保证日常经营，同样以营利为目的。所以，要在保证偿付能力要求的基础上，尽力做好资产配置，使收益最大化。第三，流动性。对于保险公司而言，尤其是非寿险公司，因为事故发生具有随机性，所以要有充足的流动比率来随时满足赔偿需要。因此，在资金运用中，要考虑期限搭配。

针对保险资金运用原则以及保险行业和经济社会发展实际水

平，中国保监会副主席陈文辉在"中国保险资产管理业协会战略发展专业委员会第二次会议暨保险资产管理业助力实体经济发展研讨会"上强调："保险资金运用要把握好三个原则，投资标的应当以固定收益类产品为主，股权等非固定收益类产品为辅；股权投资应当以财务投资为主，战略投资为辅；即使进行战略投资，也应当以参股为主。"

2018年4月施行的《保险资金运用管理办法》，明确规定了保险资金的运用范围："保险资金可用于银行存款、买卖债券、股票、证券投资基金份额等有价证券、投资不动产、投资股权及国务院规定的其他资金运用形式。"此外，在创新应用领域，保险资金可以用于投资资产证券化产品和创业投资基金等私募基金。"资产证券化产品是指金融机构以可特定化的基础资产所产生的现金流为偿付支持，通过结构化等方式进行信用增级，在此基础上发行的金融产品。创业投资基金是指依法设立并由符合条件的基金管理机构管理，主要投资创业企业普通股或者依法可转换为普通股的优先股、可转换债券等权益的股权投资基金。"

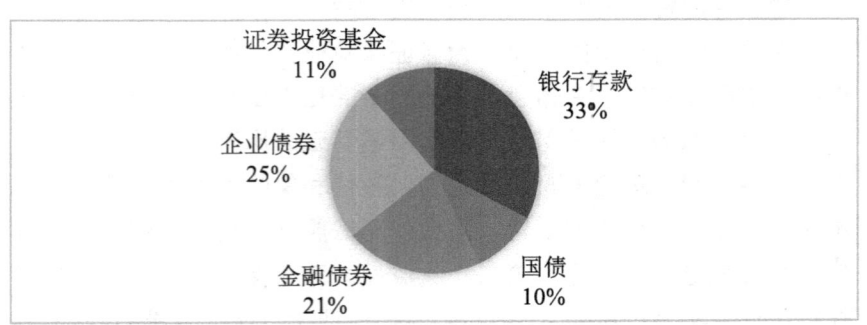

图 4-4　2016 年我国保险资金运用结构

资料来源：中国国家统计局网站。

2016年，我国保险资金运用结构主要集中于银行存款和企业债券，占比总额超过 50%。当然这样的比例和保险资金运用的安全性要求联系密切，但是银行存款和企业债券的收益率相对较低，在获利性上存在不足。因此，随着资本市场逐渐规范化，对于保险机构资金的使用，在保证稳定性的同时，可适当提高创业基金、股权战略投资、私募投资等方面的应用，以提高收益率。

2. 保险资金运用对航空物流建设的支持

1）提高保险资金在航空物流领域应用的双赢性

对于航空物流领域，无论是机场建设、仓储区构建，还是物流公司的业务拓展，都需要有大量的资金支持。尤其是机场建设，作为大型工程，有原材料储备、人员储备等方面的需求，因此初始投资巨大，而且在建设阶段，出于对物料的需求，还需要有大量稳定持续的后续资金的支持。即使机场建成，也需要较长一段时间才能够收回前期投资成本，这就增加了其对长期资金的需求。一般银行贷款期限与工程期相比，相对较短且规模有限，因此机场建设需要寻求更多的资本参与。而保险资金单笔资金大、期限长，与基础设施建设的周期完美匹配，有利于为其提供源源不断的稳定的现金流支持。同时，凭借保险公司资产管理、风险评估方面的经验，可以为工程提供很好的风险咨询，满足其风险管理与财务管理需求。

对于保险公司，保险资金运用需要获得收益，但也要严格筛选项目，以保证安全性，如投资航空物流领域建设，其属于国家政策支持的基础设施工程，可靠性较高，同时资金回流风险低，长期投资周期能抵抗通货膨胀影响。此外，基础设施投资受金融风险影响较弱，与其他金融投资相关性低，可以优化配置。因此投资航空物流领域建设，既可以保证对投资风险的控制，又可以解决保险资金长负债、短资产的错配问题，以应对低利率环境下资产荒带来的资产负债匹配压力；在推进保险业供给侧结构性改革的同时，为产品创新提供更广泛空间，使保险资金更好地对接实体经济。

2）保险资金参与航空物流领域建设的途径

航空物流领域的资金需要主体多元化，对资金需求也是多样化，下面将从信托、PPP项目建设等方式，探讨保险资金参与其建设的政策支持和参与途径。

2015 年,《关于保险业支持重大工程建设有关事项的指导意见》提出:"支持保险机构通过债券、投资基金等多种方式参与重大工程投资,满足重大工程建设融资需求;鼓励保险资产管理机构发起设立资产支持计划,推动铁路、公路、机场等交通项目建设企业应收账款证券化。"

《关于保险业支持实体经济发展的指导意见》明确表示,鼓励保险资金投资符合国家战略和导向的重大项目,并给予政策倾斜。积极引导和支持保险资金参与雄安新区建设,探索新的投融资机制,对于新区的交通基础设施、水利、生态、能源、公共服务等重大项目给予长期资金支持。

(1) 购买航空领域企业债券

《保险业支持重大工程建设有关事项的指导意见》第一条提出:"鼓励投资重大工程建设项目债券。支持保险资金购买重大工程建设主体发行的企业债券、项目收益债券、专项债券等各类债券。探索实施重大工程建设主体向保险机构定向发行债券,提高债券发行效率,促进资金供求方的有效对接。"

在航空领域,受益于我国经济的持续增长、人民消费水平的不断提升,航空器技术不断创新,航空运输吞吐量不断增加,行业发展前景良好。而且在京津冀地区,建设机场群是三地政府支持的重大项目,其未来发展的空间大,收益稳定,因此,航空类债券应该是保险公司可以投资的优质资产之一。

(2) 信托模式

保险资金的信托参与方式,主要是由保险公司作为委托人,专业资产管理机构作为受托人,发起信托投资计划。保险公司将资金委托给资产管理公司,按照合同要求发起股权或债权投资。

第一种,股权投资计划。这是为参与或控制某一公司的经营活动而投资购买其股权的行为,投资者以最终获取收益为目标。股权投资计划下,保险公司委托的信托发起人可以作为机场建设公司的股东,委派专业人员作为建设方的董事,参与目标公司的日常经营和管理,以便密切关注公司的资产运行情况,提高资金运用效率。近年来,保险业响应国家号召,在基础设施领域股权投资中发挥了重要作用。2016年,中保投资有限责任公司成立,募集400亿元保险投资基金支持我国一带一路项目。京津冀一体化发展是国家重要战略之一,可以由保险监管部门牵头,联合各金融机构,设置相应的服务于三地经济的投资公司,募集保险资金,投资京津冀地区基础设施建设。

在间接投资方面,私募股权计划是没有直接股权投资资格的中小型保险机构的主要参与方式。保险资金可以作为私募基金(PE)、风险投资(VC)和因基金(FOF),保险机构可以作为普通合伙人(GP)设立股权投资机构,也可以通过投资成为有限合伙人(LP)。2015年9月,保监会发布《中国保监会关于设立保险私募基金有关事项的通知》,明确基金主要投向"为国家支持的重大基础设施、战略性新兴产业、养老健康医疗服务、互联网金融等产业和领域。"机场建设作为国家重要的基础设施,正好可以利用保险私募基金。

第二种,债券投资计划。《基础设施债权投资计划管理暂行规定》指出:"债权投资计划,是指保险资产管理公司等专业管理机构作为受托人,根据《管理办法》和本规定,面向委托人发行受益凭证,募集资金以债权方式投资基础设施项目,按照约定支付预期收益并兑付本金的金融产品。"由于保险资金具有长期性的特点,债权计划更适合于大型项目建设,近年来,其在城市高速公路、地铁建设等领域提供了大量资金支持,是我国基础设施建设重要的融资渠道。在机场建设中利用债权投资计划,一方面能够拓宽融资渠道;另一方面,项目的稳定性决定的债券利率通常低于贷款利率,可以减少资金成本。

(3) 参与PPP模式合作

PPP模式是指政府和社会资本合作,以特许权协议为基础,签署合同,形成一种伙伴式的合作关系,使非公共部门资源参与公共设施的建设。相比 BOT 模式，在 PPP 模式下，各参与方共担风险，合作更加密切深入，信息资源更加公平。在机场建设中采用 PPP 模式，一方面能使社会资本参与到机场项目前期的研究工作，降低融资风险；另一方面，能获得政府相应的政策支持，提高社会资本参与的积极性。同时，在政府的支持和社会资金的保证下，也能够为后期机场运营提供优质条件。

《全国民用运输机场布局规划》提出，要建立三大世界机场群，须增强北京机场国际枢纽竞争力，与天津、石家庄共同打造京津冀世界级机场群；《规划》特别提道："支线机场是公益性较强的公共基础设施，原则上以非债务性资金全额投入，中央与地方要加大财政性资金支持；同时，拓宽机场建设投融资渠道，探索政府和社会资本合作模式（PPP），充分发挥市场机制作用吸引社会资本。"北京新机场轨道线项目采用的就是"土建、设备和运营"的 PPP 模式。

在保险资金参与机场 PPP 模式投资方面，保监会发布《保险资金间接投资基础设施项目试点管理办法》，在防范风险前提下，放宽保险资金可投资基础设施项目的行业范围，增加政府和社会资本合作的 PPP 模式等可行性投资模式。

保险资金参与 PPP 模式，是拓宽投资渠道的重要途径。首先，PPP 模式资金需求量大、期限长，符合保险资金的长期性、规模性特点，能够更好地实现产业资本与险资的对接。其次，PPP 有政府信用担保，风险低，有较为稳定的收益率，与保险资金安全性运用原则相匹配。第三，通过项目投资，可以促进合作，推动建设领域保险产品的销售。在 PPP 模式下投资，保险公司可以选择以下 4 种参与方式。

第一种，设立基金，作为有限合伙人。第二种，通过股权计划、债权计划、间接投资来获取利益回报。第三种，与其他机构合作，共同参与项目投资。《关于保险业支持重大工程建设有关事项的指导意见》曾提出："探索保险资金参与重大工程银团贷款，降低融资成本。"第四种，参与资产支持计划，提高资产的流动性，拓宽退出途径。当然，不管采取哪种参与方式，保险公司都能够提供一项优势服务，就是在项目中提供风险咨询、保险规划和优惠投保条件。保险公司在基础设施建设领域参与风险管理的经验，可以为机场 PPP 项目的顺利进行提供更为有利的条件。

（4）参与航空系资产证券化

中国航空工业集团有限公司总会计师李耀表示，"今后，航空工业将致力于构建军民互补、产融互动、可持续发展的产业格局，加速向军民融合产业体系转变，计划到 2020 年实现三个"70%"，即军民融合产业收入占比达到 70%，军品一般制造能力社会化配套率达到 70%，集团公司资产证券化率达到 70%。"2015 年，海南航空为降低融资成本，优化资产结构，通过恒泰证券股份有限公司设立 BSP 票款债权资产支持专项计划，并通过该专项计划发行 61.5 亿元人民币资产支持证券进行融资。

从国际上看，在欧美等资产证券化业务比较成熟的市场，保险资金一直是主要投资者之一。据美国保险业界组织美国保险监督官协会（NAIC）称，截至 2012 年底，美国保险业持有美国资产支持证券存量的 11.8%。但从国内情况来看，尽管近 10 年来我国保险业发展迅速，保险业在资产证券化业务方面的探索却不尽如人意，借助于政策的完善，仍存在较大的发展空间。2012 年，保监会发布政策允许保险资金投资保险资产管理公司发行的项目资产支持计划。2013 年 8 月，保监会出台《关于保险业支持经济结构调整和转型升级的指导意见》提出："支持保险资金参与信贷资产证券化，盘活存量金融资产，优化金融配置。"2015 年 9 月，保监会印发《资产支持计划业务管理暂行办法》。

（5）参与航空物流领域融资租赁

合同法对融资租赁的界定是指"出租人根据承租人对出卖人的选择及租赁物的特定要求，出资向出卖人购买租赁物，并提供给承租人使用，承租人则分期向出租人支付租金，在租赁期内租赁物的所有权属于出租人所有，承租人拥有租赁物的使用权"。

第一，目前航空领域融资租赁情况。购买飞机等大型装备需要大量资金支持，一些航空公司由于资金储备不足，无法一次性支付飞机价款，融资租赁通过分期支付租金的方式，可以有效地减少飞机购买压力，使企业快速获得所需设备，扩大运输能力。鉴于融资租赁在航空领域融资中的重要作用，政府积极支持其发展，一些地区开始积极探索航空领域融资租赁业务。天津自贸区、广东自贸区等率先在海关特殊监管区域内，借鉴国外先进模式，通过税收优惠等政策优惠，支持国内外租赁公司在区内设立项目融资模式公司开展融资租赁业务。

以天津为例，其在我国航空融资租赁领域一直处于领先地位，在其自由贸易试验区内融资租赁公司总部超过 1 300 家，租赁飞机累计达到 1 028 架，占全国九成份额，是全球仅次于爱尔兰的第二大飞机租赁聚集地。在融资企业方面，天津发展成为银行保险多主体参与，混合民营机制共存，大中小规模共同发展的格局。同时，天津作为我国对外贸易重要城市，一直注重国际合作。渣打银行日前在天津东疆保税港区成立 Pembroke 飞机租赁（天津）有限公司，成为首家在天津东疆保税港区开展航空租赁业务的外资银行。在金融领域方面，银行、保险加融资租赁的国际化发展对促进京津冀航空运输领域对外发展起到很好的助推作用。

第二，保险资金参与融资租赁的可行性。融资租赁公司主要的资金来源是银行贷款，而银行贷款的期限较短，通常为 1～3 年，而融资租赁的项目资金需求相对较长，因此在资金期限上匹配度不足。保险资金不仅具有长期性、稳定性的特点，而且其主要来源为保费收入，以一种先收费后支付的形式存在，而融资租赁的特点恰巧是先使用资金，后支付，因此从各方面来看，二者具有天然的匹配性。同时，融资租赁收益率高于其他投资渠道的平均收益率，对于保险公司来说也是一种很好的拓宽投资渠道的手段。因此，二者的合作是一种互利共赢。

2013 年 5 月，平安租赁与平安资产管理有限责任公司在上海签署了合作备忘录,我国保险资金首次被引入融资租赁行业。此后,国家高度重视保险资金在该领域的重要作用,2015年8月,国务院办公厅印发了《关于加快融资租赁业发展的指导意见》,指出:"要拓宽融资渠道,鼓励银行、保险、信托、基金等各类金融机构在风险可控前提下加大对融资租赁公司的支持力度;支持符合条件的融资租赁公司通过发行股票和资产证券化等方式筹措资金;研究保险资金投资融资租赁资产等"。近年来,保险资金在融资租赁中应用不断增加,并出资设立了该领域专门的机构,如表4-6所示,截至2017年6月,我国共有三家保险公司入股设立金融租赁公司。

表4-6 保险系资本参与的金融租赁公司

名称	保险公司参与股份比例	注册地
太平石化金融租赁	太平人寿50%	上海
邦银金融租赁	安邦人寿49%	天津
中铁建金融租赁	中国财产再保险29.166%	天津

资料来源:wind资讯。

第三,保险资金参与融资租赁的主要业务模式。第一种,设立资产支持计划。《资产支持计划业务管理暂行办法》明确规定:"资产支持计划业务是指保险资产管理公司等专业管理机构作为受托人设立支持计划,以基础资产产生的现金流为偿付支持,面向保险机构等合格投资者发行受益凭证的业务活动。"将租赁资产作为资产支持计划的基础资产,提高其流动性,有利于促进我国实体经济发展。目前,我国保险资金参与融资租赁的主要途径为资产支持计划,如华融金融租赁一号资产支持计划、华泰资产新一期资产支持计划等。2016年6月12日,上海保险交易所股份有限公司在上海成立,使得保险资产支持计划得到统一,公开的交易场所对于促进资管产品的发展起到了重要的推进作用。伴随各方面监管机构和政策的推进,我国的保险资产ABS将会有更好的发展前景。第二种,定制型集合信托计划。2014年,《关于保险资金投资集合资金信托计划有关事项的通知》规定:"保险资金投资的集合资金信托计划,基础资产限于融资类资产和风险可控的非上市权益类资产。"而融资租赁符合该项要求。保险公司可以投资集合信托计划,以贷款的方式把资金提供给租赁公司,用于购买租赁物,把租金作为资金收益,也可以投资信托公司打包的租赁公司收益权项目。

(6)参与物流地产投资

保监会发布的《保险资金投资股权暂行办法》和《保险资金投资不动产暂行办法》允许以保险资金投资未上市的企业股权和不动产,对保险公司优化资产配置,缓解投资压力,提高投资收益率,分散投资风险产生积极的影响。《保险资金投资不动产暂行办法》规定:"保险资金投资的不动产,是指土地、建筑物及其他附着于土地上的定着物。保险资金可以投资基础设施类不动产、非基础设施类不动产及不动产相关金融产品。"

保险公司投资不动产的方式包括以下几种:第一种,直接投资不动产。保险公司投资的不动产包括商业和办公不动产,与保险业务相关的医疗、汽车服务、养老不动产以及自用性不动产。第二种,以股权投资、债权投资、资产证券化等方式间接投资各种不动产金融产品。2012年,泰康人寿购买"中信聚信汇金地产基金1号集合资金信托计划"优先级信托产品,在不动产间接投资领域迈出重大一步。

近年来,我国保险公司在一线城市优质地段和养老地产方面投入较多,甚至直接参股地产公司。未来,在竞争激烈的环境下,探索新的投资项目是保险公司面临的重要战略改革。中国平安首席投资官陈德贤表示,"不动产投资方面,中国平安看好商业写字楼和工业物流两个板块。就工业物流而言,未来公司将开拓冷链仓储的市场,以拿地、建仓、再出租的模式,谋求更高的收益。"中国人寿出资参与五洲国际与全球知名物流业巨头普洛斯合作的25亿美元的投资项目。保险资金参与物流建设,对于航空物流发展来说是一项稳定的、规模性的资金来源，可为其提供便利的发展条件。对于保险公司来说，也是一种新的、有前景的、能够产生稳定现金流收益的不动产投资新领域。

（7）投资创投基金，支持航空产业发展

创业投资是指对创业股权投资，待创业企业发展稳定成熟后，通过相应的退出渠道转让股权，以期获得资本增值的一种投资方式。在创业投资中，被投资企业不仅需要资金支持，还需要投资人给予风险管理、企业经营等方面的资源和经验的支持。通常，投资机构在企业天使轮、成长期进入，平均退出回报较高，若投资成功，收益将高达 10 倍左右。

创业企业由于缺少资产抵押，从银行获得贷款相对困难，而我国保险资金数量大，其投入创投领域，将对我国科技发展、创新创业起到重要的推动作用。而保险资金参与创业投资，也可以丰富投资渠道，同时提高险资使用的收益率，形成互利共赢。

保监会为贯彻落实《国务院关于加快发展现代保险服务业的若干意见》精神，规范保险资金投资创业投资基金行为，支持科技型企业、小微企业、战略性新兴产业发展，防范投资风险，发布了《关于保险资金投资创业投资基金有关事项的通知》（以下简称《通知》），对保险资金参与创投基金加以规范。

《通知》明确规定了保险资金参与创业投资基金可以采用的方式："保险资金可以通过投资其他股权投资基金间接投资创业企业，或者通过投资股权投资母基金间接投资创业投资基金。投资其他股权投资基金和股权投资母基金的基金管理机构、主要投向、管理运作等应当符合中国保监会关于保险资金间接投资股权的规定。"目前来看，在众多方式中，较为鼓励采用的方式是保险资金通过股权、私募的渠道，通过创业投资基金来间接投资高新企业；对于保险公司来说，其对资金运用的稳定性要求较高，所以要注重投资组合的合理安排。第一，选择不同基金管理人发行的创投基金，规避非系统性风险，分享行业平均收益。第二，选择种子期、成长期、成熟期等多投资阶段组合，分享种子期高风险带来的高收益和成长成熟期的稳定资本增值。第三，选择债券、可转换债券、普通股、优先股、认股权证等多种投资方式组合，控制风险。

航空产业是中国未来经济发展的主要"引擎"之一，但其现有规模相比发达国家仍存在很大差距。改革开放以来，我国积极进行经济转型，发展迅速。在交通运输领域，汽车自主品牌的增加、高铁复兴号的运行都标志着我国科技的不断创新。在国家对航空领域建设的支持下，未来航空领域技术也将不断创新，涌现出一大批航空航天及相关产业的上市公司，但在这一过程中，需要各种资本介入，共同支持我国航空航天产业的发展。

京津冀地区政府可通过召开全国性航空技术会议等方式，邀请创投基金、基金管理公司等参与，吸引和鼓励其对三地航空航天产业的投资支持。在这一方面可以借鉴西安的经验，结合三地航空产业实际，逐步摊开。西安地区为促进西安航空基地引进更多优质创新创业项目，召开了航空科技创新创业项目推介会，在会上通过展示无人机（多旋翼）系统、民用航空螺旋桨应力遥测系统项目等多个航空产业项目，展现出航空领域技术的创新性和发展空间，吸引了伟华资本、中信资本、陕西投资基金管理有限公司、陕西航空高技术创业投资基金等多家投资公司参加。

最后，为更好地发挥保险资金在航空航天领域的运用，要在管理层面上加强对其指导、监管，完善各地的政策支持。

第一，要加强监管部门合作。保险监管部门要从投资方向、投资金额等方面加强对保险资金运用的监管，坚持放开前端，管住后端，在保障保险公司偿付能力的基础上，鼓励其参与国家重点项目投资。

第二，加强保险监管部门与民航局、安监局等的沟通协调和配合，促进保险资金与航空项目的有效衔接。建立信息共享的开放平台，使保险公司能够了解有关投资项目的及时的、准确的信息，提高资金使用安全性。构建金融机构共享的企业信息数据库和交换平台,通过银行信用记录等甄别投资项目,通过保险公司索赔记录了解风险管理能力,优化金融机构对项目的风险识别手段。

第三,加强政府参与度,提供政策支持。加强政府对保险资金参与京津冀地区重大项目投资产生的合规收益的税收优惠力度,鼓励全国险资对三地的投入。依法对保险机构在当地的建设用地,如机场、物流园区等的登记方面给予支持,建立快速审批通道。各地发展改革委要结合本地实际,完善重大工程建设投融资机制,建立各地资金支持、项目审批的同等待遇和优惠措施,为广泛引入保险资金创造条件。

第三节 临空经济中金融保险的服务情况

航空物流的发展,其实是当下临空经济的实践化发展。临空经济是指以航空运输(人流、物流)为指向的产业在经济发展中形成的具有自我增强机制的聚集效应,不断引致周边产业的调整与趋同,这些产业在机场周边形成经济发展走廊、临空型制造业产业集群,以及各类与航空运输相关的产业的集群,进而形成以临空指向产业为主导、多种产业有机关联的独特经济发展模式。临空经济的发展,离不开各种金融机构的扶持,同时面对经济区内存在的各种风险,也需要有相关的保险作为支持。

一、我国航空港区金融服务建设——以郑州航空物流综合区为例

(一)港区简介

2013年3月7日,中国政府批准设立郑州航空港经济综合实验区,该实验区是我国首个上升为国家战略、目前唯一一个由国务院批准设立的航空经济先行区,规划面积415平方千米,规划人口260

万人。

实验区定位为国际航空物流中心、以航空经济为引领的现代产业基地、内陆地区对外开放重要门户、现代航空都市、中原经济区核心增长极,是一个拥有航空、高铁、地铁、城铁、普铁、高速公路与快速路等多种交通方式的立体综合交通枢纽,是我国内陆首个人民币创新试点。

实验区产业发展主要包括航空物流业、高端制造业、现代服务业。

航空物流业:以国际中转物流、航空快递物流、特色产品物流为重点,完善分拨转运、仓储配送、交易展示、加工、信息服务等配套服务功能。

高端制造业:以航空设备制造及维修、电子信息、生物医药为重点,建设精密机械产品生产基地,规模化发展终端、高端产品,推动周边地区积极发展汽车电子、冷鲜食品、鲜花等产业。

现代服务业:发展专业会展、电子商务、航空金融、科技研发、高端商贸、总部经济等产业,打造为区域服务的产业创新中心、生产性服务中心和外向型经济发展平台。

实验区空间布局为空港核心区、城市综合性服务区、临港型商展交易区和高端制造业集聚区。

空港核心区:主要发展航空枢纽、保税物流、临港服务、航空物流等功能。其中航空物流产业园重点发展特色产品物流、航空快递物流、国际中转物流、航空物流配套服务。

城市综合性服务区:集聚发展商务商业、航空金融、行政文化、教育科研、生活居住、产业园区等功能。

临港型商展交易区:主要由航空会展、高端商贸、科技研发、航空物流、创新型产业等功能构成。

高端制造业集聚区:主要由高端制造、航空物流、生产性服务、生活居住等功能构成。

2017年,航空港实验区地区生产总值完成700.1亿元,是2012

年的 3.4 倍，年均增长 19.4%；航空客运完成 2 430 万人次，是 2012 年的 2.1 倍，年均增长 15.8%；航空货运完成 50.3 万吨，是 2012 年的 3.3 倍，年均增长 27.2%。

（二）郑州航空港经济综合实验区金融服务

航空港经济的快速增长，使其对金融业的需求增加，在港区建设中融资租赁、银行、信托、保险、证券等机构的支持和针对性创新不可或缺。在郑州航空港区建设过程中，金融业发挥的作用不可替代。

河南省政府颁发《河南省人民政府办公厅关于支持郑州航空港经济综合实验区发展的意见》提出相关金融政策，并针对每一政策规定财政厅、中国人民银行、金融办等具体落实单位，明确责任划分；政策主要内容包括支持银行业金融机构与实验区签订战略合作协议，制订专门的信贷支持策略和管理方案；支持实验区率先开展融资租赁业务，积极探索离岸金融、信托、债券等金融创新；支持融资租赁机构通过上市和发行企业债券、公司债券，探索在银行间债券市场融资，拓宽直接融资渠道；支持保险资产管理公司在实验区设立基础设施投资计划、不动产投资计划和项目资产投资计划等产品，引入保险资金投资实验区建设；鼓励实验区内银行或信托公司发行面向保险资金的专项理财产品和信托投资产品，支持实验区内大型企业设立面向保险资金的债券融资计划；支持出口信用保险公司在实验区开展进出口保险业务；支持实验区加快科技金融改革创新，支持银行业金融机构在实验区开展知识产权质押等灵活多样的金融创新服务，在实验区设立专营科技支行，重点支持拥有自主创新产品、技术或商业模式的科技创新型企业破解融资难问题。在政策的推动下，郑州航空综合区积极推进金融业务支持，主要表现为以下几个方面。

1. 引进金融机构，加强战略合作，利用信贷资源

据统计，2016 年年初，郑州航空港经济综合实验区内共有 5 家

国有商业银行，3家股份制银行，4家城商行，3家农村、村镇商业银行。中国工商银行于2014年与河南省人民政府签署战略合作协议，支持港区的航空物流等重点项目，为郑州航空港经济综合实验区建设提供全面金融服务。2015年，中国银行河南省分行投资港区棚户区改造，在国内首创了"基金+股权投资+回购"的融资新模式。

2. 设立产业投资基金

2014年，中国建设银行组建基金管理公司，与惠银东方基金公司合作设立全国首个国家战略区域发展产业基金——航空港城市发展基金。

3. 政府支持类金融服务

河南省政府通过专门政策扶持，鼓励银行、保险资产管理公司、保险公司深化与郑州航空港的合作，同时，自2015年起，每年都会安排专项资金，用于支持经济发展，其中为支持航空物流领域的发展，2015年，省财政增加航空试验区专项基金5亿元，表4-7为2015年和2016年河南省部分专项资金目录。

表4-7 河南财政部分专项资金（单位：万元）

年份	金融专项	民航专项
2015	92 500	115 000
2016	101 700	65 000

资料来源：河南财政厅。

4. 离岸金融业务

2014年，中国人民银行郑州中心支行开始放航空港区的人民币跨境收支业务，鼓励企业拓宽融资渠道，吸引外资。2015年，郑州航空港经济综合实验区获批成为我国首个内陆跨境人民币创新试点，实行跨境人民币贷款、跨境贸易融资、资产跨境转让业务。同时，港区吸引有经营离岸业务的金融机构，如浦发银行、交通银行等在区内设立分支机构。目前，中国平安银行在总行离岸金融事业部的支持下，与航空港区众多企业在国际结算、外汇担保等方面建立了战略合作关系。

5．完善港区金融监管合作

第一，推进郑州航空港区金融风险防范和信用体系建设。港区注重对金融系统性风险的防范，对各产业关联性风险密切观测，防止风险蔓延。同时为保证金融机构资金的安全性，注重对实体企业的信用的考察，创新建立中小企业信用增级，与金融机构互利共赢。

第二，由于郑州航空港区的发展离不开大量的资金支持，因此，港区政府作为纽带，应加强投融资主体联系，提高融资效率。港区政府成立投融资工作办公室，建立部门联审联批、每周融资工作例会制度，同时组建金融机构服务融资平台的季报制度。

第三，监管部门支持。为加强实验区金融及外汇管理等业务发展的支持，国家外汇管理局河南省分局联合人行郑州中心支行出台郑州航空港经济综合实验区发展意见。为推动完善航空港区金融体系构建，强化金融配套服务，加大资金支持，河南省银监局加强了对港区金融支持的指导规范工作。

二、京津冀区域航空港区金融服务——以天津航空物流区为例

《推进京津冀民航协同发展实施意见》提出："实现北京"双枢纽"机场，与天津机场、石家庄机场实现与轨道交通等有效衔接"。借力政府的政策，推进京津冀三地航空物流协同发展，需要寻找各地的特色，实现优势互补的发展格局。天津市兼备沿海城市、自贸区建设等双港独特优势，将成为我国国际航空物流中心。

天津港保税区积极利用自贸区等优势政策，打造特色口岸，推进航空物流园区建设，与北京和河北实现联动互补的航空货运体系。

2014年9月，为落实京津冀协同发展战略，天津市政府决定建设天津航空物流区。航空物流区位于天津滨海国际机场西侧，是天津临空产业区的重要组成部分，以建设北方航空货运中心为目标，

重点发展航空运输、邮件快递、电子商务、航空金融、商务服务、航空维修、教育培训、综合服务等行业，建立协同京冀、面向世界的航空物流中心。天津目前是植物苗木花卉、冰鲜水产品、进口药品、进境水果四个进口指定检查口岸，未来正在建设大通关基地，以实现天津在空运、航运、物流等领域的一体化服务。

（一）港区与银行机构合作

航空物流港区在吸引银行业入驻时，一方面可借鉴郑州的经验，探索专项服务计划；另一方面可借鉴天津港物流成熟的金融经验，如货物质押、信用共建等。

1. 货物质押监管模式

借款企业一般缺少的不是资产，而是流动资金。货物质押模式可以盘活货款，天津港曾推出动态质押业务模式，值得航空物流区借鉴。具体来说，企业将货物存放于天津航空物流区，并将其作为质押物向银行等金融机构进行质押贷款。物流区内的银行与航空公司等联合仓储部门加快背书手续，银行根据客户需求指定最低货物存放比例，委托仓储部门实施占有并监管质押物。这种融资模式有利于扩大贸易规模，增加天津航空港货物吞吐量，分散北京货运压力。

2. 未来货权融资平台

对于一些新创企业来说，实施上述货物质押业务存在困难，因为其没有货物库存可以用来做抵押物。这种情况下，采用未来货权质押融资可以解决资金缺口，促进贸易。具体来说，采购商可向银行缴纳一定比例的保证金，申请融资贷款，由银行直接向供应商付款。银行在促进空港业务的同时，也要保证贷款的安全性，所以在贷款协议中必须要求供应商将约定的合同项下的货物发送到航空物流区进行监管，采购商根据还款比例进行提货。

3. 信用共同体业务模式

信用共同体业务模式是一种由银行、企业和航空港供应的模式，由航空港建立信用评价平台,企业自愿参加。航空港凭借对企业过往收发货量和交易诚信等的了解,做出相关信用评级。银行利用空港提供的评级资料给予贷款和相关优惠。通过此种模式,可形成一种航空物流金融信息共享机制。

(二)港区保险机构合作

在京津冀一体化过程中,离不开保险机构对资金支持和风险保障的作用。为促进天津航空货运的发展,要在港区内吸引各保险公司开设分支机构及营业网点,利用其风险管理优势,提供保障。2018年3月14日,天津市与中国人民保险集团签署战略合作协议,深化保险保障、"互联网+"、投融资及普惠金融等领域合作,推动各保险公司在津设立机构、子公司。其中,一些合作对航空物流领域将会有很大的支持作用。

例如,协议提到"加强在融资租赁领域保险业务合作;加强在云计算、大数据、物联网等领域合作;探索开展城市交通管理等方面战略合作,提升社会服务管理能力,促进数据共享与数据挖掘。"尤其是"人保集团及所属子公司将加大基础设施建设、企业股权投资和兼并重组等方面投资力度,以产业结构调整基金等模式强化保险资金与实体经济对接;推动保险资金运用模式创新,通过PPP模式、资产支持计划、股权投资计划、债券投资计划等方式,不断提升京津冀协同发展基金可投项目数量质量;积极参与能源交通等领域投资合作。"

(三)专门的金融服务公司

2015年1月,由天津东疆保税港区管委会牵头,勃海金控、天津东疆投资控股有限公司、香港国际金融发展(中国)有限公司等国内外大型金融机构联合设立的天津航空金融服务有限公司成立。

当前,天津航空金融服务有限公司与中国进出口银行、平安银行、国银租赁、国外飞机租赁公司JETSCAPE、IBA等进行合作,业务范围包括飞机资产管理、租赁服务、航空产业链服务等众多领域。尤其是飞机租赁业务的开始,带动了天津东疆保税港成为我国飞机租赁中心。

(四)航空产业金融控股集团合作

一些航空集团,除了具备航空、货物运输等方面的经验,还设有金融子公司,涉足资本市场发挥集团优势,对于促进京津冀航空货运发展具有重要意义。

例如,2017年12月,由海航集团与天津市签署全面战略合作框架协议,围绕物流、金融、航空旅游、园区建设、国际贸易、基础设施建设等领域展开全方位多层次合作,从而推进天津自由贸易港的建设,并组建渤海金融控股集团和天津航空旅游集团有限公司,以深化双方在保险产业、银行股权投资等领域合作。

第四节 京津冀区域保险协同发展存在的问题

一、我国保险业发展现状

经济的发展能够带动保险行业的发展,反之,其发展也离不开保险行业的支持。从资金供给方面来看,保险资金存量大、期限长,保险与银行等金融机构一样,是我国重要的机构投资者。从社会服务方面来看,保险是有效的风险转移和管理手段,保险的损失补偿功能在风险发生后能够为企业快速恢复生产提供有力的资金支持,是我国经济发展的重要保障。随着人们保险意识的增强,人均GDP的增加,国家相关支持政策的颁布,我国保险业发展迅速。2014年,《关于加快发展现代保险服务业的若干意见》的提出使得现代保险服务业成为健全金融体系的支柱力量、改善民生保障的有力支撑、创新社会管理的有效机制、促进经济提质增效升级和转变政府职能的重要抓手,使保险成为政府、企业、居民风险管理和财富管理的基本手段,成为提高保障水平和质量的重要渠道,成为政府改进公共服务、加强社会管理的有效工具。

表4-8显示了近十几年来我国保险原保费收入和增长率情况,通过数据可以看出,我国保险业保费收入近几年增长比例超过15%,保险机构数量保持平稳,发展前景广阔。

表4-8　2007—2018年6月我国保费收入(单位:亿元,%)

时间	保费收入	增长率
2007年	7 036.00	—
2008年	9 784.00	39.1
2009年	11 137.00	13.8
2010年	14 528.00	30.4
2011年	14 339.00	−1.3
2012年	15 488.00	8.0
2013年	17 222.00	11.2
2014年	20 235.00	17.5
2015年	24 283.00	20.0
2016年	30 904.15	27.3
2017年	36 581.01	18.37
2018年1~6月	22 369.40	—

资料来源:中国国家统计局网站。

但从我国各地区的保险发展情况来看,地区差异比较明显。一方面,需要协调经济发展,平衡保险需求;另一方面,需要实现供给侧改革,增加保险机构在相对薄弱地区的服务水平。

表 4-9 2016 年全国各地区保费情况

地区	保费收入（百万元）	同比增长(%)	保险密度（元）	保险深度（%）
北京市	183 427.6	31.35	8 441.6	7.36
天津市	52 948.69	32.92	3 389.54	2.96
河北省	149 526.7	28.6	2 007.75	4.7
山西省	70 007.55	19.41	1 901.53	5.36
内蒙古	48 687.44	23.11	1 931.94	2.61
辽宁省	97 943.71	38.91	2 615.77	5.95
吉林省	55 711.84	29.17	2 105.92	3.74
黑龙江省	68 552.38	15.84	1 881.47	4.31
上海市	152 925.8	35.91	6 320.03	5.57
江苏省	269 024.2	35.19	3 363.39	3.54
浙江省	152 731.8	26.53	3 180.26	4.02
安徽省	87 251.58	24.84	1 408.28	3.69
福建省	75 499.6	19.61	2 168.28	3.05
江西省	60 870.9	19.72	1 325.5	3.31
山东省	196 628.8	27.48	2 179.62	3.44
河南省	155 514.7	24.54	1 631.5	3.87
湖北省	104 450.3	24.21	1 740.12	3.09
湖南省	88 646.07	24.47	1 299.41	2.84
广东省	298 576.7	37.56	3 044.17	5.6
广西	46 917.38	21.63	969.77	2.57
海南省	13 320.7	16.6	1 452.43	3.29
重庆市	59 995.4	16.57	1 968.07	3.42
四川省	168 415.1	30.06	2 038.44	4.85
贵州省	32 064.37	24.98	901.88	2.48
云南省	52 936.74	21.81	1 109.67	3.56

续表

地区	保费收入（百万元）	同比增长(%)	保险密度（元）	保险深度（%）
西藏	2 224.89	28.18	673.1	1.93
陕西省	71 430.43	24.83	1 873.53	3.73
甘肃省	30 765.65	19.76	1 178.78	4.3
青海省	6 872.81	22.09	1 158.09	2.67
宁夏	13 389.43	29.6	1 994.28	4.25
新疆	43 989.86	19.72	1 834.38	4.57
大连市	27 732.33	18.85	3 969.13	4.12
宁波市	25 756.01	12.8	3 271	3
厦门市	16 259.53	11.09	4 147.84	4.3
青岛市	33 590	37.6	3 649.5	3.36
深圳市	83 444.6	28.86	7 007.21	4.28

资料来源：《2017 保险年鉴》。

二、京津冀区域保险发展的现状及不足

（一）京津冀地区保险现状

1. 保费收入情况

表 4-10　京津冀地区保费收入（单位：亿元）

年份\地区	北京	天津	河北
2007	498.05	150.91	332.25
2008	585.96	175.62	480.61
2009	697.6	151.29	601.09
2010	966.46	214.01	746.4

续表

年份\地区	北京	天津	河北
2011	820.91	211.74	732.89
2012	923.09	238.16	766.16
2013	994.44	276.8	837.59
2014	1 207.24	317.75	931.94
2015	1 403.89	398.34	1 163.1
2016	1 834.25	527.99	1 491.49

资料来源：中国国家统计局。

由表 4-10 中数据可以看出，京津冀地区保费收入近年来增长快速，尤其是 2016 年，增速高达 30%左右，说明三地保险行业综合水平较高，未来要更多地利用一体化发展的优势，更好地为三地经济发展服务，以发挥保险的社会功能。但是从发展结构来看，三地的保险业尚不均衡。从 2016 年保费排名看，北京保费收入在全国排名第 4，河北排名第 9，而天津地区排在第 22。考虑到人口因素和经济因素，2016 年北京、天津地区保险密度和深度较高，而河北地区排名落后，提示应提高全民保险意识，做好保险宣传工作。

2. 政策支持

2015 年 12 月 3 日，中国保监会以保监发〔2015〕106 号印发《关于保险业服务京津冀协同发展的指导意见》，提出应抓住京津冀区域协同发展带来的战略机遇，发挥保险功能作用，着力做好北京非首都功能疏解以及产业升级转移的保险配套服务，着力探索区域保险市场协同发展的路径，更加注重优化发展结构和转变发展方式，更加注重深化改革和创新驱动，更加注重特色发展和竞争力提升，加快发展现代保险服务业，使现代保险服务业成为推动京津冀协同发展的重要抓手。

（二）京津冀地区保险服务的不足——借鉴长三角地区

1. 长三角地区一体化发展和保险服务业发展情况

长江三角洲地区涵盖上海、江苏和浙江两省一市，包括上海、南京、苏州、无锡、常州、镇江、扬州、泰州、南通、杭州、宁波、湖州、嘉兴、绍兴、舟山、台州 16 个城市核心区，区域面积达 21.07 万平方千米，占全国的 2.2%。其中上海市作为我国金融、经济、贸易和航运中心之一，应发挥其辐射能力，带动周边经济发展，实现区域性合作，推进长三角地区一体化发展。2010 年，我国颁布《长江三角洲地区区域规划》，这是第一部指导跨省区的区域发展规划。

近年来，长三角地区在一体化发展中取得了一些成效，其做法值得借鉴。

第一，区域内各省市采取"1+3"形式。三地共同起草《长三角地区共同推进若干重要事项的意见》，做好长三角区域规划之间的配合衔接，解决区域一体化中的不协调问题。2004 年以来，相继出台了《长三角都市圈高速公路网规划方案》《长三角地区现代化公路水路交通规划纲要》《长三角地区高等级内河航道网布局规划》《长三角地区港口建设规划》《长三角道路运输一体化合作规划纲要》等一系列文件；同时，根据各地区发展差异，在各自的省份实行差异化发展。

第二，构建专题组，促进行业联动发展。从 2009 年起，逐步设立了金融、交通、社保等十个重点专题合作组，为三地金融一体化、交通网络建设、信息共享提供便利。

以本节所述航空物流领域为例，在货物运输方面，如表 4-11 所示，长三角地区货物吞吐量大，是我国重要的货运中心。近年来以江苏和浙江为主的货物运输量持续增长。"十三五"规划提出："积极对接长三角城市群发展，加快推进新时期长三角地区快递空间布局优化和服务能力提升，稳步推进快递专业类物流园区和航空快递枢纽建设。在交通融合上，依托长三角公路网、高铁网、机场群等交通网络优势，进一步推进快递'上车、上船、上飞机'，打造与世界级城市群地位相匹配、引领全国、联通国际的快递强区。"

表 4-11　长三角地区货物运输量（单位：万吨）

年份\地区	上海	江苏	浙江
2007	78 340	141 158	154 286
2008	84 400	139 711	139 111
2009	76 669	152 581	151 566
2010	87 256	179 014	171 038
2011	92 962	202 528	186 376
2012	94 038	220 007	191 817
2013	84 305	181 775	188 679
2014	89 980	196 153	194 250
2015	90 893	198 998	201 231
2016	88 324	202 070	215 558

资料来源：中国国家统计局网站。

在保险方面，如表 4-12 所示，近年来三地保费收入持续增长，对经济发展起到了重要支持作用。三地保险监管部门和保险机构践行地区"1+3"规划，在监管协同的基础上，共享信息，减少区域性障碍。同时又根据三地实际经济特点，制订发展规划，以期共同促进区域保险协调发展，减少竞争。"十三五"时期，江苏保险业将着力提升保险供给质量，增加保险主体数量。浙江保险业着力融入"一带一路""互联网+"、浙江自贸区等重大战略的实施。上海保险业通过国际保险中心建设，以点带面，加速上海现代保险服务业的发展和现代保险市场的构建，为上海"五个中心"建设和社会民生改善增加新动能。

表 4-12 长三角地区保费收入情况（单位：亿元）

年份 \ 地区	上海	江苏	浙江
2007	482.64	576.64	369.72
2008	600.06	775.42	489.24
2009	665.03	907.73	538.1
2010	883.86	1 162.67	690.34
2011	753.11	1 200.02	730.67
2012	820.64	1 301.28	819.88
2013	821.43	1 446.08	1 109.92
2014	986.75	1 683.76	1 051.08
2015	1 125.16	1 989.92	1 207.08
2016	1 528.79	2 679.68	1 527.65

2. 京津冀保险发展不足——两地货运险比较

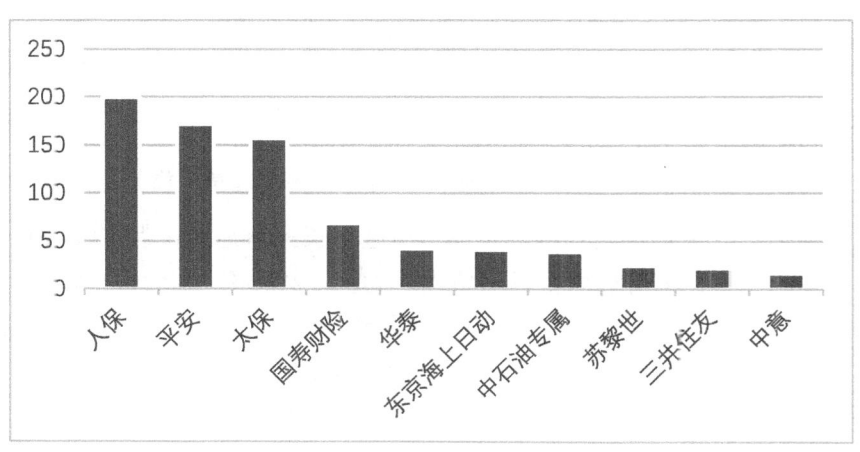

图 4-5 2016 年北京货运险承保机构（前十位）

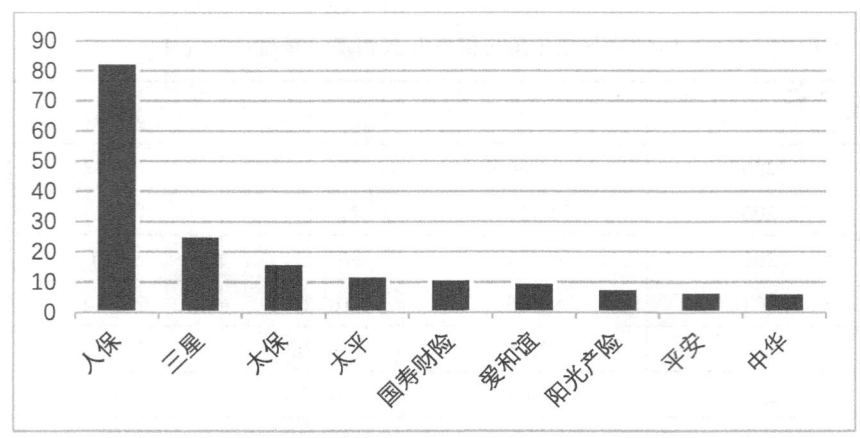

图 4-6　2016 年天津货运险承保机构（前十位）

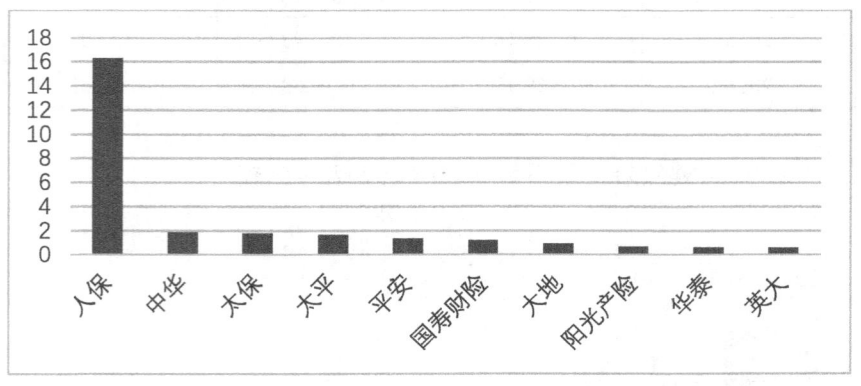

图 4-7　2016 年河北石家庄货运险承保机构（前十位）

以货物运输保险为例，京津冀地区与长三角地区在保费收入和承保机构方面差异较大，以保费收入为例，2016 年，北京市货运险保费收入为 8.72 亿元，天津市货运险保费收入为 1.98 亿元，河北省货运险保费收入为 1.7514 亿元。而在长三角地区，上海市货运险保费收入为 15.01 亿元，江苏省收入为 7.24 亿元，浙江省收入为 6.3 亿元，比京津冀地区高出很多倍。从承保机构来看，以各地区 2016 年货运险保费收入前十名为例（见图 4-5 至图 4-8），可以发现京津冀地区与上海相比，货物险承保机构分布不够均衡。京津冀地区保险市场要更好地服务区域航空物流的发展,需要在提高服务水平的同时,推动协调性监管和发展,使北京蓬勃发展的保险行业辐射到天津、河北地区,才能实现三地风险管理手段的共同完善,才会为区域航空物流带来质的飞跃。

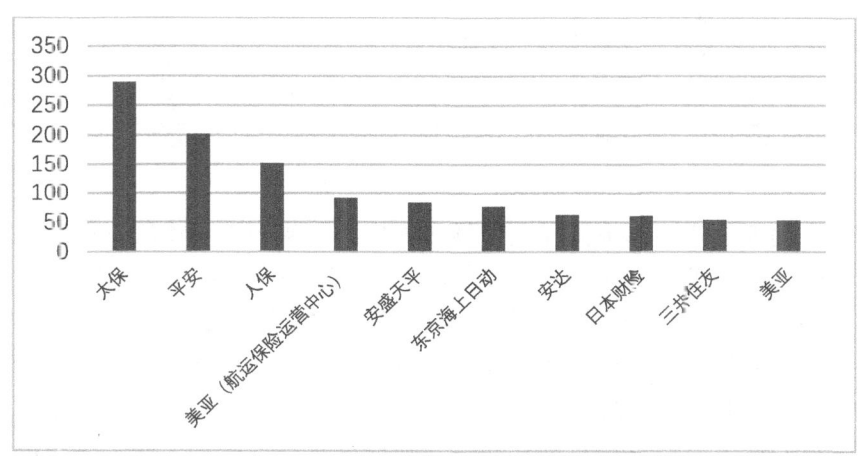

图 4-8　2016 年上海货运险承保机构(前十位)

资料来源:《2017 保险年鉴》。

第五节　完善京津冀区域保险发展协同性的建议

一、扩大保险经营区域

(一)保险公司异地经营

目前京津冀三地保险机构数量如表 4-13 所示,保险机构总数较多,但是法人机构基本设立在北京,其他两地多是分支机构。此外,北京地区有外资保险公司代表处77家，再保险公司7家，在国际化发展中占有优势。

表4-13 2018年京津冀三地保险公司数量

地区	财产保险分、支公司（家）	人身保险分、支公司（家）
北京	310	408
天津	271	360
河北省	1 594	2 784

资料来源：根据三地保监会资料统计。

为促进京津冀地区保险市场一体化，加快推进京津冀三地保险承保理赔服务标准化建设，为三地保险消费者提供无差异保险服务，2015年，《中国保监会关于保险业服务京津冀协同发展的指导意见》指出，允许京津冀地区的保险公司打破经营区域限制，在三地保险监管机构备案后开展异地业务，全面建立京津冀三地保险理赔通赔通付制度，鼓励保险机构在天津和河北设立法人机构，缓解北京机构压力。2017年1月，保监会发布了《保险公司跨京津冀区域经营备案管理试点办法》，同年4月，三地保监局联合发布了《关于保险公司和保险专业代理机构跨京津冀区域经营备案管理试点有关事项的通知》，在完善理赔制度、优化理赔流程、建立查勘理赔联动机制等方面做出了探索。结合政策规定，对保险机构服务一体化有以下三方面建议。

1. 放开机构设立限制，鼓励保险机构向京外转移

河北和天津的保险监管机构要在机构设立方面，适度放松政策，提供业务支持，鼓励保险公司，尤其是与当地经济发展密切相关的保险公司，在两地设立法人或分支机构。同时，辅助各保险机构做好业务对接。

2. 分险种逐步放开区域经营限制

对于跨区域经营，也要分险种采取不同的策略。在航空物流保

险方面，涉及的险种如运输保险、责任保险等建议试用备案经营的政策，而对于地面责任保险、航空器保险，由于其地理位置较为固定，当地保险公司就可以负责，建议鼓励建立保险法人机构。对于机场建设保险等，由于标的保额较大，建议采用共保的形式，三地联合承保，分担风险，以打破京津冀地区财产保险经营的区域限制。

3．从通赔通付着手，完善异地服务系统

目前，在财产险中，通赔通付主要应用于车险领域。针对汽车流动性较强的特性，在异地实现查勘、理赔的功能，有利于被保险人及时获得损失补偿。对于航空物流领域，可借鉴车险通赔通付经验，结合自身业务特点，创新服务。第一，要确立统一的核赔标准，避免异地代理查勘时出现同一事故、结果不同的情况，还应简化理赔程序。第二，出险地代查勘，提供索赔便利。第三，针对业务特点，多行业合作。以货运险为例，承保公司可以借助货运代理人对运输流程的了解，与其合作找出责任主体，由责任主体注册地保险公司代为处理，进行快速理赔。对于航空旅客责任保险，不仅要实现快速理赔，还要由旅客居住地保险公司进行客户慰问服务。同时，在京津冀领域实现保险公司跨地域经营后，对于异地没有分支机构的保险公司，要提前联合业务伙伴，在需要时代理理赔查勘。总之，三地保险公司要做好异地服务系统的建设，以减少客户成本，提高客户让渡价值，更好地发挥保险的社会功能，为京津冀地区的经济发展保驾护航。

（二）保险中介跨区域服务

表4-14　2018年京津冀三地保险中介数量

地区	专业保险代理公司	保险经纪公司	保险公估公司
北京	90	97	27
天津	80	23	15
河北	69	14	12

资料来源：根据各地保监局网站统计。

通过以上数据可以看出，在三地保险中介发展进程中，保险专业代理人数量较多，北京地区在保险经纪人和公估人数量上占据绝对优势。目前，在承保领域，保险代理人和经纪人业务比例较高。

在代理人方面，我国的保险代理市场存在个人代理人、兼业代理人和专业代理人三种主体，当前兼业代理和个人代理业务量占比较大，专业代理人数量相对较少。然而，保险专业代理人在业务的专业性、技术性等方面均高于前两者，因此新国十条提出："要充分发挥保险中介市场作用，不断提升保险中介机构的专业技术能力，发挥中介机构在风险定价、防灾防损、风险顾问、损失评估、理赔服务等方面的积极作用"的基础上，应积极推进专业代理机构的发展。由于航空物流领域，涉及机场建设、电商服务、多式联运等情况，风险较为复杂，代理领域更需要专业性的代理机构的参与。与专业代理机构进行合作，可以使保险公司将更多的精力放在产品设计等领域，以减少销售领域的压力。在京津冀一体化发展的背景下，若要更好地发挥专业代理机构的作用，协同三地经济发展需要，需要打破传统的中介机构经营领域的限制，使其具有更多的灵活性。中国保监会于2017年颁发了《保险专业代理机构跨京津冀经营备案管理试点办法》，决定在北京、天津和河北三地开展期限为两年的、适用于京津冀三地的保险专业代理机构跨区域经营备案管理试点。办法规定"在京津冀区域内设立并获得保险监管部门经营许可的全国性保险代理法人机构向保险监管部门备案后，可以不设立分支机构，在工商登记注册地以外的京津冀地区开展保险代理业务。跨区域经营的业务收入计入业务所在地。"政策的支持为专业代理机构的经营提供了便利，然而一个重要的问题就是，目前我国专业代理公司呈现寡占情况，如何在利好的环境下提高自身业务能力，在优胜劣汰的竞争中不断发展。目前我国专业代理机构有几个方面尚待完善。第一，从保险种类上看，保费来源总体上是以财产险为主，财产险和人身险的业务比例不平衡。就财产险领域而言，主要集中于条款较为简单的车险业务，业务结构不平衡，未能发挥其机构专业性特色。第二，从业务范围上看，主要集中在保险销售领域，对于风险顾问、损失评估等职能应用较少。第三，从业人员专业素养有待提高。针对以上问题，在服务京津冀保险业发展中，专业代理机构可以从以下几方面予以关注。首先，专业代理公司应从根本上改变只靠佣金获得利润的经营方式，平衡各险种比例、拓展业务种类。以航空物流保险为例，专业代理公司可以通过增加与货运代理人、承运人等的沟通，了解需求，为其规划投保方案，同时搜集风险数据，进行损失评估，为保险公司提供理赔支持。当然，在服务多元化的情况下，可以收取一定的服务费用。其次，建立三地保险代理人数据库，通过筛选吸收优秀从业人员，并以三地行业协会为基础，轮流举办职业培训。在财产险方面，可结合行业特征，如航空物流可以邀请民航部门提供专业支持，以便保险代理人员更好地了解其特殊性，做好风险预估。

在保险经纪人方面，保险经纪人在业务专业性方面要高于保险代理人，在角色定位中，其代表了投保人的利益，很多保险经纪公司在财产险各个领域中都有专业人员，他们对投保行业风险、保险条款都有较好的理解，应充分发挥其在促进三地保险业务发展中的作用。目前，保险经纪人业务范围还有所局限，《保险经纪人监管规定》规定："全国性保险经纪公司为投保人或者被保险人是自然人的保险业务提供服务的，向工商注册登记地以外派出保险经纪从业人员，为投保人或者被保险人是自然人的保险业务提供服务的，应当在当地设立分支机构。"建议在保险管理方面，根据业务发展需要，逐步建立经纪人三地备案试点。

保险公估人作为独立第三方，在理赔和再保险领域发挥着重要作用，尤其当涉及对外业务时，公估报告认可度较高。从上述统计数据中可以看到，北京的经纪公司和公估公司在数量上占据优势，天津和河北地区的发展相对不足，因此，提供业务、设立程序、税收等支持，鼓励公估公司在天津和河北地区建立分支机构，能够更好地平衡中介市场，以借助其专业优势。尤其天津的对外发展涉及对外保险和再保险，对公估人有较高的需求。

（三）推动保险后台服务机构转移

《中国保监会关于进一步贯彻落实疏解北京非首都功能有关政策意见的通知》提出："鼓励保险公司将在京的数据中心、呼叫中心、电销职场、电话销售中心等资源消耗型和劳动力密集型下属服务机构外迁。禁止保险公司在京新设数据中心、呼叫中心、电销职场、电话销售中心等下属服务机构。"将后援机构设立在天津和河北，一方面可以疏解北京地区的非首都功能，同时可以平衡三地保险业务，更好地支持三地保险市场的协同发展。目前，已经有很多保险公司响应号召，将已有信息中心和后援中心迁址到河北，或是直接在河北和天津地区设立后台服务机构。

（四）保险人员跨区域流动

过去，保险公司高级管理人员在不同城市的本公司的各个分支机构内调职，其任职资格会得到认可，但是在不同城市的不同公司之间调动，其任职资格往往得不到承认，还需要重新考取，这在一定程度上限制了人才的流动。《京津冀保险公司分支机构高级管理人员任职资格备案管理试点办法》指出："已取得任职资格的保险公司分支机构高级管理人员，在京津冀区域跨省市跨公司调任同类型保险公司的同级或下级分支机构，实施备案管理。"调节京津冀三地保险人才储备，促进三地人才平衡，简化其资格认定程序，有助于其轮岗不同城市，了解三地保险整体情况。例如，在航空物流方面，由于北京和天津的地理位置和经济结构原因，其保险经验多于河北地区，而河北地区物流中心的定位决定了其更多的保险需求，因此，调动有经验的高级管理人员有助于促进区域经济发展。

（五）推动区域性再保险中心建设

国际再保险平台是国务院批复的国际再保险、国际航运保险、大宗保险项目招投标、特种风险分散"3+1"重点业务平台之一；在航空物流领域，其面临着运输、建设、人员、责任等风险，若遭遇突发事件，其可能面临高额损失，因此有必要建立全面再保险机制和巨灾分析中心。北京地区和天津地区涉及很多涉外保险业务，因此参与到国际再保险领域之中尤为重要。从保险机构数量上看，北京地区再保险机构较多，可充分发挥其优势，辅助天津和河北地区再保险市场的构建，推动区域性再保险中心建设。目前，上海地区正在建设再保险中心，京津冀地区可借鉴其经验，先实现区域内再保险合作，再逐步扩大辐射范围。

二、发挥区域优势，实现航空物流保险服务区域内差异化

表4-15 2016年京津冀三地交通、仓储和邮政业增加值

地区	交通运输、仓储和邮政业增加值（亿元）
北京市	1 060.97
天津市	725.31
河北省	2 369.27

资料来源：中国国家统计局网站。

表4-16 2016年京津冀三地进出口总额（单位：千美元）

地区	进出口总额
北京市	282 348 960
天津市	102 655 947
河北省	46 675 380

资料来源：中国国家统计局网站。

交通、存储和进出口的发展，对航空物流的需求具有极大的推进作用。根据表4-15、表4-16数据可以看出，河北省在物流运输领

域的发展相比北京和天津更具优势，而在进出口领域却处于弱势。因此，针对三地区的产业结构的差异，保险行业在为其服务时，也要体现出差异化，合理地配合三地重点业务。

（一）北京地区保险服务

《京津冀协同发展规划纲要》将北京定位为"全国政治中心、文化中心、国际交往中心、科技创新中心"。北京作为我国的首都，自然是国际交往的中心城市。随着我国国际合作交流的增强，举办国际会议和活动的能力不断得到提升，北京在国际航空运输，尤其是客运领域的发展尤为重要。同时，北京在人才和科技领域的发展，促进了高新技术企业的汇聚，对高端精密设备运输的需求也在不断增加。

北京地区的各类保险需要综合发展，对于航空物流领域，除货物运输保险和物流保险外，应提高旅客责任保险的承保能力和赔偿限额，当然，为控制保险公司的风险，可以对不同风险级别的航空公司给予限额差异，同时实行同一航空公司年度和事故总限额，主导京津冀三地实行同一限额标准。在精密仪器运输方面，尽量提供全面的保险保障，在定值保险中做到足额保险，减少免赔。为保障保险公司经营稳定，可利用再保险优势，分散风险。此外，北京虽没有海运优势，但是拥有发达的铁路运输系统，要做好空铁联运中保险责任的设计分摊。

（二）天津地区保险服务

《京津冀协同发展规划纲要》指出，未来天津市将建设成为"全国先进制造研发基地、北方国际航运核心区、金融创新运营示范区、改革开放先行区"，《天津市人民政府办公厅关于贯彻落实"十三五"现代综合交通运输体系发展规划的实施意见》继续扩大天津滨海国际机场空域容量，优化航线航班，建设区域枢纽机场和我国国际航空物流中心，促进京津冀机场群协同发展，与首都国际机场、北京新机场、石家庄正定国际机场共同形成合理定位、分工合作、优势互补、协调发展的世界级机场群。

天津在航运领域有着北京和河北所不具备的天然优势。天津港承担着我国重要的海上货物运输职能，天津地区海运保险一直发展较好，积累了大量的行业经验和数据，为地区经济发展做出了重大贡献。为更好地发挥天津交通要塞的作用，发展航空运输，实现海空联运势在必行。天津空港经济区的航空物流区以建设北方航空货运中心为目标，是天津临空产业区的重要组成部分；为保障天津双港合作的安全顺利，保险的作用不可替代。

对于天津地区，在航空物流领域，建议结合当地特色，注重协调海运和空运保险业务。

天津作为北方国际航运中心，在国际中转配送、国际贸易等方面的业务比较频繁，要平衡好水险和航空运输保险的关系，尤其是多式联运保险的应用。利用过往涉外水险中对于进出口当事人的了解以及风险的评估，建立相关数据库，促进国际航空运输保险的发展。

此外，天津地区以工业示范区为基础，未来将以临港装备、临空民用航空等制造业方面为发展重点，因此，保险公司还要针对以上特点，设计出相关的高端财产保险、研发保险、航空器维修保险等，以促进天津航空物流事业的发展。

（三）河北省保险服务

《京津冀协同发展规划纲要》指出，未来河北省将建设成为"全国现代商贸物流重要基地、产业转型升级试验区、新型城镇化与城乡统筹示范区、京津冀生态环境支撑区"。作为全国现代商贸物流重要基地，河北省将基于传统物流资源，不断创新，形成具有国际竞争力的物流产业区。因此，河北省应基于行业特点，重点发展与物流相关的仓储、责任、信用等保险。

当前，我国物流保险对于物流领域的承保范围还不够，如对于流通加工的货物主险一般免赔。此外，在供给方面，由于物流领域环节众多，保险公司风险控制有一定难度，因此承保动力不足。在需求方面，由于物流企业缺乏保险意识、保费过高等原因，为节约成本，可能会放弃投保。针对物流保险的问题，河北省政府和保险监管部门应当在物流保险产品审批方面给予支持，在京津冀地区统一物流保险标准。同时，要依托物流行业的行业协会和保险行业协会，推动保险意识教育，提高投保率。

三、创新京津冀区域监管合作机制

当前我国的监管模式机构模式为"总部—派驻机构及所属机构"，中国银保监会统筹全国保险市场，制定全国保险业发展的方针政策、进行保险机构的设立的审批等，各派出机构根据授权履行辖区内保险业的行政管理职能。因此，为实现京津冀保险市场有序的合作发展，需要国家保险监督管理部门给予一定的政策支持，推进三地保监局在业务竞争、消费者权益保护、保险机构跨境经营、风险防范等方面建立合作机制，逐步实现监管一体化发展。

（一）统一监管标准，建立京津冀保险联席会议制度

监管联席会议早期应用于银行的监管合作，并取得了一定的效果，保险行业作为金融领域不可或缺的部分，自然可以借鉴应用此种制度。2001年，我国曾建立了广东、香港、澳门、深圳四地的保险监管联席会议制度，每年轮流在四地举行会议，探讨风险管理方案，共享监管信息，取得了较好的效果。2010年，我国召开首次保险监管国际联席会议，来自11个国家与地区的保险监督官就保险监管合作、消费者权益保护、偿付能力和审慎监管交换意见。对于京津冀地区，由于各地经济和监管政策的差异，不可避免地存在重复监管的问题。同时，对于三地毗邻地区，由于监管标准不同，存在一定的擦边球行为。为促进三地保险市场合作的健康化、规范化发

展,降低监管冗余成本,京津冀三地保险监管机构可借鉴上述经验,由银保监会相关部门牵头,定期或不定期召开由三地保险监管部门主要领导参与的联席会议,共同交流保险监管政策,协调监管标准的统一,填补监管盲区,交换行业关注信息,促进区域保险市场一体化发展。

(二)探索建立保险监管异地调查委托取证机制

我国《中国保险监督管理委员会行政处罚程序规定(2017)》规定:"异地实施保险违法行为的,由违法行为发生地的派出机构管辖。违法行为发生地的派出机构应当及时通知实施违法行为主体所在地的派出机构。实施违法行为主体所在地的派出机构应当积极配合违法行为的查处。"对于京津冀区域,由于其各种业务往来频繁,涉及异地保险违法事项相比其他地区更为频繁,所以,为避免异地取证的烦琐,提高处理效率,降低处理成本,应建立委托机制,由方便取证的部门负责证据搜集,协同处理。

(三)协调统一消费者保护机制

当前,在消费者权益保护方面,我国出台了多项政策,以规范销售和理赔行为,且开通了消费者权益维护热线,从多方面注重保险行业服务社会的水平,提高消费者满意度。近年来,保险消费者权益维护取得了较大的进步,但仍然存在一些不足。其中监管机构管辖权限制就是主要问题之一。保险监管派出机构对于跨省、跨境保单缺乏有效的管理。

第一,要建立三地保险业信息披露联合机制,借力行业自律组织,公开保险当事人、保险中介的资信水平,对于违规现象进行公示,建立销售"黑名单",并在三地监管机构网站进行公示,以提示消费者。对于跨境保险违规行为,应畅通投诉渠道,及时进行信息共享,提高处理效率。

第二,要协调三地保险监督管理部门与消费者协会、工商局等其他监管部门的合作。既要分工清晰，又要协调合作，以降低多重监管的冲突和高成本。

第三，建立联网信息公开机制。应借助新媒体，开展三地舆论监控，发挥社会力量监督作用，一方面通过对违规企业的公开披露，倒逼市场，促进行业优化服务；另一方面，运用正向宣传，提高消费者保险意识和维权能力。

（四）探索建立统一的风险预警和防范机制

由于京津冀三地的发展侧重和资源环境有所差异，其所面临的风险也存在差异，但随着三地在经济、物流等方面的合作，区域内风险也存在一定的关联性。因此，要建立一致的风险防范和预警机制，统一风险分类和评估标准，推动信息共享，提高事件预估水平和处理速度。第一，要完善各地风险监测体系，实施日常化、差异化风险监管。第二，要强化电商、物流、交通、金融等三地相关性行业的风险监控。通过定量分析，对存在风险的企业进行分类，利用行业协会等及时传递分析风险规律，协调区域保险费率。第三，要建立三地保险监管部门风险评估报告整合机制，定期发布行业风险损失数据并对数据真实性加以管理，以供保险公司及时调整策略。第四，确定三地保险监管部门对行业风险事件的处理程序和职权，在风险发生后，应及时采取措施，控制事件的影响范围。第五，利用行业协会，组织三地保险监管部门、保险公司高管的统一学习，共同探讨适合三地发展的合作化、差异化管理策略。

四、数据联网，信息共享

十九大报告提出"推动互联网、大数据、人工智能和实体经济深度融合。"保险的数理基础大数法则，一直以来运用生命表、损失率等数据和信息作为保险定价的基础。随着大数据的应用、互联网的高速发展以及云计算的应用，建立保险业信息共享平台对于保险业发展转型具有重大意义。

随着京津冀地区一体化发展，各行业面临的风险越来越多地交错融合。航空物流的发展为三地合作提供了更多的便利，同时也带来了更多的风险。保险在提供风险保障功能的同时，也需要自身不断更新信息，以更好地了解消费者需求，有针对性地服务消费者。此外，对于诸如高铁和航空结合的多式联运在三地的应用，对于运输保险的数据更新提出了更高的要求，如何建立数据车、合理设计条款和费率、统一三地保险市场、避免行业内部竞争，是各个保险主体和监管部门共同面临的课题。

目前，三地保险公司更多的是在各自的数据领域努力而合作不足，一定程度上不利于区域化保险合作。只有建立全行业的数据共享机制，才能够统一市场标准，有效地防范风险，规范市场行为，更好地为经济发展提供保障。共享信息主要包括以下三方面内容。

（一）保险公司承保、理赔数据共享

三地保险公司可利用现有数据平台基础，创新完善信息共享机制。国际上各国都在探寻信息共享机制，美国的ISO保险服务事务所等"统计代理人"，由政府购买服务，为保险公司提供索赔、风险、再保险等数据服务，通过分析所收集的数据，协同保险消费者共同宣传保险知识，打击保险违法事项。2013年，中国保信信息技术管理有限责任公司开始规划平台建设。中国保信目前已经建立了农业保险、车险等平台，汇聚了政府、保险行业、其他行业的综合信息共享。对于三地保险部门，要加强对平台的信息支持，更好地推进保险服务水平。此外，虽然航空物流保险投保相比车险等要少，但其对京津冀发展的作用重大，所以，建议三地保险监管部门加强合作，推动航空物流保险方面的信息平台搭建，以提供数据共享资源。

（二）投保主体信息调研共享

投保行业的信息储备有助于保险公司克服传统的精算计量中数

据缺乏的问题，从而精准定价。德国保险业的数据中心利用GDV保险信息平台，采取会员制，覆盖了德国保险市场90%以上的企业，与运输部门、修理厂等投保主体行业实现数据共享渠道，对费率厘定、理赔信息等提供多行业信息交流。京津冀三地的航空物流业所面临的标的可能是来自不同的省份的投保人和被保险人。同时，航空物流业主体众多，包括托运人、货运代理人、收货人等，其在整体的运输过程中的信用程度、资质能力，都会影响保险风险的高低。尤其是对于货物运输保险，其标的的转让在保险法中有特殊的规定，我国保险法规定"保险标的转让的，被保险人或者受让人应当及时通知保险人，但货物运输保险合同和另有约定的合同除外。"因此，对于整个物流链上的所有环节参与的主体，都需要有充分的了解，才能控制保险公司面临的风险，更好地提供保险服务。然而，由于整条航空物流链上的主体存在注册地不同、经营的主要城市不同等情况，异地调查了解可能会存在片面性，且成本较高。三地保险行业协会可联合其他行业协会，如中国民航、铁路管理部门等，共同搭建各行业数据库，数据库可面向三地保险公司和企业查阅。对保险公司而言，既可以降低承保成本，又可以根据物流链主体差异化需求设计个性化保险产品，精准服务。对投保主体而言，第一，由于信息的精准性，其可以获得更符合自身需要的产品，避免支出过多不必要的费用，获得合理的费率。第二，可以了解保险公司服务情况，选择适合的公司获得服务。第三，增加对同一物流链上的其他企业的风险的了解，也有利于筛选除保险外的其他合作方。对双方而言，由于信息的公开化，可以互利共赢，相互监督，提高诚信，共同促进京津冀一体化的有序有效发展。

（三）注重管理部门合作

对于三地保险监管部门和政府部门，可能存在着一定的地方保险行业规定、地方优惠政策等；为更好地促进一体化进程，建议提供三地共享的政策分享平台。由三地保险监管部门负责日常管理，发布地方经济信息和保险数据，同时对于符合条件的异地保险公司、投保人，给予公平的同等的优惠待遇。为保障数据安全性，管理者要设立专门的信息安全部门，对一些需要保密的商业信息设定查阅权限，以保证客户的隐私，防止大数据的滥用。

五、发挥保险对区域性航空物流行业贷款的信用保障

航空物流行业的发展，从运输主体来讲，离不开机场的建设和物流公司的设立；从需求主体来讲，也离不开三地贸易的良好发展。无论是建设，还是企业的贸易发展，都离不开资金的支持。而银行在贷款方面有严格的审核，门槛较高。保险和担保是很好的提高企业信用的手段，因此，在京津冀发展过程中应充分发挥其作用，有利于促进实体经济的发展。单就担保和保险手段而言，二者虽然都能够在还款方面提供信用支持，但是还存在很多不同之处。例如，在债务人的审核方面，一般来说，对于信用保险，投保人为债权人，只要符合法定的投保要求，都会获得保险的保障。而担保则有很多的限制，对于某些新设立的物流公司而言，获得担保的能力较差。在风险方面，保险承保的多是天灾、意外事故，而担保多为人为事故。上述差别，并不代表担保不如保险，而是提示我们需要关注保险的重要性和优势性，使二者取长补短。2016年，住建部和财政部联合发布《建设工程质量保证金管理办法》指出："采用工程质量保证担保、工程质量保险等其他保证方式的，发包人不得再预留保证金"，2017年1月16日，中国建筑业协会工程保险与担保分会成立并召开第一次代表大会。

京津冀三地政府和银行等部门应配合保险部门，提高企业投保意识。例如，在北京和天津地区，进出口额较大，对于物流需求主体企业来讲，首先需要的就是出口信用保险的支持。中国出口信用保险公司长期以来与国家开发银行有着良好的互利合作，对我国的对外发展起到了重要作用。而且，我国短期出口信用保险放开一定经营限制，三地监管部门也可以鼓励中国人保等加大短期出口信用保险对企业贷款提供信用支持。在机场建设方面，主要涉及工程风险，国际上较为著名的 FIDIC 合同就规定了施工单位投保与其获得贷款支持的关联性。在我国，获得国家开发银行贷款的工程主体，也需要投保建筑工程一切险。在机场建设方面，虽然我国工程保险并不是强制保险，也要通过贷款和政策优惠等提高其投保率，实现半强制。为了确保机场建设的质量，在投保时，还要附加工程质量保证保险、潜在缺陷保险等。

在京津冀地区，尤其是北京、天津地区，进出口业务较多，航空物流保险涉及的主体可能来自一个或多个国家，同时再保险业务也是由各国再保险公司共同参与。为促进国际保险的发展，需要有便利的结汇条件。三地金融行业应加大合作交流，以银行牵头，创建高效的结算体系。在这方面，可借鉴上海地区，在上海国际再保险中心的建设过程中，为便利跨境结算，降低交易成本，由人民银行上海总部支持，依托上海自贸区自由贸易账户体系，为境内外再保险参与机构提供了高效便捷的跨境资金结算服务，降低了汇率风险。

第六节　本章小结

在航空物流领域，由于机场建设、货物仓储、运输等流程都涉及复杂的参与主体和风险，为保障其经营稳定、发展顺利，更需要保险行业为其保驾护航。本章主要从风险需求与资金需求等方面着手，探讨了保险对于京津冀民航运输业发展的推动作用。第一节主要分析京津冀民航物流的发展现状及航空物流领域各个主体面临的风险。有风险才有投保需求，因此先从需求着手，探讨纯风险与保险的契合点。主要是机场的建设风险，承运人、代理人等的责任风险，物流企业尤其是电商企业的经营风险等。第二节结合航空物流主体风险和资金需求的分析,探讨保险风险管理和资金支持作用。在风险管理方面,从险种建设与风险匹配的角度,分析了航空运输保险、责任保险、物流保险、融资租赁信用保险等七个险种在我国的发展情况及发展建议。在资金运用方面,结合航空物流领域特殊性,从投资债券、信托模式、PPP 合作模式、资产证券化和融资租赁等方面探讨了其投资渠道。第三节主要探讨了金融体系在航空物流发展中的作用,无论是保险还是银行,其作用的发挥都离不开健全的金融市场环境的支持,因此引用郑州航空物流综合实验区的成功经验,结合京津冀地区实际情况,以天津航空物流中心为研究对象,联系天津海运和自贸区建设已有经验,探讨了完善其航空物流金融体系的建设。第四节以长三角地区货运险发展情况为例,探讨了京津冀保险发展的协调性不足问题。第五节主要探讨协调京津冀航空物流发展的保险创新。这一部分主要从保险主体的业务范围拓展、保险地区性差异化服务、保险监管的区域协调、数据共享和保险对资金信贷支持等 5 个方面提出了实现保险支持京津冀民航运输的相关建议。综上所述,本章从风险需求和保险供给着手,重点从资金供给、风险保障和经营协同创新等方面探讨了保险对于京津冀航空货物运输发展的支持作用。

第五章　保险服务业促进京津冀航空物流协同发展的路径和对策

本章为本书结论章。在前文研究的基础上，本章对保险服务业促进京津冀航空物流协同发展的未来发展路径做出初步设计并提出相关政策建议。本章结合保险服务业发展现状与京津冀航空物流发展实际，特别是结合当前航空货运向航空物流转型升级的关键期，在前文分析的京津冀三地各自比较优势的基础上提出针对性的发展目标。在上述目标的基础上，结合国内和国际相关实践经验，制订保险服务业促进京津冀航空物流协同发展的基本路径；最后围绕该路径设计，从政策角度提出对策建议。

第一节　保险服务业促进京津冀航空物流协同发展目标

正如前文所分析的，京津冀地区作为环渤海经济带的核心区域，其本身拥有较为有利的地理及环境优势。其中，北京作为我国的首都，是全国的政治中心、文化中心、科技创新中心以及国际交往中心，同时也是我国重要的交通枢纽和物流节点。因此，其航空物流发展速度较为迅速。天津位于环渤海区域的中心地带，拥有我国北方最大的海港——天津港，同时天津空港也是我国北方重要的航空物流平台，"双港"联动效应为天津航空物流提供强大的推动力。河北省一方面作为京津冀区域商贸物流基地，其物流业规模不断扩大，已成为支柱产业,航空物流产业发展具有明显优势;另一方面其各产业发展总体向好,为京津冀航空物流业的发展提供了良好的腹地资源。

一、总体目标

要打造符合现实基础和发展期望的发展路径,就必须首先明确保险服务业促进京津冀航空物流协同发展的建设目标。综合考虑北京、天津、河北省的地理位置、经济基础和国际地位,空港保险产业园的打造目标可以总结为以下三个层次。

第一,京津冀协同发展是近年来我国重要的国家战略,京津地区的总体经济发展水平明显优于河北省,说明京津作为区域的中心城市,极化效应不断增强,而对周围地区的扩散和带动效应发挥较弱。在此背景下,在疏散北京"非首都功能"的同时,应充分利用北京的首都优势、保险机构总部优势、大型国际航空港优势,形成京津冀保险服务航空物流业的中枢。

第二,打造与天津自由贸易区定位相适应的保险产业聚集区。作为我国华北地区第一个自由贸易试验区,天津空港经济区无论在政策环境,还是经济条件方面都拥有良好的发展基础,而我国首个自贸区保险产业聚集区的建设也充分体现了天津空港对于发展保险产业的充分信心。因此,保险产业园应当充分利用天津空港的区位优势,抓住发展机遇,打造具有天津特色的、以非直保业务和服务为主的保险产业聚集区。

第三,河北省作为京津的外围区域,更多地体现了"服务京津"的行政关系,未充分体现与京津市场协作的关系。京津冀地区经济社会发展水平的较大差异,必然影响区域间的经济社会合作,进而影响到京津冀协同发展的大局。作为首都经济圈的中部核心功能区之一,河北省可以通过承接北京的非首都功能,在科技、教育、金融等产业方面创造新的发展机遇。在此背景下,配合国家"京津冀一体化"宏观战略,河北省保险服务业可以利用政策与成本优势,通过制度和业务模式创新,结合雄安新区建设,探索和推动特色保险发展,建设以保险产业为龙头的可复制的国家级金融创新示范区,成为京津冀航空物流保险发展的重要腹地,助推本地实体经济发展,以实体经济发展带动航空物流业发展。

二、保险服务业促进京津冀航空服务业协同发展的业态目标

基于整体目标,依据"一带一路"倡议、京津冀协同发展、自主金融创新示范区、北京非首都功能外移、自由贸易港改革探索等国家宏观战略以及天津金改三十条等地方金融保险改革开放政策,并结合各地区比较优势,特别是天津自贸试验区优势,融合保险的经营管理、产品创新、金融科技、保险文化、人才培训、保险中介服务、产业链条等众多元素,形成具有特色的全生态保险业务产业链。

利用上述各地优势与业务特点,形成四大区块的业态,一是结合航空物流保险业务经营特征,以自保业务、离岸业务、信用险业务为特色业务切入点,引进或筹建保险机构,带动其他传统保险总部机构和分支机构聚集。二是利用北京、天津空港优势,引入保险文化元素,形成特色产业,基于文化引领以及成本优势,吸纳保险经营管理的后援服务入驻空港,如承保中心、出单中心、理赔定损中心、理赔调度中心、电话中心、网络营销中心、客户服务中心等业务经营单位,也可吸纳数据中心、信息技术中心、产品研发中心、灾难备份中心等入驻,形成独特的保险后援基地文化与基地特色。三是基于保险业务以及后援入驻空港,自然吸引并形成为保险公司服务的第三方服务业态,包括保险经纪公司、保险代理公司、保险公估公司、相关法律服务与金融服务机构,此外还可吸纳或引进保险科技服务公司。四是畅通京津冀航空物流保险服务链条,扩大航空物流保险的外延,为实体经济提供更充分的保障。

三、发展阶段目标

在分析京津冀航空物流保险发展业态目标的基础上，结合总体目标，可以将京津冀空港航空物流保险的发展大体分为起步阶段、初步发展阶段、平稳发展阶段。

（一）起步阶段

要依托北京核心优势、天津自贸优势、河北省腹地优势，创新航运保险业务和模式，服务北方航运物流产业。同时，鼓励境内外航运保险和保险经纪等专业服务机构参与京津冀航空物流保险服务。与此同时，天津还提出要结合自贸试验区特色，积极发展各种保险业务，探索开展人民币跨境再保险业务，培育发展再保险市场，建立区域再保险中心等。

在保险服务业促进京津冀航空物流协同发展的起步阶段，主要措施表现在建设方向规划和政策支持两大方面。在建设方向规划上，应明确如下三点内容：一是完善保险市场体系；二是开展产品创新；三是起到示范引领的作用。第一点拟在保险市场挖掘和保险资金运用等方面齐头并进，建立一个不同类型、不同层次、主体丰富、区域协调、竞争有序的完善的航空物流保险市场体系。这一点强调的是保险市场体系的建立及其完整性。第二点在已有保险产品的基础上，创新航空物流保险产品，如探索设立科技、再保险等专业保险公司，支持设立专业性保险公司、相互保险组织、自保公司、信用保险公司和互联网保险公司，推动保险业与航空行业合作和平台对接等。与第一点强调横向发展、数量增加不同的是，第二点强调的是纵深发展、跳跃式发展、质的飞跃。第三点在前面两点实现的基础上，初步起到国内航空物流保险服务体系建设的标杆作用。

（二）初步发展阶段

在起步阶段达到预设效果的同时，保险服务业促进京津冀航空物流协同发展进入下一阶段。在该阶段，京津冀三地的保险深度与密度进一步增加，航空保费规模上升到一个新的平台，相关政策规定与配套基础设施日益完善，机构和人才基本达到航空物流保险运营要求。

以天津为例，到2020年，天津市保险业收入规模将达到1 273.47亿元，是2016年保费收入的3倍，年均增长超过20%。目前，天津空港经济区保险园区建设良好，预计在未来的3年左右，在各项政策扶持下，保险园区将在入驻企业数量和质量、企业注册资本、企业涉足的领域、业务范围和从业人数等方面获得快速的发展。此阶段并非仅指保险业务指标的增长，更重要的是保险文化环境、培训环境、相关政策和人才环境等保险生态环境的快速形成，以自保、离岸为特色的保险业务初具规模，以及以后援运营服务为特色的保险运营中心开始运转，由此带动保险产业的快速聚集。

（三）平稳发展阶段

一旦航空物流保险聚集区的保险体系建设得以完善，保险产业的聚集地位将在全国得到进一步的认可和巩固，到2030年，京津冀的保险市场规模可力争达到全国第一，保险机构数量占比将达到70%，与上海遥相呼应，成为辐射东北亚的航空物流保险中心。所形成的现代制造业与物流业保险、科技类保险为主要支柱的现代航空物流保险业务结构体系，将迎来后期的平稳发展。

经过较长时期的平稳发展，将逐步形成航空物流专业保险机构聚集、保险后援运营聚集、保险文化聚集、保险中介聚集、保险人才和科技聚集、保险相关产业链聚集为一体的独特的京津冀全生态航空物流保险产业体系。

第二节　保险服务业促进京津冀航空物流协同发展路径设计

随着现代第三方物流经营模式的广泛运用，投保人更倾向于物流综合保险。继续开发物流综合保险，拓宽承保范围；整合现有产品并创新保险衍生产品，升级风险管理服务；降低保险费率，提高保源转化率等将成为物流与保险耦合发展的共同诉求。结合上述发展目标，在保险服务业促进京津冀航空物流协同发展的过程中，应从如下几个步骤进行路径设计。

一、北京作为主要核心，充分利用保险总部优势和大型国际航空港优势

北京应充分利用保险总部优势和大型国际航空港优势，着力打造京津冀航空物流保险服务核心中枢。北京大型保险总部机构聚集，更容易形成发展合力与良性竞争，机构开展航空物流保险业务的成本低、动力足；同时，依托北京首都核心航空枢纽，航空物流保险的需求总量大、特色需求多。因此，北京在保险服务业促进京津冀航空物流协同发展的定位中是当之无愧的主要核心。

二、天津作为重要核心，支持打造空港经济区保险金融聚集区

天津空港经济区仅仅是天津众多功能区之一，为了打造空港经济区保险金融聚集区，需要天津市做好整体布局，明确天津市各行政区域的功能定位，明确滨海新区各功能区的功能定位，从市级政策层面，做到有利于空港经济区的保险金融聚集，如保险公司的注册与迁移政策、人才引进政策及个税优惠政策等，某些方面需向滨海新区及空港经济区适当倾斜。

三、加强京津冀区域协同运作，开展特色保险业务

特色保险业务的顺利推进，离不开各部门以及各功能区之间的协同运作。航空物流离不开产业支持，河北省应在产业提升上下功夫，在此过程中保险配套必不可少。基于政府主导以及政策支持，应加强保险文化氛围的营造以及后援服务的体系建设，开展自保和离岸保险业务，借鉴国内其他自贸区的经验，发挥京津冀各地的比较优势以及海洋经济优势，开展航空物流保险中心、再保险中心、保险资金运用中心以及相关节点的建设和推进，形成与上海互为犄角的国内航空物流保险体系。

四、起步阶段确定政府主导与市场引导转型的指导思想，完善基础配套环境

在起步阶段，仅仅依靠市场机制的引导是远远不够的，需要政府发挥主导作用，具体包括做好政策研究以及基础配套服务的规划建设；成立投资商业主体公司，代表政府出资，负责推动保险的改革与创新；建立保险产业基金，鼓励与扶持保险相关培训、研究及创新落户，形成一种独特的保险文化；加强宣传推广，让外界了解京津冀航空物流保险产业及其所产生的价值和吸引力。

五、进行政策梳理与政策补齐，争取国家及地方政策支持

在梳理现有相关政策的基础上，把握自由贸易港政策机会，同时在借鉴国际经验的基础上，争取自保和离岸保险的先行先试政策支持，形成领先优势；把握北京疏解的国家大政方针，结合保险文化引领，在符合服务雄安的大背景下，吸引保险后援服务落户京津冀；强化人才引进政策和相关税收政策，鼓励和吸引人才和国内外保险总部落户开展业务经营，由此形成以京津冀航空物流业为特色

的保险产业聚集雏形。

六、创新产业链条，打造保险聚集示范中心

在前述步骤的基础上，结合航空物流保险产业特点，进行产业链创新，一方面创新保险业务经营，引领中国北方乃至全国的航空物流保险业务模式；另一方面引进和扩展保险相关的上下游产业，进而形成国际性航空物流保险服务中心。

第三节 发展保险服务业促进京津冀航空物流协同发展的具体对策

一、把握国家金融保险开放政策并积极争取政策支持

改革开放是中国政府在1978年后制定的极大地促进社会生产力发展的政策。改革开放以来，中国共产党团结带领全党全国各族人民，承前启后，继往开来，着力推进改革开放和社会主义现代化建设的伟大事业，谱写了中华民族自强不息、顽强奋进新的壮丽史诗。党的十九大报告和《政府工作报告》中都提到要深化改革，坚持对外开放。央行行长易纲认为，中国金融业的改革开放要遵循三个原则：一是金融业作为竞争性的服务业应当遵循准入前国民待遇和负面清单原则；二是金融业的对外开放要实现汇率形成机制的改革和资本项目可兑换的进程相互配合、共同推进；三是金融业的开放要和防范金融风险并重，金融业的开放程度要与金融的监管能力相匹配。近两年来，国家层面金融保险开放政策以及各自贸区重要金融改革政策如表5-1所示。

表 5-1　2017 年至今保险业改革开放政策表

时间	政策	内容
2017年7月	原保监会副主席，现中国银行保险监督管理委员会副主席陈文辉表示	(1) 对于已进入中国市场的外资保险公司，将进一步优化监管环境，鼓励其进入健康、养老、巨灾保险等专业业务领域，参与保险业经营的新模式，支持其参与国家和保险业的各项改革，促进其健康快速发展；(2) 对于尚未进入中国市场的外国保险机构，将进一步优化准入政策，通过引入更多优秀的境外保险机构，完善保险市场主体结构，进一步增强市场活力，促进行业有序竞争
2017年11月	财政部副部长朱光耀在国新办吹风会上表示	3 年后将单个或多个外国投资者投资设立经营人身保险业务的保险公司的投资比例放宽至 51%，5 年后投资比例不受限制
2018年2月	《中华人民共和国外资保险公司管理条例细则》《外国保险机构驻华代表机构管理办法》等修改	对已取消的"设立外资保险公司相关材料公证""外国保险机构驻华代表机构设立及重大事项变更相关材料公证"等中介服务事项所涉条文进行调整
2018年4月	中央银行行长易纲在博鳌亚洲论坛2018年年会中表示	(1) 将证券公司、基金管理公司、期货公司、人身险公司的外资持股比例上限放宽至 51%，3 年后不再设限；(2) 允许符合条件的外国投资者来华经营保险代理业务和保险公估业务；(3) 放开外资保险经纪公司经营范围，与中资机构一致；(4) 全面取消外资保险公司设立前需开设 2 年代表处要求
2018年4月	习近平总书记在博鳌亚洲论坛2018年年会开幕式的主旨演讲中表示	2017 年年底宣布的放宽银行、证券、保险行业外资股比限制的重大措施要确保落地，同时要加快保险行业开放进程，放宽外资金融机构设立限制，扩大外资金融机构在华业务范围，拓宽中外金融市场合作领域

资料来源：根据网络资料整理。

自十一届三中全会以来,我国就从未停止过对改革开放的探索,40年来,中国的改革开放极大地调动了亿万人民的积极性,经济发展取得了令世界震撼的伟大成就,创造了持续高速增长的奇迹。人民生活实现了由贫穷到温饱,再到总体小康的跨越式发展;对外开放实现了从沿海到沿江沿边、从东部到中西部的循序发展,全方位开放格局已经形成。由此可见,我国金融业、保险业在深化改革扩大开放的时代浪潮下一定会取得更加辉煌的成绩。

保险服务业在促进京津冀航空物流协同发展的过程中,一方面要密切关注国家宏观政策,尤其是金融保险开放政策以及自由贸易区改革探索政策;另一方面,要把握好国家政策,并努力争取国家政策支持,如离岸金融的先行先试、保险产品创新以及自保业务的保险监管政策支持等,全力支持实体经济发展。

二、完善保险业营商配套环境

良好的配套政策和设施环境是保险产业发展的基础。如果缺乏必要的软件和硬件支持,产业建设和发展就无从谈起,因此应当将完善配套环境放在起步阶段发展规划的首位,在北京、天津、石家庄等区域内重要的航空港附近规划航空物流保险产业园,为保险服务业促进京津冀航空物流协同发展奠定基础。

完善配套环境主要体现在两个方面:一是宏观配套政策及基础设施建设;二是市场和法律环境。

(一)宏观配套政策

落实保险服务业促进京津冀航空物流协同发展是优化京津冀整体产业布局、促进保险产业集约化规模化发展的一项重大举措,这一举措不仅有利于区域保险产业的发展,也有利于在城市建设、土地利用和生态环保等方面推动京津冀和谐持续发展。由于保险产业的发展具有鲜明的政策性,自贸区保险业的发展需要完善合理的政策环境作为依托，因此，为做好保险服务业促进京津冀航空物流协同发展的建设与发展，需要从宏观层面做好各种与之相关的政策研究，同时也有必要依据建设规划以及业务需要，结合国家宏观政策以及地方政策，积极向省市和国家为产业发展争取必要的政策支持。目前来看，保险服务业促进京津冀航空物流协同发展有必要从税收、投资、招商引资和人才引进等方面进一步探索合理有序的宏观政策，进而激发产业发展动力，为航空物流保险产业的发展创造良好的环境。

（二）基础设施建设

一个行业的发展并不是孤立的，周边软硬件环境的建设、相应的配套服务设施至关重要。要实现航空物流保险产业在北京、天津、石家庄等空港区域内的发展，保险产业聚集区的建设必不可少。需要从以下三方面的配套设施建设入手：首先是个人和企业发展所必需的基本市政设施，如供水、供电、供热、燃气、道路、交通、通信、雨污水处理、垃圾处理和公共绿地等。其次是满足企业员工基本生活所需的配套设施，如餐饮、住宿、购物、休闲或文体活动、医疗与教育等。最后是针对航空物流保险业务的基础配套设施，如政府服务平台、金融服务平台和企业运营服务平台的建设以及与之相关的代理、公估、经纪、咨询、法律、会计、银行、物流等相关配套专业服务机构。完善的配套设施建设能够有效减少园区内保险企业在发展过程中可能受到的限制，为园区航空物流保险产业的发展提供基础保障。

（三）落实法律制度

航空物流保险服务业的长期发展应当建立在完善的法律法规基础之上，因此必须加强立法、健全法制，才能保证航空物流保险服务业在法律的引导下实现健康发展。只有通过立法的形式将航空物流保险服务业的定位、性质、特殊政策和管理方式固定下来，才能使园区保险业的发展拥有完善的法律依据。目前，适用于航空物流保险业发展的法律条款存在立法零散、滞后、层次较低的问题。因此，建议有关部门成立协调京津冀三地的机构，从地方层面制定一部针对自贸区发展运行的法律，对包括保险业在内的各行业运营给出具体可行的行为规范，探索系统、合理的管理模式。

有关航空物流保险产业的法律制度主要内容应当包括：做好宏观设计，确定航空物流保险产业园的目标定位和发展战略，设计各级政府部门领导的分工范围，避免在政府管理上出现重复或缺位；指导各部门进行产业园运营配套规范的制订，将零散的政策规范文件整合起来，形成各级法律、法规和规章制度协调统一的完善法律体系，保障航空物流保险业的健康发展；确立税收优惠的整体政策，降低产业园内保险相关企业的经营成本，增强自贸区对于相关企业的吸引力，推动市场规模扩大；深化对外开放，在法律设计、管理制度等方面加强国内与国际的协调统一，避免因为跨国保险交易产生不必要的分歧或矛盾，提高天津自贸区航空物流保险业在国际市场中的增长效率；强调依法行政和司法监督，面对可能出现的风险和纠纷，制订公平合理的解决机制，为航空物流保险业的平稳发展奠定基础。

（四）划清政府职能

政府行政管理体制的改革是推动自贸区保险业发展的重要动力之一。参考国内外自贸区和保险产业聚集区的政策发展经验可以看出，政府在航空物流保险服务业发展过程中应当将决策权交给市场，并充当市场的维护者和服务者。目前，我国政府已经通过尝试负面清单制度、单一窗口等制度创新手段，来达到简政放权、提高效率的目的，为了避免政府干预影响行业发展效率，建议相关部门应进一步划清政府在行业发展中的职能和作用，推动京津两地航空物流保险产业园各项业务平稳高效发展。

划分政府职能具体可以分为以下几个方面：第一，坚定推进政府简政放权进程，稳步推动负面清单等创新管理模式，扩大开放力度、适当放松监管、避免无序竞争，从而保证航空物流保险业发展的自主性和灵活性；第二，提高政府行政过程透明度，对保险行业管理实行事前征求建议、事中鼓励参与、事后听取意见的措施，以便及时调整管理手段，保障政府管理公平性；第三，充分发动企业、行业协会等主体的积极性，鼓励企业和行业自律自查并参与到政府管理的具体实施环节中去，从而减少行政成本、提高园区保险业运行效率；第四，加强配套设施建设，为园区保险产业发展提供必要的硬件设施，为行业发展打牢基础；第五，打造政府公共服务和信息公开平台，通过互联网、大数据等新兴科技手段建立行业交流和交易平台，消除信息壁垒，提高贸易效率，从而优化资源配置，推动自贸区保险行业进一步发展。

（五）完善市场体系

如前所述，应重点发展特色航空物流保险业务并围绕特色业务完善产业链条，进一步打造京津冀航空物流保险服务业的品牌形象。从政策角度来讲，只有明确把握航空物流保险业的发展方向，并围绕这一方向引导市场体系的建立和完善，才能在实现产业可持续发展的同时有效提高本区域保险行业的国际竞争力。因此，应当在制订发展路径基础上，结合本地实际情况，建立并完善航空物流保险业市场体系。

明确发展方向、完善市场体系的主要步骤包括：根据航空物流业的特点和京津冀的比较优势，制订保险业具体发展目标及其包含的核心业务（如航运保险、离岸保险、再保险、自保业务等），并围绕该目标制订相应发展方案及优惠政策，吸引经营此类业务的专业保险公司入驻京津冀地区，形成特色保险产业聚集；除鼓励直保公司或再保险公司经营特色业务外，还可以通过政策优惠吸引专业保险经纪、公估、中介公司及法律、审计和投资咨询等对保险业发展具有重要辅助作用的机构入驻，完善区域内保险业市场体系，为实现行业发展目标提供完善的市场基础；通过税收优惠和科研补贴等方式鼓励保险服务和产品的创新升级，帮助保险企业发掘新的市场领域，创造具有国际竞争力的新的行业增长亮点；制订高端人才培养及引进战略，特别是加强自贸区保险业整体人才储备，保障行业整体的专业性和创造性。

（六）健全监管体系

建立健全科学的风险监督管理体系是推动空港经济区保险业发展过程中的重要一环。过分严格的监管制度会提高政府监管成本和企业经营成本、降低行业发展效率，而过分宽松的监管制度又会导致潜在的行业风险被忽略，进而对区域内金融环境整体造成威胁。因此，有必要设计合理适度的监管制度，保障航空物流保险产业的健康发展。特别是从我国自贸区保险业的总体监管来看，我国各自贸区正在完成从"事前准入"向"事中事后监管"的转变，在此基础上如何进一步健全完善监管体系是当前地方政府工作的重要内容之一。

健全监督管理体系需要重视的主要工作包括：建立职责清晰、协调性好的监管机构，明确界定监管机构的职权范围和职责关系，避免与区域内其他职能部门产生责任交叉和重复管理；整合监管资源，充分考察梳理区域内保险企业的经营流程，抓住可能存在风险的主要环节，并在此基础上完善监督管理模式，提高监管能力和效率；创新监管手段，完善相关基础设施建设，充分利用互联网、云计算、大数据等新的科学技术手段实现现代化的监管方式，不仅降低企业经营受到行政干预影响的程度和频率，同时降低政府监管成本，提高监管体系效率；加快建设适用于航空物流保险产业的企业社会信用体系，通过行政罚款、违规企业信息公开、停业整顿等失信惩戒措施，提高企业的诚信经营意识，促进区域内航空物流保险产业的良性发展。

三、成立引领和推动航空物流保险发展的投资商业主体

在配套政策和基础设施完备的基础上,京津冀航空物流保险的发展路径的第二步应当是确立推动京津冀区域内保险产业发展的主体。笔者认为,政府应当充当航空物流保险业发展的主要推动者,具体由出资的商业机构作为推动行业发展的主体,并由该投资性商业主体代表政府直接帮扶保险企业经营发展,在京津冀航空物流保险市场中起到推动行业发展的作用。

保险产业聚集区要想取得快速和积极的成果,除了需要政策支持外,还需要有专业人才来负责推动保险的改革和创新,更需要一种能相对快速推动产业聚集的组织形式。借鉴投资性商业主体的企业运作能力,采用企业运作的方式来负责推动和加快保险产业聚集是一种比较理想的模式。该商业主体可以通过空港经济区发起,申请成立政府全资性质的金融控股企业,并代表政府出资,参与保险牌照申请、保险企业并购或参股具有影响力的金融保险公司,从而扶持和引导区域内保险企业的建立和发展。

该商业主体的主要作用体现在保险企业发展的三个阶段:在保险企业入驻京津冀地区开展航空物流保险服务之前,该商业主体可以通过股权投资等方式为企业注入资金或其他生产要素,以保障小型保险企业偿付能力并提高大型保险企业资本实力,以吸引更多需要资金支持的物流企业入驻京津冀地区;在被注资企业的经营过程中,该商业主体可在提供资金支持的同时参与必要的企业运营管理,帮助保险公司优化管理模式、提高经营效率,从而提高企业盈利,促进企业稳步发展壮大;当被注资企业发育成熟,拥有成熟的经营模式、稳定的收益和充足的偿付能力后,该商业主体可逐步撤出所有股权,并将撤出资金或资产用于扶持更多新的保险企业,从而促进区域内航空物流保险行业整体的发展。

政府成立商业主体并发挥其产业发展推动职能,一方面能够通

过市场途径激发企业活力，充分发挥企业建设的自主性，促进区域内航空物流保险业迅速增长；另一方面可以在一定程度上代替行政部门对保险企业的经营管理进行引导，在保障行业健康发展的同时避免过度的行政干预影响企业发展效率。此外，除了吸引国内外保险机构或保险代理机构入驻外，该商业主体同样可以吸引与航空物流保险整体产业链相关的其他商业主体入驻或部分入驻京津冀地区，为区域保险产业聚集提供助力。

四、建立服务航空物流保险产业聚集区的产业基金

除对保险企业发展进行引导支持外，对于航空物流保险产业发展环境的建设也必不可少。为此，京津冀区域可以考虑成立航空物流保险产业发展基金，用于鼓励与航空物流保险相关的其他业务或活动的经营。与成立投资性商业主体直接扶持保险企业发展的目的不同，该产业基金主要是通过扶持保险产业的其他相关项目，间接地促进航空物流保险业发展。在资金来源方面，可以考虑由政府出面成立基金会，鼓励相关企业共同出资，选举并委托专业的基金管理人进行资金运作，以保证保险产业基金的使用安全、专项使用以及发挥其应有的作用。在帮扶对象方面，保险产业发展基金扶持的内容主要包括以下三个主要方面。

一是通过基金投资扶持从事保险技术创新的研究项目，提高园区整体经营效率。科学技术是推动发展的第一生产力，当前我国高新技术发展迅速，在互联网、云计算、大数据、人工智能和遥感卫星等方面均已取得了重大科研成果，并且在实际生产应用中发挥了重要作用。这些先进的科学技术应用于保险公司的客户管理、核保核赔、数据统计和后台运营等环节，对于优化企业管理流程、提高经营效率具有显著的积极影响。因此，航空物流保险产业基金可以投资相关项目，将高新技术发展成果与保险企业实际经营相结合，促进保险企业技术升级换代，从而提高区域保险产业整体效益、推

动行业发展。同时，加大对保险产品及技术创新项目的扶持力度，也有利于园区保险智库和保险软实力的建设，能够进一步提高空港保险产业园在全国乃至国际保险市场的影响力。

二是通过基金投资鼓励航空物流保险产业的人才培训和交流活动，从基层员工和高端人才两方面解决园区保险企业的劳动力需求。在基层员工方面，由于柜面、销售、客服等基层工作岗位具有较高流动性和替代性，保险企业经常面临基层员工数量短缺、素质水平较低的问题。在此背景下，由保险产业基金发起针对基层企业员工的培训项目，能够有效整合区域教育资源，降低保险企业培训成本，并吸引更多劳动力进入保险行业，促进行业规模发展。在高端人才方面，专业技术人才的缺乏是阻碍保险企业寻求发展突破的一个重要因素，通过产业基金举办专题论坛、专业培训和人才交流等活动，一方面有利于吸引高端专业性人才参与京津冀航空物流保险产业发展、提高行业整体素质、改善企业经营服务水平；另一方面也有利于企业之间先进经验的交流和吸收，推动京津冀区域航空物流保险业更好更快发展。

三是通过基金投资鼓励保险企业开展宣传和文化活动，形成航空物流保险特色文化，扩大产业园影响力。除了必要的物质基础外，保险业的发展同样离不开软环境和文化基础。保险文化建设深刻地影响着保险行业的发展模式、制度选择、政策取向以及各种生产要素组合的水平，从而深刻地影响着保险行业的发展速度、质量和水平。因此，宣传活动和文化推广对于区域航空物流保险业而言十分重要。保险产业发展基金可以对推广保险概念、宣传保险文化的相关项目活动提供必要的资金支持，如建设保险文化博物馆、打造保险文化节等，定期对行业内外的潜在客户或合作方开展宣传教育活动。这不仅有利于扩大潜在保险市场、培养消费者保险意识，还有利于培养京津冀航空物流保险文化品牌形象，形成良好的产业生态，从而促使区域航空物流保险产业朝健康、稳健的方向快速发展。

五、探索与发展自保和离岸等特色航空物流保险业务

保险产品和服务是保险产业园建设和发展的核心,无论是配套设施、商业主体还是产业基金,一切发展举措都是为了保障保险公司能够为客户提供有效的保险产品和服务。从前文对国内外自贸区和保险聚集区的经验总结来看,京津冀航空物流保险应当结合自身区位条件、借鉴国内外经验,重点发展特色保险业务并围绕特色业务完善产业链条,进一步打造京津冀航空物流保险的品牌形象,形成具有区域影响力和国际竞争力的、有特色的保险产业链条。

特色业务的确定必须以京津冀自身的优势和特点为基础。因此,应当根据自身条件,依托区域优势,设计与实际情况相符的特色保险产品和服务。总体来看,发展京津冀航空物流保险特色产品和服务,不仅能够引导区域内保险业围绕核心业务明确发展目标,进而优化市场资源配置,还能够形成产业集群效应,吸引更多经营此类业务的保险公司入驻本区域,推动形成规模化航空物流保险产业集群和具有国际知名度的保险品牌。

(一)推进自保业务试点发展

相对传统保险业务而言,自保业务在满足企业自保需求、降低保险成本、改善现金流量、创造额外收益和帮助资金跨国转移等方面具有独特的优势。20世纪60年代,百慕大出现了世界上第一批自保公司,这批自保公司属于专业自保公司,只为各自的母公司进行保险服务。经过半个世纪的发展,百慕大目前拥有1400余家相关机构,已经发展成为世界范围内最大的离岸自保市场。目前,自保公司已经在国际保险市场中占有十分重要的地位。比如,自保业务最为发达的美国,其境内的500强企业中有90%的公司拥有专属自保公司;自保业务同样发达的英国,其境内规模最大的200家企业中也有80%的公司拥有专属自保公司。与之相比,我国境内目前

成立的专业自保公司仅有6家，国内自保业务仍有很大空间亟待发展。

在此背景下，京津冀航空物流保险产业可以抓住这一发展机会，大力推动航空自保业务的试点和发展，弥补国内自保市场的空白。在2017年11月举办的京津冀保险（天津空港）国际论坛中，天津保险产业园已经提出以自保业务为保险业发展切入点的创新思路，并表明将进一步与亚太自保中心进行合作签约。该发展思路尚属国内首创，预示着空港保险产业园将进一步推动园区保险业纵深发展，对于国内保险市场的发展具有重要的开拓创新意义。

在实际推动过程中，产业园可以考虑借鉴百慕大的成功发展经验，一方面大力推动保险产品创新、推广自保业务的普及；另一方面制定优惠政策鼓励自保公司的成立和发展，并为其提供良好的市场环境，吸引有关企业成立航空自保公司并进驻京津冀区域。

（二）创新符合国情的离岸保险业务

由于自贸区在贸易和税收等方面的宽松政策，包括离岸（再）保险在内的离岸金融业务往往成为自贸区金融保险业建设发展的重点内容。新加坡作为亚洲最大的国际金融中心，同时也是国际重要的离岸金融保险中心之一，其离岸保险市场规模庞大、发育比较成熟，无论在寿险业务还是非寿险业务方面，其离岸保险市场规模都远远超过国内保险市场规模。作为一个发达国家，新加坡在国土面积、人口规模和资源储备等方面均不占优势，但其金融和经济发展水平却处于国际领先地位，其离岸金融保险业务的发展起到了重要促进作用。

在建立国际离岸金融中心方面，在京津冀区域内，天津拥有与新加坡类似的优势条件：首先，新加坡经济发达、拥有国际金融中心的地位，而天津作为华北地区重要的工业城市，同样拥有良好的经济基础和重要的国际经济和贸易地位，有利于离岸保险业的快速发展；其次，新加坡位于马六甲海峡入口，是东南亚乃至整个世界的重要交通枢纽,而天津同样是世界著名港口城市,国际贸易往来频繁,有利于对国际离岸保险市场的渗入;最后,新加坡政府十分重视金融保险业的发展,在政策和监管方面都给予了较大力度的优惠,天津同样重视保险业的发展,并正在为保险产业聚集区的建设打造良好的政策环境和监管体系。这些条件都为天津建立国际离岸保险中心创造了良好条件。

需要注意的是,我国的上海自贸区同样具有建立离岸保险中心的良好条件。2015年末,中国人民银行、商务部、上海市政府等多个部门联合发布了《关于印发〈进一步推进中国(上海)自由贸易试验区金融开放创新试点,加快上海国际金融中心建设方案〉的通知》,支持上海建立国际金融中心并发展国际离岸金融保险业务。但是由于该项建设规划仍处于起步阶段,尚未达成建立国际离岸保险中心的目标。因此目前来看,我国在离岸保险方面还没有取得明显的发展成果,离岸保险市场发展模式而待进一步探索。

在此情况下,天津应当抓住这一机会,将离岸保险业务作为京津冀航空物流保险的发展重点之一,争取建立中国首个国际离岸保险中心。在这个问题上,空港可以借鉴新加坡的成熟经验,从税收优惠、扩大开放、完善监管等方面入手,促进离岸保险业务的发展壮大。

考虑到离岸业务的特殊性以及国内当前的实际情况,天津应优先发展"一头在内、一头在外"的离岸业务,尤其应关注和争取一头在国内,但业务流失到国外的离岸航运和离岸再保险业务。

(三)结合各自优势,错位发展航空物流保险业务

从前文对于国内自贸区保险业建设经验的梳理中可以看出,我国各个自贸区都在尽可能挖掘自身的地缘优势,扬长避短,从而推动自贸区经济贸易做大做强。例如,福建利用自身作为海上丝绸之路核心区的地位,在海洋经济合作方面进行深度挖掘和推进;上海自贸区利用自身国际经济和金融中心的地位,在完善金融服务体系

等方面进行的大量探索和创新。因此，天津在发展航空物流保险的过程中应抓住自身主要优势，发展与之相适应的产品和服务。

天津空港保险产业园邻近我国北方最大的货运机场——天津滨海国际机场，其货物吞吐量无论在绝对规模还是增长速度上都居于全国前列。规模巨大的货物运输对于风险管理和保险保障的需求也是十分可观的，在此条件下，航空物流保险业务对于空港保险产业园来说是一个重要的发展契机。因此，天津空港应当借鉴我国其他自贸区保险业的发展经验，充分发挥自身区位优势，融合天津市在海洋经济与保险产业方面的发展经验，争取将保险产业园打造成为我国北方重要的国际航空物流保险中心。

具体来看，应优先考虑利用天津空港的特殊优势，借鉴上海经验，制订相应的优惠和鼓励政策，争取国内各类航空物流保险总部机构来天津开展航空物流保险业务。

（四）探索及发展与自保相符合的再保险业务

再保险作为所谓"保险的保险"，是一项处在保险产业链顶端的特殊保险业务。再保险能够拓展直保公司的承保能力、增加保险业的承保范围、促进保险产品的创新，并引导保险业健康发展，是现代保险业繁荣发展的核心力量之一，也是世界各国保险市场的发展重点。

从世界再保险市场来看，再保险行业经过长时间的发展，已经度过了高速增长期，进入垄断竞争发展阶段。在再保险产业聚集方面，世界范围内已经产生了欧洲、北美两大国际再保险中心市场，而我国所处的亚洲范围内则形成了以新加坡和中国香港为核心的亚太地区再保险市场。

这些保险业较为发达的国家或地区通常拥有明确的再保险资源聚集中心，如欧盟地区的伦敦和苏黎世、北美地区的纽约和百慕大、亚太地区的新加坡和中国香港等。这些国际再保险中心凭借突出的资本优势、技术优势和人才优势成为区域或全球的风险集散地，并在风险管理方面拥有强大的话语权。目前,我国国内的再保险机构主要集中在北京和上海两地。2016年,深圳刚刚获批筹建再保险中心。总体来看,我国再保险行业发展规模尚未形成,并没有形成明确的国际再保险发展中心。

在此情况下,京津冀航空物流保险在发展的过程中,可以抓住再保险业务发展机遇,借助京津冀的区位平台优势,结合国内外再保险中心的经验,建设具有区域辐射能力的再保险中心,完善航空物流保险的再保险市场体系。在具体做法上,一方面以自保等特色业务的再保作为发展契机,形成特色再保中心;另一方面可以考虑通过分类许可等制度创新,鼓励中外资再保险机构入驻设立分支机构,并同步鼓励相关保险中介、风险评估、产品精算、投资顾问和法律咨询等再保险企业必需的专业服务机构入驻京津冀区域。此外,可以充分利用再保险交易平台的"孵化器"作用,放宽自由贸易账户功能,实现外币保费的自由结售汇,扩大再保险市场的发展空间,逐步构建我国重要的航空物流再保险业务发展中心。

(五)研究和探索开展进口信用保险

进口信用保险目前在国内市场是一片空白,京津冀地区可以利用其协同优势,创新研究进口信用保险的相关业务,甚至筹备成立专业的信用保险公司,将其发展成为特色业务品牌。

六、主动协调京津冀地区保险产业资源,构建特色保险后援运营基地

国家颁布实施的京津冀协同发展战略,以及北京疏解非首都功能的多项举措,为天津保险业的发展提供了重要的政策支撑和发展空间。因此,天津要充分利用这一历史机遇,承接北京以及京津冀整体航空物流保险产业资源的转移,或推动形成以保险后援服务为特色的后援服务中心。

产业资源的转移可以体现在资金吸纳、技术升级和人才交流等

多个方面，如果能够成功吸纳并利用京津冀地区的保险产业资源，空港保险产业聚集区的产业发展动力将直接上升到一个新的层次。

要承接好北京疏解非首都功能并使之在天津安全着陆，天津空港至少应该在以下四个方面付诸努力：首先，天津各级政府部门、天津保监局和保险协会等应该联合行动、主动出击、提前规划，从整体上进行产业转移和布局，做到有序安排。其次，更多优惠政策的制订计划应被提上日程，以吸引北京保险产业转移到天津空港经济区保险产业园区，并推动形成保险产业聚集。具体的优惠政策可涉及迁移补贴、税收减免、办公用地租金优惠、物业购置补贴、人才引进绿色通道等诸多方面，在重点机构、重点产品和重点业务方面，也可实施差异化的政策支持，从而引导产业发展方向。再次，完善园区的配套措施，通过对园区建设的统一规划，加强软硬件环境建设，为保险企业的入驻提供高质量的发展环境。最后，主动对接中央有关金融主管部门，为保险中介机构在津注册提供便利，营造适合保险行业创新发展的软环境。

退一步来讲，如果由于雄安新区具有更大环境优势，多数北京航空物流保险机构未选择迁移到天津，也要考虑争取吸纳保险的后援服务入驻天津，如电话服务中心、产品创新研究中心、数据中心等，可以承接保险企业的部分功能，逐渐形成以保险后援服务为特色的后援服务中心，达成保险聚集效用。

七、推进构建以产业基金为特色的保险资金运用中心

保险资金的运营对于保险公司而言至关重要。保险机构利用闲置资金进行合理投资，一方面可以防止通货膨胀引起的资本贬值，从而保障保险公司的偿付能力；另一方面可以通过收取投资回报，提高企业的盈利水平，促进企业进一步发展。如果保险资金缺乏投资增值渠道，将导致保险公司偿付能力不足、信用下降，严重时甚至可能因为无法行使补偿给付功能而导致整个行业的动荡。同时，

保险资金通过投资进入其他行业领域，也能够推动该领域的建设发展，对于社会经济整体起到积极作用。

2018年初，中国保监会修订并发布了《保险资金运用管理办法》，其内容在强化监督管理的同时，增加并细化了保险资金运用的渠道，使保险资金可运用的范围更加广泛，增加了保险公司实现投资收益的机会。同时，我国其他自贸区也非常重视险资运用问题。上海保监局于2017年发布的《上海保险业发展"十三五"规划纲要》中就曾明确指出"在保险资金运用方面，上海将培育保险资金运用中心，借助上海自贸区政策优势拓宽融资渠道，创新资金运用方式，提升投资能力"。

由于京津冀航空物流保险的发展将聚集大量相关机构入驻，各保险企业的闲置资金势必会形成一笔规模可观的现金流。因此，保险资金如何运用这一课题在京津冀航空物流保险发展建设的过程中应当受到足够的重视。为此，可以充分利用国家对于保险资金运用的政策趋势，通过机构建设和政策优惠等手段推进融资渠道的开放创新，推进构建新的保险资金运用中心，为区域内保险企业的进一步发展提供助力。

八、利用产业基金引导保险科技企业聚集

自保险行业产生以来，科学技术的进步及其在保险领域的应用已经为世界保险行业带来了多次变革。对于保险企业来说，在业务经营和公司管理环节升级原有技术手段并加入新兴技术手段，不仅有利于提高效率、降低成本、增加利润，还可能改变企业自身发展模式，甚至改变行业整体生态、引导保险业实现跨越式发展。

目前，物联网、云计算、大数据、人工智能和区块链等保险科技手段在转变保险产品定价模式、实现承保理赔流程自动化、提供客户一站式全方位服务、设计新型附加产品服务、优化企业管理流程等方面正发挥着越来越重要的作用。由于保险科技研发门槛较高，

保险企业很难自行进行开发设计，因此，目前我国保险公司在与相关科技创新公司展开深度合作、购买或委托开发相关产品和服务等方面具有强烈的需求。在此背景下，京津冀航空物流保险的发展可以针对区内保险企业的现实需求，利用保险产业基金来扶持和引导保险科技创新企业入驻京津冀地区。

在推动建设规划京津冀航空物流保险科技产业聚集的过程中，政府可以从以下几个方面入手，推动保险产业与科技产业有机结合：第一，通过流程简化、税收优惠等手段，吸引相关科技型机构入驻，在促进科技型企业集群发展的同时间接吸引保险企业资本流入；第二，建立项目孵化平台，由区域提供基础设施和发展平台，通过降低创业者所面临的创业风险和创业成本，鼓励在区域内成立新的科技型中小企业，从而促进科技成果在保险产业中的转化，并增加区域机构数量、扩大区域航空物流保险产业规模；第三，通过税优税延政策或产业基金扶持，鼓励保险公司将资金用于向科技型企业购买新兴产品和服务，或投资相关科研项目，从而实现保险公司自身发展运营模式的升级创新；第四，以政府部门为媒介，加强保险公司与科技型企业的交流联系，政府可以定期举办合作论坛等交流活动，让双方企业代表面对面探讨保险科技在实际应用中的相关问题，使科技型企业更好地了解保险企业的实际需求，并生产出更加具有针对性的产品和服务，提高合作效率、加强产品质量；第五，政府应当及时适应保险科技快速发展的趋势，在给予企业充分发展空间的同时及时完善相关监管规则，保障行业健康稳定发展。总之，为建设规划京津冀保险科技产业聚集区，在进一步完善保险产业链条、扩大市场规模、促进行业增长的同时，要打造京津冀航空物流保险新的发展亮点，加强京津冀航空物流保险的国际竞争力。

九、推动航空物流保险产业综合创新，完善产业链条

创新是推动京津冀航空物流保险行业进一步发展的重要动力，

为了保持区域保险业的发展势头、增强区域保险业的竞争力和吸引力，有必要在传统保险业的基础上结合社会经济发展的新特点和新形势，推动行业创新发展，不断迎接挑战，实现新的突破。

保险产业创新发展主要体现在三个方面：首先是发展机制上的创新。空港应当鼓励保险机构积极开展与互联网金融特点相适应的保险产品、营销、服务以及交易方式创新，综合运用互联网、云计算、大数据和移动互联网等技术促进保险业销售渠道和服务模式创新，搭建互联网保险新业态和构建新型要素的交易平台。此外，支持设立多种所有制形式的保险机构以及多种性质的保险机构，如专业性保险公司、相互保险组织、自保公司、信用保险公司、互联网保险公司等。

其次是管理制度上的创新。要充分利用京津冀协同发展、雄安新区建设以及天津自贸区的特殊政策，保证区域内航空物流保险机构"进得来，留得住"，推进京津冀航空物流保险规模化。例如，对保险中介机构实施3年递延纳税，并在办公用房购置与租赁的补贴过程中，注重开发楼宇经济，加强配套设施建设，做好"筑巢引凤"工作。与此同时，打破部门体制，简化手续，加快流程，可在政策允许范围内，降低注册资本标准，试行公估机构注册资本认缴制，为各保险机构及中介机构在京津冀注册提供便利。

最后是保险产品的创新。综合运用互联网和大数据技术，形成现代制造业与物流业保险、科技类保险为主要支柱的现代航空物流保险业结构体系；支持保险机构开展知识产权转化保险、专利执行保险、专利侵权责任保险及专利质押贷款保险试点；鼓励和支持离岸航运再保险、跨境人民币保险、有限风险再保险、保险证券化等创新型国际保险业务的开发与试点；支持保险机构与商业银行、证券公司、小额贷款公司、融资性担保公司、商业保理公司及互联网企业等各类机构进行业务合作，鼓励其在相关领域融合发展。

为促进京津冀航空物流保险的进一步发展，应当以保险企业为中心，整合完善上下游其他企业，形成完整的保险产业链，从而保证航空物流保险产业的可持续发展。根据京津冀相关产业的实际情况，对航空物流保险业的整体产业布局总结如下：以北京为主的航空物流保险产业核心区的综合金融保险产业链、主要服务自贸区航空物流保险产业的天津空港保险产业园，以及主要提供基本产业支持和"多点开花"的航空物流保险辅助支点的河北省主要空港与相关产业园。

十、打造京津冀航空物流保险产业品牌

面对世界品牌时代的来临，国际知名企业的海外扩张已从传统的产品输出、资本输出发展到品牌输出的新阶段。品牌是企业的无形资产，知名品牌是企业自身的广告和质量保证。因此，京津冀航空物流保险应当加强品牌宣传和推广力度，打造航空物流保险产业品牌，从而提高自身的国际知名度和品牌吸引力。

就目前国内的保险市场而言，由于经济基础、政治地位等原因，上海和北京的保险市场在品牌效应方面更具有优势，而天津与河北省的保险市场品牌知名度相对较低。然而在信息化时代，知名度的差距可以通过一系列宣传推广活动来弥补。京津冀航空物流保险可以从以下三个方面加强工作，以增强整体知名度和吸引力。

首先是设立品牌建设委员会，在宣传推广过程中发挥带头作用。委员会的主要职责是对京津冀航空物流保险的品牌进行宣传、管理和维护，引导园区内保险企业塑造具有专业素养、创造活力和社会责任感的品牌形象，在品牌打造中担任领头羊的角色。

其次是抓住京津冀航空物流保险发展特点和目标定位，打造品牌特色。在规模庞大的国内外保险市场中，找到具有区域特色的保险品牌至关重要。例如，天津目前打造的空港保险产业园的主要亮点是"我国首个坐落在自贸区内的保险产业聚集区"，可以此为重点宣传推广。随着未来发展规划的实施和特色产业逐渐发展成型，京津冀航空物流保险也可以自保业务、离岸保险或航运保险等特定保

险产品作为重点,塑造区域新保险业特色品牌。

最后是充分挖掘宣传渠道,进行品牌传播。第一,有关政府部门可以支持品牌建设委员会通过报纸、电视和网络等多种媒体渠道,在国内乃至世界范围内进行宣传,以达到品牌扩散的目的;第二,可以通过举办或参加研讨会、创新论坛、行业会展等活动,对外强调航空物流保险产业聚集区的专业水平和发展成果;第三,可以考虑与高校及科研机构联合办学,在定向培养保险人才的同时进行品牌宣传,扩大品牌影响力。

需要注意的是,过硬的服务质量和良好的服务意识才是一个具有影响力、知名度和社会信誉的保险品牌的真正核心。因此在宣传京津冀航空物流保险品牌的同时,必须首先保障区域内保险产业的健康发展,为品牌打造计划提供坚实的质量基础。

第四节 风险点及预防措施

在保险服务业促进京津冀航空物流协同发展的过程中,必然会伴随着政策制度、保险产品、保险科技、产业链、资金运用、监管体系等方面的创新,也必然会产生不同程度的风险,这是在运用政策与监管过程中不可忽视的重要内容。

一、政策创新放宽存在的风险及其应对措施

总体来看,在保险服务业促进京津冀航空物流协同的政策推动中,势必会得到入驻优惠、税收优惠、人才优惠等方面的诸多政策优惠。政策和制度的创新,为入驻京津冀开展航空物流保险服务的保险机构带来了切实的利益,提高了其运作的效率、增加了京津冀航空物流保险产业的知名度,进一步促进了保险产业的聚集效应。

然而,政策创新意味着有关管理部门的简政放权或部分管理规

则的放宽，这就导致一些资质不高或者有搭便车嫌疑的保险企业或保险中介混入其中，从而造成良莠不齐的局面，降低了航空物流保险从业机构的整体素质，也给航空物流保险产业向高、尖、专发展带来了一定的安全隐患。因此，在进行有关政策创新之时不能突破最低底线，以保证航空物流保险产业整体质量。与此同时，部分政策的松动或者优惠不能以监管的放松为代价，监管的力度至少应该保持在原来的水平，以防止一些浑水摸鱼的企业入驻，影响京津冀航空物流保险的品牌。

二、保险产业链创新存在的风险及其应对措施

保险产业链创新表现为引进和扩展与保险相关的上下游产业，形成以保险为中心的产业发展体系，进而形成国际性的航空物流保险聚集中心。保险产业链的形成，有助于各个行业之间形成良性的合作发展关系，不仅能起到发展保险产业的初衷，更能达到促进各个行业携手并进的效果。

然而，保险产业链的创新发展，依赖于区域行业政策是否对所有的行业一视同仁，也依赖于保险产业的功能定位以及其能容纳企业数量的多寡。因此，在发展保险产业链时需要考虑保险产业上下游产业的联动性和必要性，以防吸纳不足或者过度吸纳。吸纳不足会导致其无力支撑区域内航空物流保险产业的发展，而过度吸纳则会导致区域内企业的恶性竞争，反而影响保险产业的发展。因此，需要在吸纳必需的上下游产业、吸纳数量、吸纳标准及如何对其进行监管等方面加以考量。

此外，除了需要对直接从事保险业务的保险公司及其上下游企业进行必要的监管以外，还需要对保险市场中的相关主体如保险代理人、保险经纪人、保险公估机构等中介组织实施必要的监管。只有这样，才能真正地维护区域内正常的保险市场秩序，确保各方的利益不受侵害。

三、保险产品创新存在的风险及其应对措施

保险产品的创新主要是相对于传统保险产品而言的。在人口老龄化及现代科技及其研发越来越得到重视的背景下,探索设立中介、科技和再保险等专业保险公司,既是形势所需,也是有效化解风险、保障特定人群利益的社会所需。在社会经济不断发展的当下,保险产品创新越来越受到欢迎。

然而,对于任何行业来说,新产品的开发总具有一定的风险,保险行业也不例外。开发新型保险产品,需要针对不同的产品特点在不同的方面加以重视。例如,科技保险对既懂科技又懂保险的高级人才需求较大;京津冀范围内各地区都有航空物流保险的需求,但是地区的经济发展水平各异,因此对各地区的航空物流保险产品费率进行计算时考虑的因素应有所区别,或者应考虑其业务的适用范围等,以免引起整体业务收益过小或亏损等问题。

四、保险技术创新存在的风险及其应对措施

无论是"保险技术"或"保险科技"的概念,都表明了保险行业当前正在利用诸如互联网、云计算、大数据、人工智能和遥感卫星等高新技术进行各方面的创新。航空物流与高新技术也是密不可分的,因此对保险科技也有较高的要求。例如,在销售渠道、保险产品、服务和商业模式等方面的创新。保险技术的创新使传统的保险行业发生了深刻的变化乃至颠覆性的变化,在优化企业管理流程、提高经营效率等方面起到了积极的作用。但是保险技术的创新也会带来一些不好的方面,如有些保险企业将线下被禁止的非法集资行为转移到了线上;有的企业提供给网上投保者的福利少于传统渠道所得的福利等。

因此,保险技术创新应当纳入监管的范围。首先是在传统保险

环境下应当事先取得许可或禁止的,在运用互联网等技术后,仍应事先取得许可或禁止。其次是法律法规对传统保险业务活动的要求,不能因运用科技手段而改变或降低。最后是在推广和使用某些成熟的技术时,应随时对保险公司向监管机构报送的监管报表进行核查和管理,以便及时发现其中所存在的问题。

五、保险资金运用创新存在的风险及其应对措施

1995年施行的《保险法》经过历次的修改,对于保险机构在资金运用上呈现出政策限制逐步放松的态势。管制的放松意味着风险的增加。随着京津冀地区航空物流保险企业的不断聚集、保险资金运用中心的建设和推进,积累的保险资金将是一笔可观的数目。

然而,在我国经济的转轨期,特别是在当前美国对我国进行经济打压的形势下,金融市场存在较大的系统性风险,保险资金的保值增值面临宏观和微观层面的双重挑战。在宏观层面,利率市场化和通货膨胀导致保险资金存在贬值的可能。在微观层面,市场体制和保险机构风险管理能力的不完备导致保险机构面临较大的资产净值波动风险。

因此,在宏观层面,为避免系统性风险的发生,有关政府部门首先应该从再保险和"最后贷款人"的角度给予风险管理的外部政策支持,同时在某些高风险资产的操作上给予一定的限制。在微观层面,需要各保险机构建立健全现代企业制度,引进国内外先进的风险管理技术,以确保保险资金运用的安全性,防止保险资金滥用或者单纯追逐高风险回报的情形,防止"金融创新悖论"的发生。

第五节　本章小结

本章在总结前文的基础上,充分分析了当前和今后一段时期保

险服务业促进京津冀航空物流协同发展的未来发展路径，并以此为基础做出初步设计并提出相关政策建议。

本书认为随着现代第三方物流经营模式的广泛运用，投保人更倾向于物流综合保险。继续开发物流综合保险，拓宽承保范围；整合现有产品并创新保险衍生产品，升级风险管理服务；降低保险费率，提高保源转化率等将成为物流与保险耦合发展的共同诉求。因此，促进保险服务业促进京津冀航空物流协同发展，必须要因地制宜、因势利导。

在具体对策方面，本书认为，要积极主动把握国家金融保险开放政策并积极争取政策支持，在完善保险业营商配套环境、推进构建以产业基金为特色的保险资金运用中心、推动航空物流保险产业综合创新、打造京津冀航空物流保险产业品牌等方面下功夫。

同时，在保险服务业促进京津冀航空物流协同发展的过程中，必然会带来政策制度、保险产品、保险科技、产业链、资金运用、监管体系等方面的创新，也必然会带来不同程度的风险，这是在运用政策与监管过程中不可忽视的重要内容。

参考文献

[1] 薄滂沱，邵全权，江生忠．发展中小保险公司对经济增长的水平效应与速度效应——基于分省面板数据的实证研究[J]．保险研究，2012（09）：25-36．

[2] 薄滂沱，邵全权．保险业活动、竞争对城乡收入差距的影响[J]．保险研究，2015（08）：3-15．

[3] 薄文广，陈飞．京津冀协同发展：挑战与困境[J]．南开学报（哲学社会科学版），2015，01：110-118．

[4] 蔡璐．京津冀一体化下的航空物流[N]．现代物流报，2014-05-30（A07）．

[5] 曹学明，王喜富．中国航空物流可持续发展战略研究[J]．物流技术，2009，2811：35-38．

[6] 曹雪莲，崔健．京津冀保险产业与经济发展关系研究[J]．中国证券期货，2013（04）：183．

[7] 陈红霞．航空物流责任保险机制改革研究[J]．中国物流与采购，2012（04）：72-73．

[8] 陈红霞．我国航空货运运作模式优化研究[D]．南京：南京航空航天大学，2006．

[9] 陈华，周倩．保险发展的经济增长效应研究综述[J]．保险研究，2018（05）：113-127．

[10] 陈树志．我国航空物流业现状、问题及优化策略[J]．价格月刊，2017，06：68-72．

[11] 陈小妮．天津国际航空物流中心发展模式及评估研究

[D]．中国民航大学，2017．

[12] 丛凤英，陈树耀．国际货物运输与保险实务[M]．北京：对外经济贸易大学出版社，2012．

[13] 董岩辉．现代物流背景下我国航空货运代理企业发展策略研究[J]，物流技术，2013（09）：17-19．

[14] 范渊．航空物流枢纽机场的选址影响因素分析——以美国为例[A]．中国城市规划学会、东莞市人民政府．持续发展理性规划——2017 中国城市规划年会论文集（16 区域规划与城市经济）[C]．中国城市规划学会、东莞市人民政府，2017：10．

[15] 高慧文．京津冀协同发展下的物流模式研究[D]．北京：首都经济贸易大学，2017．

[16] 高双燕．国际货运代理人法律地位及其责任限制制度研究[D]．南京：中南大学，2013，5．

[17] 谷明丽．郑州航空港经济综合实验区航空物流发展战略研究[D]．乌鲁木齐：新疆大学，2017．

[18] 郭永岩．国际运输中的货物事故案例分析与保险合同的保护方案研究[J]．牡丹江大学学报，2014，23（09）：48-51．

[19] 郭勇辉．航空物流理论与实践[M]．北京：经济科学出版社，2015：17-28．

[20] 国文．货物运输之陆上、航空与邮包保险[N]．国际商报，2003-12-22（006）．

[21] 韩超．保税港区航空融资租赁项目研究——以天津东疆保税港区为例[D]．天津：天津财经大学，2016．

[22] 韩晓玉．论京津冀区域一体化发展战略[J]．经济与社会，2016：117．

[23] 郝爱民，薛贺香等．航空经济区产业发展研究[M]．北京：社会科学文献出版社，2017：21-28．

[24] 贺卫华．发展国际航空物流推进郑州航空港经济综合实验区建设[J]．黄河科技大学学报，2014，1603：35-38．

[25] 黄海冬，孙玉红. 国际货物运输保险（第二版）[M]. 北京：清华大学出版社，2012：165-166.

[26] 黄文乐. 白云机场航空物流发展战略研究[D]. 广州：广东工业大学，2012.

[27] 姜嘉艳. 自贸区对天津建设中国国际航空物流中心影响研究[D]. 北京：中国民航大学，2017.

[28] 金真，张志宏，丁三朵."一带一路"背景下航空物流业的机遇与挑战——"第二届中国国际航空物流发展大会 2016"综述[J]. 郑州航空工业管理学院学报，2016，34（03）：1-4.

[29] 京津冀协同发展进程中的保险发展及监管合作研究[R]. 2018（06）.

[30] 鞠旭照. 国际航空货运代理从事运输保险的现状分析[J]. 物流科技，2005（04）：36-38.

[31] 孔繁荣. 国际航空物流发展状况及趋势[J]. 商品储运与养护，2005（03）：29-31.

[32] 孔荣，任国良. 我国物流保险发展若干问题的探析[J]. 价格理论与实践，2015（09）：109-111.

[33] 孔小立. 航空货物运输保险及声明价值[J]. 空运商务，2013（10）：27-28.

[34] 李丹. 国际航空货运枢纽发展的类型、经验及启示[J]. 决策探索（下半月），2014（10）：31-32.

[35] 李乐平. 航空运输货物保险[J]. 山东对外经贸，1998（01）：24-25.

[36] 李莲芝. 中小物流企业融资租赁问题研究[D]. 西安：长安大学，2013，4.

[37] 李思瑶. 保险投资基础设施的风险管理研究[D]. 济南：山东财经大学，2016，5.

[38] 李晓林. 第三方物流责任风险的保险转移研究[D]. 苏州：苏州大学，2009，3.

[39] 李新记，张鸣胜，吴伟．论航空保险中的可保险利益原则[J]．中国民航飞行学院学报，2006（02）：15-17．

[40] 李永奇．浅谈机场建设风险管理[J]．民航管理，2013（07）：62-66．

[41] 李玉民，马晓伟，高妞．中西部地区航空物流发展综合竞争力评价研究——以郑州、武汉、西安三市为例[J]．经济研究导刊，2016，08：43-46．

[42] 刘春玲．航空经济区产业发展的国际经验及借鉴[J]．世界地理研究，2014，23（04）：157-166．

[43] 刘绘芳．我国建立融资租赁信用保险制度的分析[J]．金融经济，2015（29）：46-47．

[44] 刘莉雪．我国临空产业布局安全形成机理与评价研究[D]．北京：北京交通大学，2017．

[45] 刘明君，刘海波，高峰，刘智丽．国际机场航空物流发展经验与启示[J]．北京交通大学学报（社会科学版），2009，8（04）：53-57，67．

[46] 刘宁．基于第三方物流风险论我国物流保险的发展与完善[J]．物流技术，2013（7）：97-98．

[47] 刘潭槐．航空保险[M]．北京：中国金融出版社，2016：441-444．

[48] 刘元洪．航空物流管理[M]．北京：北京大学出版社，2012：68-72．

[49] 刘卓亚，李子耀．保险资金投资基础设施建设模式与风险控制[J]．湖南城市学院学报，2016（03）：145-147．

[50] 龙卫洋，龙玉国．工程保险理论与实务[M]．上海：复旦大学出版社，2005．

[51] 卢炳峥．民航机场风险评价模型应用探讨[J]．沈阳航空工业学院学报，2008（04）：93-94．

[52] 陆成云．浅析现代物流与航空城发展的关系[J]．综合运输，

2007（04）：41-42，59．

[53] 栾笑天．航空物流战略联盟稳定性研究[D]．南京：南京航空航天大学，2015．

[54] 马德隆．自贸试验区建设与京津冀协同发展[J]．港口经济，2016：30-33．

[55] 聂国春．京津冀将迎来保险服务一体化[N]．中国消费者报．2015-12-10（01）．

[56] 饶晓辉，钟正生．保险能否促进经济增长——基于中国的实证分析[J]．上海经济研究，2005（12）：14-20．

[57] 邵全权．保险业发展与经济增长的多重均衡[J]．数量经济技术经济研究，2013，30（02）：3-18．

[58] 邵全权．保险业结构、区域差异与经济增长[J]．经济学（季刊），2012，11（02）：635-674．

[59] 邵作仁．运费到付项下货运代理人的风险与对策建议[J]．中国经贸导刊，2009（13）：24．

[60] 沈志韬．国际航空货物运输承运人责任制度研究[D]．上海：华东政法大学，2011．

[61] 沈志韬．论国际航空货运代理人法律地位[N]．北京航空航天大学学报，2011（02）：30-34．

[62] 苏海龙，纪立虎等．航空都市区的发展和实践[M]．北京：中国建筑工业出版社，2015：19-20，49-55，61-65．

[63] 孙芳．国际物流中心的内涵、特征与主要类型[J]．港口经济，2009（12）：35-39．

[64] 唐金成，张亚．新形势下中国航空保险发展研究[J]．西南金融，2016（01）：42-46．

[65] 唐志刚，杨丽君．关于物流货物保险能否代替货物运输保险的研究[J]．保险职业学院学报，2018，32（01）：28-32．

[66] 田振中．基于SWOT分析的郑州航空港经济综合实验区航空物流发展战略[J]．物流技术，2014，33（21）：77-79．

[67] 田振中. 郑州航空港航空物流发展现状与经验借鉴[J]. 对外经贸实务, 2014 (10): 88-90.

[68] 庹国柱. 保险学（第八版）[M]. 北京: 首都经济贸易出版社, 2018: 26-30, 33.

[69] 王甫来. 民用机场建设工程项目风险管理研究[D]. 青岛: 中国海洋大学, 2013, 5.

[70] 王富强. 美国空港发展航空物流的做法及启示[J]. 港口经济, 2001 (02): 32-33.

[71] 王瀚, 张超汉. 国际航空运输承运人强制责任保险制度研究——兼评1999年《蒙特利尔公约》第50条[J]. 中国国际私法与比较法年刊, 2012 (01): 328-384.

[72] 王晴, 李婷. 二线航空港发展国际航空物流问题与对策研究[J]. 价格月刊, 2016 (06): 67-71.

[73] 王彦行. 郑州航空港经济综合实验区发展的金融支持研究[D]. 郑州: 河南工业大学, 2017, 5.

[74] 魏华林, 朱铭来, 田玲. 保险经济学[M]. 北京: 高等教育出版社, 2011: 249-253.

[75] 魏然, 张力. 中国航空物流发展现状与趋势[J]. 价格月刊, 2017 (04): 82-86.

[76] 吴海强. 天津港物流金融业务发展研究[D]. 大连: 大连海事大学, 2015, 6.

[77] 吴振坤, 杨雪萍. 国际航空货运枢纽：区域发展的新动力[J]. 区域经济评论, 2016 (02): 107-112.

[78] 肖海波. 论航空货物承运人的违约责任[D]. 长沙: 湖南大学, 2007, 11.

[79] 徐华. 借鉴日本经验发展我国的租赁信用保险制度[J]. 经济师, 2000 (07).

[80] 徐晶. 京津冀三地保险跨区域一体化——《关于保险业服务京津冀协同发展的指导意见》的政策解读[J]. 上海国资, 2016

(01): 95-97.

[81] 徐亚男, 叶玲静. 保险嵌入融资租赁交易[J]. 中国保险, 2017 (007).

[82] 许博涵. 航空都市区与城市发展关系研究——国际航空城发展经验与意义探索[A]. 中国城市科学研究会、天津市滨海新区人民政府. 2014（第九届）城市发展与规划大会论文集——S01 新型城镇化与中国生态城市建设[C]. 中国城市科学研究会、天津市滨海新区人民政府, 2014: 5.

[83] 闫永涛. 国内外典型空港周边地区发展分析及启示[A]. 中国城市规划学会. 城市时代, 协同规划——2013 中国城市规划年会论文集（14-园区规划）[C]. 中国城市规划学会, 2013: 14.

[84] 杨冠英. 我国航空物流责任保险的现状及其完善[J]. 物流工程与管理, 2016, 38 (05): 93-95, 63.

[85] 杨璐. 韩国仁川自由经济区对郑州航空港经济综合实验区建设的启示[J]. 决策探索（下半月）, 2015 (06): 77.

[86] 杨文生. 我国物流责任保险发展中的不足与对策建议[J]. 经济学家, 2015 (02): 103-104.

[87] 杨希玲. 第三方物流风险识别与规避[J]. 市场研究, 2012 (19): 24-26.

[88] 杨学梅. 我国航空物流产业发展 SWOT 分析研究[J]. 价格月刊, 2016, 03: 64-67.

[89] 叶颖刚, 管冰城. 新常态下保险资金投资创业投资基金的发展研究[J]. 金融与经济, 2015 (12): 43-46.

[90] 尹纯建, 罗润三, 石学刚, 崔华春. 多港联动协同对区域航空物流发展影响研究——以迪拜为例[J]. 综合运输, 2016, 38 (08): 79-84.

[91] 张超汉. 航空承运人强制责任保险制度之检讨与反思纪念——1999 年《蒙特利尔公约》实施 10 周年[J]. 北京理工大学学报（社会科学版）, 2013, 15 (05): 114-121.

[92] 张力, 姜嘉艳. 京津冀区域航空物流效率评价研究[J]. 港口经济, 2016（04）: 43-46.

[93] 张陆洋, 梁曦, 钱瑞梅. 保险资金投资基础设施的可行性研究——基于风险的视角[N]. 安徽师范大学学报, 2017（06）: 727-733.

[94] 张少建. 新常态下保险资金参与资产证券化的路径分析[J]. 金融与经济, 2016（09）: 82-86.

[95] 张学志, 陈功玉. 亚洲机场物流运作模式分析及启示[J]. 物流科技, 2005（11）: 7-9.

[96] 张永胜. 世界主要航空大都市发展经验及对郑州航空大都市建设的启示[J]. 河南商业高等专科学校学报, 2014, 27（06）: 30-35.

[97] 张祚铭. 京津冀协同发展背景下天津航空物流业发展对策研究[J]. 港口经济, 2015（03）: 37-40.

[98] 赵阳. 货物多式联运法律问题研究[D]. 大连: 大连海事大学, 2002.

[99] 郑功成, 许飞琼. 财产保险[M]. 北京: 中国金融出版社, 2010.

[100] 郑静. 我国物流保险发展现状、问题与对策初探[D]. 成都: 西南财经大学, 2007.

[101] 郑晓宏. 跨境电商的第三方物流风险识别与评估[D]. 太原: 太原理工大学, 2017, 6.

[102] 中国保监会关于保险业服务京津冀协同发展的指导意见, 2015.

[103] 周晓利. 航空港经济综合实验区航空物流发展策略——以郑州为例[J]. 企业经济, 2014（04）: 147-150.

[104] Aaron B. Scholz, Johannes von Cossel. Assessing the importance of hub airports for cargo carriers and its implications for a sustainable airport management[J]. Research in Transportation

Business & Management, 2011, 1(1).

[105] Appold S. J., Kasarda J. D. The airport city phenomenon: evidence from large US airports[J]. Urban Studies, 2013, 50(6): 1239-1259.

[106] Kasarda J. D. Air cargo as an economic development engine: a note on opportunities and constraints[J]. Journal of Air Transport Management, 2005, 11(6):459-462.

[107] Kasarda J. D. The rise of the aerotropolis[J]. The Nest American City, 2006, 10:35-37.

[108] Stephen J. A., Kasarda J. D. Airports as new urban anchors[R]. British: Frank Hawkins Kenan Institute of Private Enterprise, 2006.

[109] Stephen J. A., Kasarda J. D. Seeding growth at airports and airport cities: insights from the two-sided market literature[J]. Research in Transportation Business & Management, 2011, 1(1).

[110] Tae-won Chung, Jong-khil Han. Evaluating Competitiveness of transshipment cargo in major airports in Northeast Asia: airport branding[J]. The Asian Journal of Shipping and Logistics, 2013, 29(3).

[111] Tony Diana. Moving boxes by air: the economics of international air cargo[J]. Journal of Airport Management, 2012, (3): 298.

后 记

随着时代的进步和社会经济的增长，企业和个人之间各种社会活动、交往和实践日渐频繁和复杂，随之而来的是风险种类的多样化和频率的增加，因此保险业的发展在社会经济中所发挥的作用越来越受到重视。而航空物流作为现代物流系统的重要组成部分，具有速度快、效率高、成本低等特点，随着我国经济的发展和市场环境的变化，航空物流的重要性日益凸显。

京津冀协同发展是国家战略，京津冀民航协同发展是民航业落实国家战略、助力区域经济发展、促进京津冀地区民航科学发展的战略举措。随着京津冀三地机场统一运行、优化航线结构、改善空域资源，京津冀民航协同发展，京津冀航空货运增长迅速，货运意外损失索赔也随之增加，被侵权人权益追偿困难，保险成为有效保障各方权益的市场化手段。

本书将保险对经济和社会发展的作用具体到航空物流产业，详细论述保险在航空物流产业中所发挥的作用，保险如何从产品和服务两个方面促进航空物流产业发展，并对保险业服务提出针对京津冀航空物流协同发展的政策建议。

本书由南开大学滨海学院金融学系薄滂沱副教授统筹规划，其他人员共同写作完成。在本书的编写过程中，课题组针对研究思路、数据收集、案例汇总等方面问题组织了多次线上线下的讨论。本书分为五章，分工如下：

第一章与第三章由南开大学滨海学院金融学系夏弋超老师负责

编写，第二章由南开大学金融学院保险学系李立达博士、南开大学滨海学院金融学系薄滂沱副教授负责编写，第四章由南开大学滨海学院金融学系许丹婷老师负责编写，第五章由南开大学金融学院保险学系费清博士、南开大学滨海学院金融学系薄滂沱副教授负责编写。

本书作为中国民航大学省部级科研机构京津冀民航协同发展研究中心开放式基金项目的研究成果，凝聚了很多人的心血，将在本书出版之际，向他们表示我们衷心的感谢！

感谢中国民航大学京津冀民航协同发展研究中心对南开大学滨海学院金融学系薄滂沱副教授的信任与支持，将此课题委托给本课题组！

感谢南开大学金融学院保险学系江生忠教授针对本书的总体研究框架、写作思路提出的极其珍贵的建设性意见，在此，向我的恩师特别致以我个人的诚挚谢意！

感谢西南民族大学经济学院蒲成毅教授、南开大学白云龙研究员、汇友建工财产相互保险社副总裁张钦辉博士在本课题立项、研究过程及本书编写过程中给予的重要支持和宝贵意见！

感谢天津银行战略发展部刘佳博士、汇友建工财产相互保险社江时鲲博士、南开大学滨海学院金融学系黎银霞老师在课题完成过程中给予本课题组的支持与帮助！

感谢南开大学金融学院保险学系学生（硕士生李郭广立、王钰涵和本科生谢志伟）在本书编写过程中的帮助！感谢南开大学出版社王乃合老师的支持和帮助！

此外，在课题的研究和本书的编写过程中，参考和借鉴了国内外诸多专家学者的有关论著和研究成果，在此致以诚挚的谢意！

本书研究的内容属于我国保险行业面临的新问题，我们对其接触和了解的时间还不够，尽管我们全力以赴，然而基于能力和条件所限,书中难免存在诸多不尽如人意之处,恳请广大读者朋友们给予批评指正!

薄湙沱 于南开园
2018 年 8 月 20 日